教育部人文社会科学研究青年基金项目资助（编号：21YJC890028）

凉山州彝族传统体育文化的主体性消解与纾困研究

孙亮亮　史明娜　著

人民体育出版社

图书在版编目（CIP）数据

凉山州彝族传统体育文化的主体性消解与纾困研究 / 孙亮亮，史明娜著 . -- 北京：人民体育出版社，2023
ISBN 978-7-5009-6302-8

Ⅰ. ①凉… Ⅱ. ①孙… ②史… Ⅲ. ①彝族—民族形式体育—体育文化—研究—凉山彝族自治州 Ⅳ. ① G852.9

中国国家版本馆 CIP 数据核字（2023）第 071170 号

*

人民体育出版社出版发行
北京中献拓方科技发展有限公司印刷
新 华 书 店 经 销

*

710×1000　16 开本　12.25 印张　235 千字
2023 年 11 月第 1 版　2023 年 11 月第 1 次印刷

*

ISBN 978-7-5009-6302-8
定价：65.00 元

社址：北京市东城区体育馆路 8 号（天坛公园东门）
电话：67151482（发行部）　　邮编：100061
传真：67151483　　　　　　　邮购：67118491
网址：www.psphpress.com

（购买本社图书，如遇有缺损页可与邮购部联系）

前 言
FOREWORD

  凉山州彝族传统体育文化是当地族群重要的体化实践文化，实践的身体承载着族群深刻的主体意识，体现了群体文化的独特性、融通性和创造性，积淀着族群最深沉的精神追求，代表着族群独特的精神标识。探讨凉山州彝族传统体育文化的主体性问题，既有理论意义，又有实践意义。从理论意义上讲，一是主体性视角能够拓宽彝族传统体育文化的研究方向与视野；二是体育与其他学科的交叉融合研究能够实现传统体育文化研究的跨学科探索；三是对人的能动性和文化的能动性的关注有助于解析传统体育文化内涵的复归与传承路径。从实践意义上讲，一是提升人们对地域性传统体育文化的内涵认识，实现传统体育文化的主体性发挥；二是助推传统体育文化的弘扬，使其在坚定自身中勇于创新，在主体文化觉醒中重塑形象；三是为在新时代文化繁荣发展中实现传统生命力和影响力的持续发挥提供实证参考。因此，提出了"凉山州彝族传统体育文化的主体性消解与纾困研究"的选题。

  首先，对主体性与文化主体性概念进行了解析。以时间为序对主体性概念从"传统的主体性""近现代的主体性""后现代的主体性"进行了历史谱系梳理，在此基础上，分析了文化主体性的内涵、形成与建构，由此，引出了传统体育文化的主体性及其境遇和守护问题。其次，从起源与神话、内容特点、文化解析等方面对具有代表性的凉山州彝族传统体育文化——"彝族火把节文化""彝族摔跤文化""彝族赛马文化""彝族达体舞文化"进行了呈现，再现了当地族群传统体育文化的主体性表述。最后，从文化的自主性、文化的神圣性、文化的记忆性、文化的意象性等方面对凉山州彝族传统体育文化的主体性内涵进行了探索，表述并呈现了彝族传统体育文化的主体性意蕴。

  当前，凉山州彝族传统体育文化的主体性消解主要表现在：自主性文化到被动性文化消解、神圣性文化到世俗性文化消解、记忆性文化到失忆性文化消解、意象性文化到再造性文化消解。凉山州彝族传统体育文化的主体性消解的逻辑转

凉山州彝族传统体育文化的主体性消解与纾困研究

换，既呈现了传统的现代转向，也呈现了传统的现代境遇，由此引发了传统的工具性增强、文化内涵的遗忘、文化边界的模糊、文化价值的转变、自我认同的焦虑、视觉消费的倾向等系列问题。基于此，找出问题的症结，探索问题的根源，对主体性消解的溯源显得尤为重要。第一，空间场域的挤压，使总体社会向个体社会转型、资本逻辑和交通传媒影响造成了文化主体性消解；第二，生存环境变迁，使旅游化、城市化和虚拟化过度推进，造成了文化主体性消解；第三，社会发展单向度，造成了凉山州彝族传统体育文化的商品化、仿像化、大众化、压抑化趋向，进而致使文化的主体性面临消解；第四，现代性导致断裂，使族群的信仰体系变化，影响了族群的价值观念变化，造成了族群的心态失落和身体异化，进而导致了文化的主体性消解。

基于凉山州彝族传统体育文化的主体性消解的状况，提出了以"文化自觉""文化自信""文化自省""文化自强"为基础的凉山州彝族传统体育文化主体性纾困路径，在时代发展进程中，使其能够忠于过去、面向未来，在坚定自身发展模式的同时勇于创新，在主体文化觉醒的同时重塑形象。此外，文化主体性纾困路径的提出，能够在很大程度上关注到人和文化的能动性，能够在理论层面上解析当地传统体育文化内涵的复归与传承思路，进而促进其文化主体性觉醒。

研究过程中，西南医科大学研究生薛景云、蒋杰、胡杨，攀枝花学院何月冬老师，四川文理学院洪旭辉博士、邓阆林老师等，承担了资料收集与分析等工作，对此表示感谢。同时，还要感谢在研究过程中提供资料支撑、访谈支持的诸多传统体育文化传承人、传统体育艺人、基层管理工作者等。因研究条件和本人研究能力所限，研究难免有偏颇之处，希望同行专家斧正，也希望广大读者指正。

孙亮亮

2023年2月

目 录
CONTENTS

第一章 引 论 …………………………………………………001

 第一节 问题提出及研究意义 …………………………………001
  一、问题提出 …………………………………………………001
  二、研究意义 …………………………………………………003
 第二节 本领域相关的研究动态 ………………………………005
  一、检索结果分析 ……………………………………………005
  二、研究内容分析 ……………………………………………007
  三、文献评述 …………………………………………………013
 第三节 研究的基本思路 ………………………………………015
  一、研究目标 …………………………………………………015
  二、研究方法 …………………………………………………016
  三、研究途径 …………………………………………………017

第二章 主体性与文化主体性概念界说 ………………………019

 第一节 主体性概念的历史谱系 ………………………………019
  一、传统的主体性 ……………………………………………019
  二、近现代的主体性 …………………………………………021
  三、后现代的主体性 …………………………………………025
 第二节 文化主体性的解析 ……………………………………026
  一、文化主体性的内涵 ………………………………………026
  二、文化主体性的形成 ………………………………………028

三、文化主体性的建构 ……………………………………………… 030

　第三节　传统体育文化的主体性 ……………………………………… 032

　　一、传统体育文化的主体性提出 …………………………………… 033

　　二、传统体育文化的主体性境遇 …………………………………… 034

　　三、传统体育文化的主体性守护 …………………………………… 036

第三章　凉山州彝族传统体育文化代表性呈现 ……………………… 039

　第一节　凉山州彝族火把节文化 ……………………………………… 039

　　一、彝族火把节的起源 ……………………………………………… 039

　　二、彝族火把节的特点解析 ………………………………………… 041

　　三、彝族火把节的道具服饰 ………………………………………… 042

　　四、彝族火把节的仪式流程 ………………………………………… 044

　　五、彝族火把节中的传统体育 ……………………………………… 046

　　六、彝族火把节的文化解析 ………………………………………… 048

　第二节　凉山州彝族摔跤文化 ………………………………………… 050

　　一、彝族摔跤的起源 ………………………………………………… 050

　　二、彝族摔跤的特点解析 …………………………………………… 052

　　三、彝族摔跤的文化内涵 …………………………………………… 053

　　四、彝族摔跤的主要内容 …………………………………………… 054

　　五、彝族摔跤的文化解析 …………………………………………… 056

　第三节　凉山州彝族赛马文化 ………………………………………… 057

　　一、彝族赛马的起源 ………………………………………………… 058

　　二、彝族节庆中的赛马 ……………………………………………… 059

　　三、彝族赛马的主要内容 …………………………………………… 061

　　四、彝族的马文化解析 ……………………………………………… 062

　　五、彝族赛马的习俗 ………………………………………………… 063

　　六、彝族赛马的文化解析 …………………………………………… 065

　第四节　凉山州彝族达体舞文化 ……………………………………… 066

　　一、彝族达体舞的起源 ……………………………………………… 067

　　二、彝族达体舞的特点 ……………………………………………… 068

三、彝族达体舞的动作 …………………………………………… 069
　　四、彝族达体舞的服饰音乐 ……………………………………… 075
　　五、彝族达体舞的文化解析 ……………………………………… 076

第四章　凉山州彝族传统体育文化的主体性内涵 …………………… 078
第一节　凉山州彝族传统体育文化的自主性 ……………………… 078
　　一、凉山州彝族传统体育文化的自我认同 ……………………… 078
　　二、凉山州彝族传统体育文化的精神追求 ……………………… 080
　　三、凉山州彝族传统体育文化的地域空间 ……………………… 081
第二节　凉山州彝族传统体育文化的神圣性 ……………………… 083
　　一、火把节：祈盼丰收的族群实践仪式 ………………………… 084
　　二、彝族年：崇敬先祖的族群集会活动 ………………………… 085
　　三、毕摩与苏尼：人神共娱的族群仪式代表 …………………… 087
第三节　凉山州彝族传统体育文化的记忆性 ……………………… 089
　　一、口头叙事中的记忆性表达 …………………………………… 089
　　二、文字刻画中的记忆性表达 …………………………………… 092
　　三、体化实践中的记忆性表达 …………………………………… 095
第四节　凉山州彝族传统体育文化的意象性 ……………………… 098
　　一、自然崇拜下的文化意象性表现 ……………………………… 098
　　二、图腾崇拜下的文化意象性表现 ……………………………… 099
　　三、祖先崇拜下的文化意象性表现 ……………………………… 101
　　四、文化意象性的框架建构 ……………………………………… 102

第五章　凉山州彝族传统体育文化的主体性消解之呈现 …………… 104
第一节　自主性文化到被动性文化消解之呈现 …………………… 104
　　一、由自主性文化向被动性文化消解的逻辑转换 ……………… 104
　　二、由自主性文化向被动性文化消解的现实呈现 ……………… 108
　　三、由自主性文化向被动性文化消解引发的问题 ……………… 111
第二节　神圣性文化到世俗性文化消解之呈现 …………………… 113
　　一、由神圣性文化到世俗性文化消解的逻辑转换 ……………… 114

二、由神圣性文化向世俗性文化消解的现实呈现 …………………… 116
　　三、由神圣性文化向世俗性文化消解引发的问题 …………………… 119
第三节　记忆性文化到失忆性文化消解之呈现 ………………………………… 121
　　一、由记忆性文化向失忆性文化消解的逻辑转换 …………………… 121
　　二、由记忆性文化向失忆性文化消解的现实呈现 …………………… 123
　　三、从记忆性文化向失忆性文化消解引发的问题 …………………… 126
第四节　意象性文化到再造性文化消解之呈现 ………………………………… 128
　　一、由意象性文化到再造性文化消解的逻辑转换 …………………… 128
　　二、由意象性文化到再造性文化消解的现实呈现 …………………… 130
　　三、由意象性文化到再造性文化消解引发的问题 …………………… 133

第六章　凉山州彝族传统体育文化的主体性消解之溯源 …………… 134

第一节　场域空间的挤压 ……………………………………………………… 134
　　一、总体社会向个体社会转型 ………………………………………… 134
　　二、资本逻辑的深入影响 ……………………………………………… 136
　　三、交通与传媒的深入影响 …………………………………………… 137
第二节　生存环境的变迁 ……………………………………………………… 139
　　一、旅游化环境的推进 ………………………………………………… 139
　　二、城市化环境的推进 ………………………………………………… 141
　　三、虚拟化环境的推进 ………………………………………………… 143
第三节　社会发展单向度 ……………………………………………………… 144
　　一、单向度社会的形成 ………………………………………………… 145
　　二、社会发展单向度的推进 …………………………………………… 147
　　三、社会发展单向度的影响 …………………………………………… 148
第四节　现代性导致断裂 ……………………………………………………… 150
　　一、现代性的兴起 ……………………………………………………… 150
　　二、现代性的断裂 ……………………………………………………… 152
　　三、现代性的影响 ……………………………………………………… 153

第七章 凉山州彝族传统体育文化的主体性纾困设想 ………… 156

第一节 提高文化自觉，实现文化主体性纾困 ………… 156
- 一、清醒认识 ………… 156
- 二、明晰内涵 ………… 157
- 三、熟知历史 ………… 158
- 四、把握发展 ………… 159

第二节 加强文化自省，实现文化主体性纾困 ………… 161
- 一、自我反省 ………… 161
- 二、理性批判 ………… 162
- 三、借鉴创造 ………… 164
- 四、保持清醒 ………… 166

第三节 坚定文化自信，实现文化主体性纾困 ………… 167
- 一、肯定自我 ………… 168
- 二、坚定信心 ………… 169
- 三、展现魅力 ………… 170
- 四、双创发展 ………… 171

第四节 推进文化自强，实现文化主体性纾困 ………… 172
- 一、自强不息 ………… 173
- 二、勇于创新 ………… 174
- 三、弘扬文化 ………… 176
- 四、促进发展 ………… 178

主要参考文献 ………… 180

引 论 第一章

第一节 问题提出及研究意义

一、问题提出

（一）基于实践的视角

凉山州彝族族群历史源远流长，据《迁徙史诗》记载，在洪水泛滥时期，彝族的远祖"居木惹牛"在一个名为"紫合尔里"山的地方登陆，并由东向西迁徙。又据《勒俄特依》记载，彝族的"木尔约丹""阿布阿尔""古侯曲涅"三大支系分散居住在"木几黑典""木几章典""木几库典"三个地方[1]，其中一支迁徙至"南方丝绸之路"重地凉山州地区，并在这里创造了灿烂的彝族传统文化。

在漫长的历史演进中，凉山州彝族族群所创造的文化表现出自主、能动的地位和表征，族群始终坚守自己的文化主体性内涵、守护着自己的文化立场，所形成的主体意识及文化自身的特殊性成为推动本民族传统文化发展的核心因素。历经千年岁月的涤荡，一代代彝族人以身体的实践，在艰难困苦中推进着传统文化的传承与发展，在交流与融合中凸显着传统文化的精神内核，在传承与延续中呈现着传统文化的主体性内涵。当我们从主体性视角观照彝族传统体育文化时，就会发现它成为凝聚族群力量、展现族群标识的身体象征，在与异质性文化交流碰撞，以及在自身文化遇到困境时，它就像一个敏感的传感器，时刻提醒着彝族族群做出相应的反应。

当前，在弘扬优秀传统文化的大背景中，人们对民族传统体育文化保护与发

---

[1] 源远流长的彝族历史——彝族的历史起源[EB/OL].（2017-06-29）[2022-12-08]. http：//www.liangshanzhou.com/news-id-231819.html.

凉山州彝族传统体育文化的主体性消解与纾困研究

展越来越重视，而审视凉山州彝族传统体育文化的现代发展，有必要从文化主体性的角度对其进行探索和思考。当然，这并不意味着坚持彝族传统体育文化的主体性发展就是主张与其他文化划清界限，对文化主体性的强调恰恰是把彝族传统体育文化发展提到新的高度。关注彝族传统体育文化的主体性发展，就是维护彝族文化的民族性，使其与其他文化保持和谐相处，进而促进中华民族多元一体格局形成，促进中华民族优秀传统文化的弘扬与发展。

当然，在全球化浪潮裹挟技术理性席卷全球的进程中，地处偏远的凉山州彝族传统体育文化发展受到了较大影响，诸多的文化传统不断地发生变迁，传统的边界日渐呈现出模糊的状态。传统的边界模糊使建立在原有文化之上的文化认同因为文化的改变而发生变化[1]，进而导致彝族传统体育文化与其他文化在交流中处于弱势，缺少在文化立场表述上应有的话语权，其主体性地位也面临迷失与消解。

凉山州彝族传统体育文化的主体性迷失与消解，在很大程度上影响了彝族传统文化的发展，致使彝族传统体育文化的主体价值在时代发展中得不到充分发挥，其主体性地位也受到影响。因此，如何在新时代背景下实现凉山州彝族传统体育文化主体性的纾困，如何使彝族传统体育文化主体性得到充分发挥，成为当前人们较为关注的焦点，也是彝族人民努力探索与追寻的目标。

凉山州彝族族群在文化创造与发展中，塑造了族群的文化身份与形象，树立了族群的文化意识，并呈现出对族群文化的热爱，由此形成了认识世界与改造世界的独特身体行为文化图式。作为族群独特的身体文化符号，彝族传统体育文化凸显了族群的精神内涵，体现了彝族社会的历史发展意识。基于此，从实践角度出发，提出以凉山州彝族独特的传统体育文化主体性为对象，探索其从文化困惑到文化自觉、文化自信、文化自省、文化自强的历程，以此解析传统体育文化主体性纾困的问题，进而实现其文化主体意识的发挥，推动彝族传统文化在新时代的可持续发展。

（二）基于理论的视角

关于主体性的研究历来是一个热点问题。首先，对传统的主体性理论梳理发现，在古希腊时期便产生了最早的主体意识萌芽，亚里士多德开始最早明确使用"主体"一词。其次，在近现代时期，关于主体性的探索开始兴起，特别是文艺复兴思潮推动了主体性研究的活跃，哲学领域也由实体性哲学转向主体性哲学。笛卡儿"我思故我在"的主体性研究具有里程碑式的意义，康德鲜明地提出了人

---

[1]郑晓云.文化认同论[M].北京：中国社会科学出版社，2008：18.

的主体性问题，黑格尔所提出的主体性是主体对自己的独立和自由的认识，费尔巴哈把人看作历史发展的真正主体。总体上讲，近现代主体性思想涉及价值意义上的主体性、认识意义上的主体性、实践意义上的主体性。最后，后现代主体性主要以"消解""去中心""非统一性"等为研究表征，并且研究逐渐拓展到文化领域，特别是费孝通先生在其一生所亲历社会转型的"三级两跳"历程中，对文化如何保持自主性的问题给予关注，在其"文化自觉"中强调了文化的主体性问题。

关于传统体育文化的研究近年来也成为关注的焦点。分析发现"凉山州彝族传统体育"的研究主要呈现为三圈层结构。第一圈层是关于彝族、传统体育、民族传统体育相关的核心研究。该圈层内文献涉及传统体育的发展、传承、保护、起源、形成、开发、非遗等方面的内容，主要从历史学、社会学等方面进行了描述研究。第二圈层是关于原始宗教、节庆、文化、功能、民俗、摔跤、群众体育等方面的研究。该圈层内文献主要从文化层面进行了融合性研究，部分文献研究视角和角度较为新颖，研究的方法与手段也值得借鉴。第三圈层是具体传统体育事项、演进、文化生态、民间民俗体育、内容分析、体育旅游、中小学教学等方面的研究。该圈层内文献涉及传统体育的演进问题、文化生态问题、某传统体育事项的文化实证研究等，其中，部分文献属于前沿性的探索。

综上所述，以上两个领域的研究取得了丰硕的成果，相关研究日渐成熟。但是，从研究领域的交叉融合视角分析，基于"主体性"或"文化主体性"理论在体育学领域的研究尚处于起步阶段，现有的研究也亟待深入，相关问题主要表现为以下两点。一是文化主体性研究领域有待进一步拓展。现有研究大多局限在广义的文化主体性研究，忽视了对"体育"这一特殊文化现象的反思。二是传统体育领域研究视角有待进一步丰富。当前对凉山州彝族传统体育及其他地域性民族传统体育的研究较多，而基于"文化主体性"角度的交叉研究较为鲜见。凉山州彝族传统体育是文化主体性认同的重要研究资源，探索当地传统体育的文化形态与内涵、关注其主体意识表达、发挥其独特性与创造性价值等问题，应当引起学界的关注和思考。由此，从理论的视角提出了"凉山州彝族传统体育文化的主体性消解与纾困研究"的选题。

二、研究意义

（一）理论意义

第一，从文化学意义上讲，凉山州彝族传统体育文化是当地族群重要的体化实践文化，实践的身体承载着族群深刻的主体意识，体现了群体文化的独特性、融通性和创造性。从主体性视角探寻凉山州彝族传统体育文化，能丰富该领域相关理论研究的方法和手段，为当地乃至其他民族传统体育文化的研究提供新方向、新视野。

第二，从体育学意义上讲，对凉山州彝族传统体育文化的主体性消解与纾困研究，不仅再局限于"体育"自身问题，而是打破了学科间的壁垒，将"凉山州彝族传统体育文化"这一研究对象，置身于历史发展脉络及社会发展背景中，探索历史与社会"投影"到"鲜活身体"之上的综合问题，这在很大程度上实现了体育学与其他学科间的交叉融合研究。

第三，从文化传承意义上讲，凉山州彝族传统体育文化的主体性消解表征，实际上是当前地域性传统体育文化暂时的发展阻碍问题，所提出的文化主体性消解到觉醒的纾困思路设想，能够在很大程度上关注到人的能动性和文化的能动性，能够在理论层面上解析当地传统体育文化内涵的复归与传承思路，进而促进其文化主体性觉醒。

（二）实践意义

第一，从时代发展与文化繁荣角度讲，选题紧扣时代脉搏，在优秀传统文化繁荣发展的背景下，正视并探讨凉山州彝族传统体育文化所面临的主体性消解问题，进而在新时代发展进程中积极探索文化主体性纾困路径，有两方面的意义：一方面，可助推文化自觉与文化自省，以此呈现自身的文化生命力，实现彝族传统体育文化主体性地位的确立；另一方面，可助推文化自信与文化自强，以此展现自身的文化影响力，实现彝族传统体育文化主体性内涵的发挥。

第二，从文化弘扬与地域和谐角度讲，传统体育文化积淀着族群最深沉精神追求，代表着族群独特的精神标识。探讨凉山州彝族传统体育文化的主体性问题，有两方面的意义：一方面，可进一步提升人们对地域性传统体育文化的内涵认识，在一定程度上助推传统体育文化的弘扬；另一方面，可进一步推动地域传统文化的发展，实现传统体育文化的主体性发挥，以此促进地域性文化和谐发展。

第三，从路径重塑与决策发挥角度讲，以"文化自觉""文化自信""文化自省""文化自强"为基础的凉山州彝族传统体育文化主体性纾困路径，能够忠于过去、面向未来，在坚定自身发展模式的同时勇于创新，在主体文化觉醒的同时重塑形象，以此，实现当地传统体育文化的生命力和影响力持续发挥。同时，文化主体性纾困路径的提出，可为相关决策部门与机构提供实证参考。

第二节 本领域相关的研究动态

一、检索结果分析

通过在 CNKI 全文数据库中以"传统体育""体育文化"为主题词进行精确匹配,以 2011—2022 年为搜索年限,并通过人工筛查的方式,得到核心期刊文献共 1621 篇。以 1621 篇期刊文献为数据库,使用 CiteSpace V(可视化文献分析软件)进行关键词聚类分析发现(关键词中心性＞0.15):"价值"中心性值为 0.32、"路径"中心性值为 0.29、"文化自信"中心性值为 0.29、"传承发展"中心性值为 0.26、"文化传承"中心性值为 0.23、"文化自觉"中心性值为 0.21、"民间体育"中心性值为 0.20、"人类学"中心性值为 0.16(因进行检索时以体育文化、传统体育为关键词进行检索,故不展示传统体育、中华民族、文化、传统等关键词中心性值)。分析认为,该部分关键词的中介值远高于平均值,为近十年国内民族传统体育研究的常用关键词。

关键词聚类分析图

凉山州彝族传统体育文化的主体性消解与纾困研究

通过对该数据库中关键词的中介中心性进行 degree 聚类分析，共得出 19 组大类，取前 10 组以时间图谱的形式进行分析，获得以下信息：

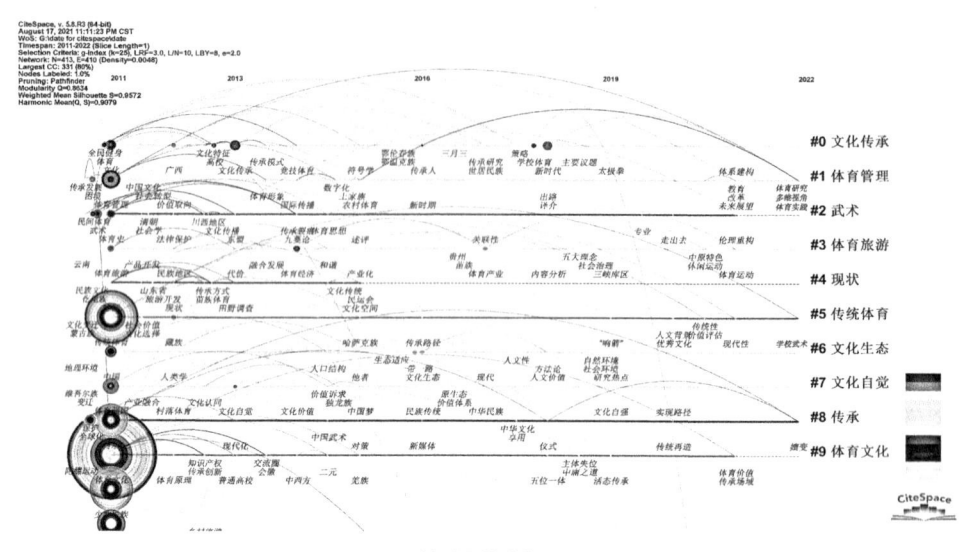

时间图谱分析图

文化强国（2011）、体育教育（2011）、体育管理（2011）、武术（2011）、文化传播（2013）、文化自觉（2013）、体育经济（2014）、文化自信（2016）、体育产业（2016）、文化生态（2016）、一带一路（2016）、健康中国（2017）、乡村振兴（2018）、新时代（2019）等关键词节点年轮外圈变红，存在激增情况。体育管理、传统体育、传承主题类的研究热点在 2011—2022 年是连续不间断并且变化的。现状类主题（2015）：出现民运会、文化空间等热点关键词；文化生态类主题（2018）：出现自然环境、社会环境等热点关键词；文化自觉类主题（2020）：以实现路径为热点关键词；体育文化主题：以体育价值、传承场域热点关键词后，更新出现了暂时的停滞。

对该数据库进行 Burstness 分析（γ[0，1]=0.5），共得到 56 个凸显词，

前 25 个凸显词示意图

取前25个凸显词，分析可知：2011—2016年，"发展"作为关键词远超同时期关键词，影响强度达7.23，这是2011—2013年，我国民族传统体育学者最为关注的话题之一，同时是最急于解决的研究难点和重点。2017—2022年，文化自信、新时代、乡村振兴等关键词凸显强度均达到7以上，是研究热点转换后，近五年的研究重难点，并且"一带一路""文化传承""文化自信""文化自觉""文化生态""体育产业"等关键词凸显，均达到4年及以上，属于长期研究热点。

二、研究内容分析

（一）关于传统体育文化的研究梳理

以"传统体育文化"研究点聚类分析，结合文献研究的主题内容，可将我国近十年传统体育文化相关文献大致分为三种类型：国家政策理论模型类、田野实地考察模型类、传统体育文化与教育经济融合类。

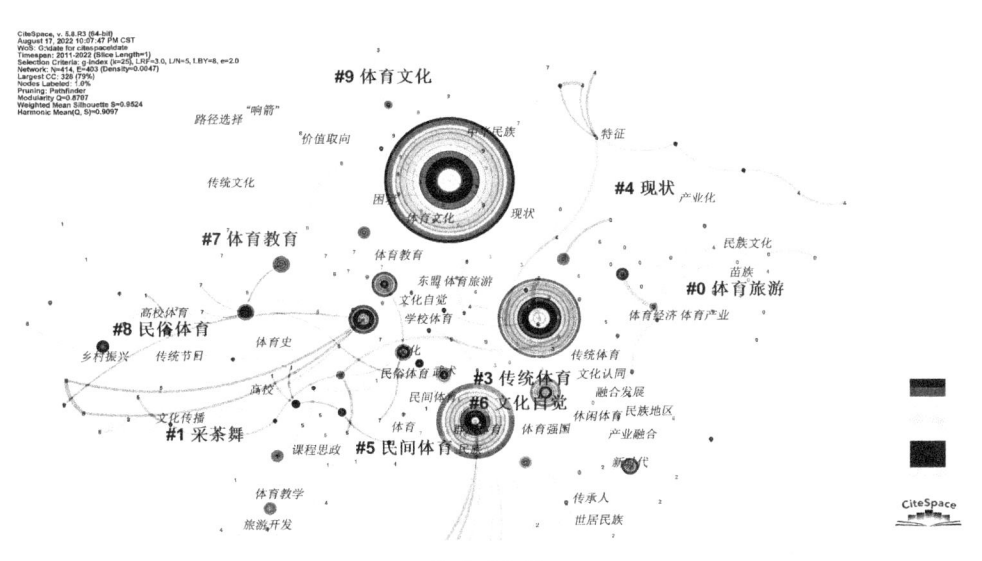

聚类分析图

1. 国家政策理论模型类

此类型的研究趋势与国家政策颁布时间联系较为紧密。乡村振兴类文献从2017—2018年开始激增，主要针对乡村传统体育的主体性、可持续发展性、困境和发展路径等方面进行了探究。例如，崔涛通过多渠道推进"民俗体育产业+

工程建设"来促进乡村民间传统体育的可持续化发展[1];相金星、王进国、郭振华通过对湘西、台江等地的苗族进行田野考察,发现现代乡村传统体育文化与价值的剥离导致传统发展的困境[2]。

体育强国类文献在近十年中,呈现波浪式变化,主要结合新时代、文化自信、文化软实力和产业融合等方向进行分析。例如,张文鹏、郭澜、曾婷婷等认为,新时代中华民族传统体育发展,主要面临文化土壤城镇化、文化认同焦虑、受众单一等问题[3]。崔乐泉、林春认为,坚定文化自信是发展中华民族传统体育文化建设和体育强国建设的重要基础,体育文化发展最根本的是坚守中华民族传统文化立场,传承传统文化基因,在创新发展和创造性变化原则下扬弃、继承和融合中华民族传统文化[4]。白晋湘认为,我国的民族传统体育文化体系中有不能遗忘的特点,在维系民族情感等领域具有不可替代的价值,是实现体育强国战略的重要助推力[5]。

传承保护发展类文献主要在2011—2012年和2016—2017年两个阶段达到峰值,主要从传播、保护、村落、价值等方面展开研究。例如,孙庆彬认为,传统体育文化保护应遵循人类学文化整体观,将生物环境与社会环境整合成系统考察,进行整体性保护。发展模式可归为竞技化发展模式、商业化发展模式和大众化发展模式三类[6]。王松等认为,可通过建设体育文化小镇,形成文化印记,倒逼传统体育文化创新,从而助推民族传统体育文化的开发和构建[7]。

2. 田野实地考察模型类

此类科研成果主要是通过田野考察等形式收集材料,并且将文化人类学、语言学、历史学、社会学等学科的理论进行借鉴和融合,进而为实现民族传统体育文化的纾困,提出更深刻的思路与策略。

基于文化生态学类的田野实地考察文献,主要是通过文化人类学的理论模型,从自然环境、社会经济环境、社会制度环境等方面,对村落或群落集体进行逐层思考[8]。例如,万义以文化生态学作为理论支撑,对双凤村进行田野考察,认为

---

[1] 崔涛.民俗体育助推乡村振兴价值审视与实施路径[J].体育文化导刊,2021(12):58-65.
[2] 相金星,王进国,郭振华."境遇"抑或"反思":民族传统体育文化现代传承与发展[J].沈阳体育学院学报,2021,40(5):130-137.
[3] 张文鹏,郭澜,曾婷婷,等.新时代中华民族传统体育的机遇、挑战及政策建议[J].武汉体育学院学报,2020,54(7):56-62.
[4] 崔乐泉,林春.基于"文化自信"论中华传统体育文化的传承与发展[J].北京体育大学学报,2018,41(8):1-8.
[5] 白晋湘.中国民族传统体育文化建设的使命与担当[J].体育学研究,2019,2(1):1-6.
[6] 孙庆彬.民族传统体育文化保护与传承的基本理论问题[J].西安体育学院学报,2012,29(1):67-71.
[7] 王松,张凤彪,毛瑞秋,等.体育特色小镇:民族传统体育文化保护、传承与弘扬[J].沈阳体育学院学报,2019,38(6):130-138.
[8] 司马云杰.文化社会学[M].北京:中国社会科学出版社,2003:152-154.

想要修复村落传统体育发展,需建立与社会主义经济体相适应的生态结构,形成现代化的生态修复机制,营造以传统体育文化发展为核心的文化生态村[1]。闫艺通过对新疆地区进行实地考察,基于生态学视角,认为新疆地区的民族传统体育文化土壤流失,提出当地的传统体育文化资源开发,需坚定走文化生态开发模式[2]。

基于文化符号学的田野实地考察文献,通过借用文化符号学理论,对各类传统体育活动所折射的身体文化符号展开研究。例如,孙德朝、孙庆祝通过文化符号与传统体育的边界与共性,解析了彝族经典传统体育项目,并认为其具有地方性生产力功能、族群凝聚力功能,是当地彝族重要的文化符号[3]。胡瑞波认为,可以通过研究苗龙服饰中的文化符号及图案所蕴藏的生产生活、仪式崇拜、文化准则、社会秩序等文化信息,为南方苗龙服饰的传承发展创新提供支撑和底蕴[4]。

3. 传统体育文化与教育经济融合类

该类文献主要通过体教融合、体旅融合等视角,凭借传统体育项目及其文化底蕴促进学校体育、体育产业、体育经济等方面的发展。近十年我国传统体育文化与体育教育融合相关文献,主要以2015—2016年和2019—2021年两个阶段居多。代表性的学者及观点有:牟柳、郭立亚、叶泽洲认为,传统体育文化融入高校课程应从思政方向着手,通过唤醒师生民族精神、进行传承传统项目实践、将核心元素融入全部专业课程等模式,提高师生对传统体育文化的认知观、价值观和生命观[5]。崔乐泉、陈沫认为,体育教育最基本的层次在于教育和教学,要达到最高层次必须要在遵循教育规律的同时实现对传统文化的根植与传承[6]。许万林认为,非遗传承的引入绝不是简单的复制表演,进入现代教学体系,其民族特性与民族情感才是传统体育生存的基因,而其表演形式、练习方式则需取舍改良与创新,使其能获得持久传承[7]。

---

[1] 万义.村落少数民族传统体育发展的文化生态学研究——"土家族第一村"双凤村的田野调查报告[J].体育科学,2011,31(9):41-50.
[2] 闫艺,何元春,廖建媚.文化生态学视域下少数民族传统体育文化资源开发模式研究——以新疆地区为例[J].广州体育学院学报,2020,40(6):62-68.
[3] 孙德朝,孙庆祝.彝族体育文化符号阐释[J].体育文化导刊,2015(3):203-206.
[4] 胡瑞波,董建辉,杜沂倩.从符号学角度谈方南苗族服饰中苗龙的文化表达[J].贵州民族研究,2022(1):104-108.
[5] 牟柳,郭立亚,叶泽洲.传统文化融入高校体育教育专业课程:理论审思与路径探讨[J].西南大学学报(社会科学版),2021,47(6):115-122.
[6] 崔乐泉,陈沫.基于体育教育视角的中华优秀传统文化研究[J].北京体育大学学报,2020,43(2):35-44.
[7] 许万林.探寻民族传统体育在高校传承可持续发展之路——以西安理工大学《安塞腰鼓》为例[J].体育文化导刊,2016(6):149-152.

凉山州彝族传统体育文化的主体性消解与纾困研究

传统体育文化与体育经济融合主要是通过发展体育产业实现的，如推进体育旅游、城市体育文化、体育特色小镇等方式。通过合并体育经济、体育产业、体育旅游关键词后，进行聚类分析得出，该类文献激增主要出现在2017—2018年。代表性的文献有：胡建忠、邱海洪、邓水坚通过对广西红水河流域民族传统体育进行实地考察，基于该地域体育旅游产业的开发潜力，建立民族传统品牌赛事产业化发展战略，以此改善当前体育旅游运转困境[1]。张永虎认为，为了推动京杭运河体育文化的发展，应建立京杭运河文化产业基地，创新民生型文化建设运行机制，提升京杭运河体育旅游发展动力，实现京杭运河体育文化可持续化发展[2]。

（二）关于彝族传统体育文化的研究梳理

在CNKI全文数据库中，以"彝族""传统体育""体育文化"为主题词进行匹配，以2011—2022年为搜索年限，并通过人工筛查的方式，得到北大核心期刊和CSSCI期刊文献共110篇。使用CiteSpace V对110条结果建立数据库，在合并同义词后，以110条关键词的中介中心性进行聚类分析，得出：火把节、彝族摔跤、凉山彝族、

Top 12 Keywords with the Strongest Citation Bursts

Keywords	Year	Strength	Begin	End	2011—2022
火把节	2011	1.21	2011	2013	
传统体育	2011	0.88	2011	2014	
文化适应	2011	0.9	2013	2014	
民族文化	2011	0.98	2014	2015	
体育文化	2011	1.14	2015	2017	
民俗	2011	0.96	2015	2016	
旅游开发	2011	0.96	2015	2016	
彝族民歌	2011	0.98	2017	2017	
凉山彝族	2011	0.88	2017	2019	
彝族摔跤	2011	0.86	2017	2020	
文化记忆	2011	1.14	2019	2022	
移风易俗	2011	1.04	2019	2020	

前12个凸显词示意图

文化适应等关键词节点（count ≥ 4）与中介中心性（centrality ≥ 0.12）较高。其中，火把节中介中心性为0.41，节点数为14，是彝族传统体育文化相关研究中跨度最广、聚拢最为紧密的热点话题。进一步对近十年彝族传统体育文化文献常用关键词的时间图谱进行Burstness分析（γ[0，1]=0.3），共得到12个凸显词，分析可知：在2011—2013年，彝族传统体育文化的研究主要集中于节日仪式的分析；2013—2015年，主要集中在对彝族民族传统体育文化及文化适应方面的研究；2015—2016年，研究热点逐渐转向体育旅游、旅游项目开发等相关的关键词研究；2017—2020年，对彝族聚居区和传统体育项目进行了细致研究；2019—2022年，彝族传统体育文化记忆类研究成为热点话题。

---

[1] 胡建忠，邱海洪，邓水坚."体育+旅游"视角下民族传统体育品牌赛事产业化研究[J].首都体育学院学报，2018，30（1）：42-46，66.
[2] 张永虎.后申遗时代京杭运河体育文化资源现状与发展路径选择[J].北京体育大学学报，2018，41（1）：43-49.

第一章 引 论

1. 彝族传统体育文化主题梳理

通过 CiteSpace V 对 110 条数据进行聚类分析后，将近十年我国彝族传统体育有关文献整理为三种类型的文献：节庆仪式类、文化记忆类、具体项目类。

（1）节庆仪式类

彝族节庆仪式中最为隆重和神圣的传统节日就是火把节，火把节是彝族族群进行的一系列仪式性活动，以表达对火的赞美与崇拜。该节点连线主要是基于火把节的传统项目、内涵价值、文化认同、对策等方面展开研究。例如，宋佳通过对彝族火把节进行专题调查，发现火把节展现的是彝族人民生存理念和生存经验的总结，同时，摔跤、斗牛、朵洛荷等体育事项是彝族人民生产生活的写照[1]。李祥林认为，火把节是把祭祀仪式的神圣和歌舞竞技的民俗结合起来，突出人的精神和物质的赞美之歌。彝族人民通过一年一度的火把节仪式展示着彝族文化精髓，突出了彝族社会对以人为本的民族文化的积极肯定[2]。陈海认为，官办火把节相较于民办火把节，就好比新民俗较于旧民俗，是民俗活动为贴合社会发展的一种必要行为[3]。敖慧敏对彝人古镇进行实地考察，发现旅游背景下"天天火把节，日日长街宴"，在此状态下，火把节的神圣性消磨殆尽，消费和娱乐的文化快餐日益突出[4]。

（2）文化记忆类

文化记忆、文化认同、族群记忆等方向的热点关键词，主要是通过历史学的视角，将文化作为一种社会的凝聚性结构，以仪式、身体姿态或符号语言将一些重要的族群经验与集体回忆通过固定的方式记录下来，并保持现实意义[5]。较有代表性的有：子华明、钟志勇认为，彝族这一典型的跨境民族，应着重通过学校教育引导彝族文化的文化记忆、认知记忆、情感记忆，提炼出文化价值观，发挥民族文化的教育功能，培养民族身份认同、文化认同、国家认同和归属感[6]。蔡富莲认为，彝族经历了六祖分支，云贵川彝族传统文化记忆在不断地演绎中，仪

---

[1] 宋佳.彝族火把节传统体育文化理念解析[J].体育文化导刊，2017（3）：83-86.
[2] 李祥林.人本文化的口头表述和行为实践——彝族火把节的文化人类学透视[J].广西民族研究，2016（3）：79-85.
[3] 陈海.彝族火把节的民俗意义及文化内涵[J].贵州民族研究，2015，36（10）：100-103.
[4] 敖慧敏.云南彝族火把节现代传承的困境与对策[J].中南民族大学学报（人文社科版），2019，39（3）：34-38.
[5] 扬·阿斯曼.文化记忆：早期高级文化中的文字、回忆和政治身份[M].金寿福，黄晓晨，译.北京：北京大学出版社，2015：4-12.
[6] 子华明，钟志勇.跨境民族的文化记忆与共同体构建：以彝族文化价值观传承教育为个案[J].民族教育研究，2019，30（6）：115-121.

式内容流程有着精细和粗略的差别，但叙述方式和演绎形式同根同源，所形成的文本、符号、身体展演是身份认同的重要标志[1]。陈振勇、童国军认为，可以通过彝族节庆体育作为传承族群文化与教育事业的文化载体，唤醒族群集体记忆，构建文化认同，促进彝族传统文化交流，构建过去与现在文化统一体，给民族思想与身体行为提供历史文化坐标系[2]。

（3）具体项目类

由于彝族火把节的神圣性和娱乐性，彝族传统体育文化事项较为集中地蕴含在火把节的点火、祭火、送火仪式中，如为纪念民族英雄进行的彝族摔跤、祭祀先祖进行的朵洛荷、为战胜与征服自然进行的赛马与斗牛活动等。杜银铃、马学智认为，彝族摔跤是彝族人民的社交手段、教育方式和价值承载，彰显着彝族人民的价值理念，成为调节族群、村落和个体间关系的重要手段[3]。孙德朝认为，模仿山野间动物习性和彝族人民生活习惯而形成彝族蹢脚舞步，是彝族个体、群体在自然文化环境中形成的，是具有代表性和典型性的身体文化符号[4]。韩玉姬、王洪珅、梁勤超从文化生态学视角得出，彝族赛马产生于天然适宜的自然生态环境，彝族人民形成了赛马的社会文化环境，这使彝族赛马能成为彝族传统节日中不可或缺的项目[5]。

2. 区域性典型彝族聚居区传统体育文化研究梳理

通过对彝族传统体育文化进行聚类分析，发现110条数据中，有关凉山州彝族传统体育文化的文献达36篇，占比为32.7%，成为区域性彝族传统体育文化的典型代表。该领域研究方向主要把凉山州彝族作为族群个案，将文化记忆、身体符号、体旅融合、乡村振兴等理论作为视角，以火把节、舞蹈、摔跤等体育文化事项和彝族村寨传承变迁及发展途径为主，展开区域性彝族传统体育文化相关的个案研究。

例如，张建、张艳通过文化四圈层结构，对凉山州彝族传统体育文化的消解展开了分析，认为应当借助文化记忆场理论，在火把节、学校教育、群众体育方面提供族群文化记忆的场所，并对凉山州彝族传统文化记忆展开重构，达到保障

---

[1] 蔡富莲. 彝族祭祖仪式中的献祭叙事与文化记忆[J]. 宗教学研究，2021（4）：192-200.
[2] 陈振勇，童国军. 节庆体育的集体记忆与文化认同——以凉山彝族自治州火把节为例[J]. 体育学刊，2013，20（4）：124-128.
[3] 杜银玲，马学智. 云南彝族摔跤运动的伦理价值与文化传承[J]. 体育文化导刊，2020（1）：68-72，99.
[4] 孙德朝. 彝族蹢脚舞的身体符号及文化记忆研究——以四川省会理市小黑箐镇白沙村为例[J]. 成都体育学院学报，2022，48（4）：63-70.
[5] 韩玉姬，王洪珅，梁勤超. 民族传统体育的生境模塑：基于凉山"彝族赛马"的个案分析[J]. 成都体育学院学报，2020，46（6）：86-91.

传统体育文化精神内核传承的目的[1]。童国军从文化人类学的视角，以朵洛荷舞蹈动作作为肢体语言符号，进行了文化内涵解读，认为朵洛荷是以彝族成年女性服饰舞步转换的方式，演绎了人从世俗上升到神话再回归于世俗过程，代表着彝族人民从"旧我"走向"新我"的世界观[2]。巫达通过对甘洛县彝族进行实地考察，阐释了族群对节日边界逐渐变弱的原因，并认为不同民族间举办非本民族的传统节日，是甘洛县已持续出现的文化涵化现象[3]。李燕琴、罗诗呷对比了凉山州民办与官办彝族火把节的差异，由于民办火把节参与主体主要为村民，而官办火把节参与主体主要为游客，服务对象存在着偏差，导致官办火把节与民办火把节文化内涵的差异性，并形成了凉山州彝族国际火把节传统文化主体异化的发展趋势[4]。

三、文献评述

（一）民族传统体育文化热点主题述评

关于传统体育文化与国家政策理论模型类方面：党的十八大召开、乡村振兴战略实施，以及我国全面进入小康社会等一系列转变，标志着中国特色社会主义迈向了新时代。民族传统体育文化作为我国传统文化的重要组成部分，是乡村文化振兴、产业振兴的重要助推力，学者以文化自信、体育强国、全民健身计划等相关国家政策为依据，创新传统体育文化的传承、传播模式研究，引导国民坚定传统文化立场，提高人们对传统体育文化的认同感，促进人们对优秀传统文化的自信心，取得了显著的研究成果，但对于区域性传统体育可持续发展的路径还需继续探索。在优秀传统文化弘扬的背景下，传统体育文化作为中华优秀传统文化的重要组成部分，如何促使民众对传统文化的主动传承，如何在传统体育文化传承中把握时代发展脉络，还需要学者进行重点关注。

关于传统体育文化与田野实地考察模型类方面：该领域研究主要是以费孝通先生有关"文化自觉""差序格局"等理论构型为主，融合了扬·阿斯曼、涂尔干、保罗·康纳顿有关文化记忆、文化空间等理论构型，同时，还将索绪尔、特鲁别茨柯依有关文化人类学中文化符号、身体语言符号等理论构型融入其中，进行了

---

[1] 张建，张艳.凉山彝族传统体育文化记忆的消解与重构——以朵洛荷为例[J].四川戏剧，2019（10）：126-130.

[2] 童国军.凉山彝族原生态仪式舞蹈朵洛荷的体育人类学考释[J].成都体育学院学报，2021，47（5）：100-105.

[3] 巫达.族群边界的消融与族群共同体意识的形成过程——以四川省凉山彝族自治州甘洛县为例[J].青海民族研究，2022，33（1）：56-63.

[4] 李燕琴，罗诗呷.神圣与狂欢：民办与官办四川彝族火把节符号的主客感知差异[J].中央民族大学学报（哲学社会科学版），2019，46（3）：57-66.

综合性研究。通过学者持续性地对各类型村落的器物、制度、行为和精神四圈层文化结构展开实地考察，展现了地域性传统体育文化发展状况。此外，该领域研究可进一步结合文化符号、文化记忆、文化生态等理论构型展开探索，也能够在很大程度上丰富当地民族传统体育文化史志的研究。

关于传统体育文化与教育、经济融合类方面：该领域学者主要以体育教学、体育旅游为切入点，探索民族传统体育的经济价值和文化传播传承，同时，也对出现的消费化、娱乐化、功利化等问题提出相关思考与建议，对于引导传统体育文化的融合发展起到重要的指导作用。一方面，我们应该看到传统体育文化在教育领域传承的重要作用，这在很大程度上促进了文化的传递与延续；另一方面，对传统体育文化的旅游发展方面，还须进一步厘清传统体育文化与产业化发展的关系，探索二者之间的适度融合发展。

（二）彝族传统体育文化热点主题述评

彝族传统节日文化类：对近十年关于彝族传统体育文化文献进行梳理，发现彝族火把节作为文化认同程度较高的传统文化符号之一，已经成为学者的共识。对彝族传统节日，学者主要以火把节为文化载体，将火把节所进行的仪式流程、原生目的、现实演变，包括体育项目构成的文化表征，进行了详细的阐述与分析。但对火把节中的系列传统体育文化符号承载的内涵与表征问题仍需继续挖掘，对节日文化中的身体实践与身体实践构成的节日文化，还须从多角度、多类别、多层次进行深入分析。

彝族传统文化记忆类：通过文献梳理可知，学者对彝族传统体育文化的文化记忆、族群记忆研究近年来呈上升趋势。但是，如何进一步梳理文化记忆理论，探索神圣记忆场中的传统体育文化呈现，以表述其身体的神圣性、内涵性等主体性特征方面，还须进一步思考。此外，如何将历史性记忆与现实性表述相连接，实现过往与现代的历史对比，以此呈现传统体育文化的主体性变迁，也是需要进一步解决的重要问题。

彝族具体传统体育项目类：该研究领域的学者多以传统舞蹈步法、节奏等身体语言，对彝族传统体育义化展开内涵的挖掘，如进行对先祖英雄场景模仿和山野间飞禽走兽再现等仪式。在全球化和现代化不断深入推进的背景下，从历史发展的视角探索一种传统体育文化问题，还较为单薄。探索文化变迁与文化交流融合对传统体育文化事项的影响，在时代变迁中把握传统体育文化的发展脉络较为重要。

（三）小结

通过 CiteSpace V 对近十年我国传统体育文化类、彝族传统体育文化类、凉山彝族自治州彝族传统体育文化类文献进行纵向时间轴与横向聚类情况分析得出，民族传统体育文化类研究主要从国家政策、理论构型、学科融合三维度展开剖析；彝族传统体育文化类研究主要从典型项目、典型庆典节日、理论构型三视角进行了深入挖掘；凉山彝族自治州作为典型彝族聚居区，学者对区域性彝族传统体育文化符号、文化记忆等进行了典型性研究。总之，无论是对传统体育文化的宏观广度研究，还是对彝族传统体育文化微观的深度探索，都取得了重要的、代表性的系列成果，为该领域相关的研究奠定了坚实的基础。然而，面对当前地域性彝族传统体育文化面临的消解与困难，如何使族群所生产与传递的文化传统在新的时代背景中，重新展现其主体性内涵，发挥其主体性地位，实现传统体育文化的价值在新时代的弘扬与传递，值得我们去进一步思考。凉山州彝族传统体育是文化主体性认同的重要研究资源，探索当地传统体育的文化形态与内涵、关注其文化的主体性消解问题、思考其主体意识表达中的困境、发挥其独特性与创造性价值等问题，应当引起学界的关注和思考。基于此，以文化主体性为视角，以文化传承中的主体性消解为问题，以凉山州彝族传统体育文化为对象，探索性地提出了"凉山州彝族传统体育文化的主体性消解与纾困研究"的选题，寄望能够对地域性传统体育文化主体性的发挥提供参考。

第三节　研究的基本思路

一、研究目标

凉山州彝族传统体育文化作为一种自主性文化，其具备了自我发展与自我实现的能力；作为一种神圣性文化，其再现了集体欢腾的场景；作为一种意象性文化，其表述了宏大的历史叙事。在时代发展进程中，凉山州彝族传统体育文化成为族群确定自我的象征体系，体化的实践演绎着族群对外部世界的深刻理解，承载着族群经历的宏大叙事，彰显着族群具象的文化风格，由此内化成为一条看不见的纽带，凝聚了族群认同的力量。

然而，在全球化、技术理性、消费主义的推进中，凉山州彝族传统体育文化蕴含的深刻意蕴及文化的自主、能动地位逐渐受到影响。基于此，本研究提出以"凉山州彝族传统体育文化主体性消解与纾困研究"为选题，旨在呈现当下地域性民族传统体育的文化内涵及发展状况，并在文化自信与文化自强的感召下，调适彝族传统体育文化的主体性发展路径，进而促进其主体性发挥。

基于以上总体研究目标，提出本研究的分目标为：一是对凉山州彝族传统体育文化的主体性消解表征进行梳理与解析，探索制约文化主体性发挥的困境；二是剖析凉山州彝族传统体育文化的主体性消解致因，探讨场域空间的挤压、生存环境变迁、社会发展的单向度等问题对主体性消解的影响；三是在文化自信、文化自强的新时代背景下，凉山州彝族传统体育文化的主体意识觉醒存在必然性，探索主体意识的觉醒对主体性纾困的推动作用。

二、研究方法

（一）实地考察与专家访谈结合

在凉山州区域内，对代表性的彝族传统体育文化生成地进行实地调研考察，调研地点包括吉拉布拖县菲各村、凉山州俄池格则村、白庙村、四合乡等，同时，基于研究对象的动态性、复杂性、内隐性等特征，访谈该领域的专家学者及文化传承人。通过实地考察与专家访谈相结合的方式，获得了相关研究信息与数据，在此基础上，思考并探索凉山州彝族传统体育文化主体性消解与纾困的研究框架，使研究思路更加明晰，同时，也对彝族传统体育文化主体性问题有了更为清晰的认识。

（二）文献资料与逻辑分析结合

通过中国知网、国家数字图书馆、凉山州彝族博物馆、四川博物馆等线上及线下多渠道，收集了文化学、历史学、人类学、体育学等相关文献资料，以及系列有价值的图片资料、有代表性的口述史资料。对掌握的相关文献资料进行筛选、对比、整合，在逻辑分析的基础上，找出该领域研究的交叉点，进而从多视角分析与阐释凉山州彝族传统体育文化的主体性消解与纾困问题。

（三）历史分析与比较分析结合

对凉山州彝族传统体育文化的主体性消解与纾困研究，离不开历史分析法支撑，须从凉山州彝族历史发展轨迹中梳理传统体育文化主体性的发展规律。因此，通过对凉山州彝族传统体育文化主体性内涵进行历史追溯，以全面、发展、变化的视角来看待彝族传统体育文化的主体性消解，在注重历史发展规律和时代变迁背景的状态下，以及在时代发展的文化比较中，探索传统体育文化主体性纾困路径，从而逐步实现文化主体性地位的复归。

（四）宏观形势与学科交叉结合

对凉山州彝族传统体育文化的主体性消解与纾困的研究，是一项涉及体育学、文化学、历史学等多学科领域的选题，同时，以身体为载体的传统体育文化实践蕴含着宏大的社会叙事，这就需要从宏观背景中把控，针对文化主体性消解的问题，落实到具体的文化主体性纾困路径之中，实现宏观形势与学科交叉的结合。

三、研究途径

第一，对主体性与文化主体性概念进行了相应界说。基于历史线索对传统的主体性、近现代的主体性、后现代的主体性进行了概念的历史谱系梳理，在明晰主体性概念的基础上探索文化主体性的内涵、形成与建构。在此基础上，提出了传统体育文化的主体性问题，并对传统体育文化的主体性境遇与守护进行解析，为本书的研究奠定理论基础。

第二，对凉山州彝族传统体育文化代表性的文化符号：火把节、摔跤、赛马、达体舞进行了梳理，总体上呈现了这些传统体育文化符号的起源、特点、内涵、内容等。以此再现了凉山州彝族地区浓郁的传统体育文化特色与精品，并从文化的圈层结构中剖析了文化符号所承载的内涵与意蕴。

第三，追溯并再现了凉山州彝族传统体育文化的主体性内涵。作为一种自主性文化，其具备了自我发展与自我实现的能力；作为一种神圣性文化，其再现了集体欢腾的场景；作为一种意象性文化，其表述了宏大的历史叙事。在时代发展进程中，对文化主体性内涵的追溯，能够为其主体性地位重塑提供线索与依据。

第四，以时代发展中的传统文化境遇为线索，解析了凉山州彝族传统体育文化由自主性文化到被动性文化的消解、由神圣性文化到世俗性文化的消解、由记忆性文化到失忆性文化的消解、由意象性文化到再造性文化的消解。文化主体性消解成为本书研究的问题所在，也是在此基础上提出了本书的探索方向。

第五，基于场域空间的挤压、生存环境的变迁、社会发展单向度、现代性导致断裂等方面，对凉山州彝族传统体育文化的主体性消解进行了溯源。在文化主体性消解过程中，不仅会受社会转型、资本逻辑、交通传媒影响，还会受旅游化环境、虚拟化环境、城市化环境的推进，以及社会单向度的推进和现代性等影响。总之，凉山州彝族传统体育文化的主体性消解是一个系统的问题，需要将其置身于一定历史背景中思考分析。

第六，提出了以提高文化自觉、加强文化自省、巩固文化自信、推进文化自强为导向的发展路径，以此实现凉山州彝族传统体育文化的主体性纾困。站在新的历史起点上，我们应立足传统、创新传统，通过推动凉山州彝族优秀传统体育文化的创造性转化和创新性发展，以时代精神赓续优秀传统，夯实其文化主体性地位，进而实现优秀传统文化在新时代的传承与发展。

主体性与文化主体性概念界说

第一节 主体性概念的历史谱系

在历史发展进程中，人沿着自己的方向，运用特定的手段，在可能的范围内不断改变着外部世界。在此过程中，人的思维与认知也在不断提升与改进，从而形成并实现着自己的想法与思考。最终，人以自己主体性的活动使自己成为主体。在不同的历史时期，关于主体性的探索呈现着特定阶段的哲学思维，代表着特定阶段的哲学反思。以历史发展为序，主体性概念发展经历了传统的主体性、近现代的主体性、后现代的主体性三个阶段，以下将对不同历史阶段的主体性研究进行分析，以此为凉山州彝族传统体育文化的主体性消解与纾困研究奠定理论基础。

一、传统的主体性

人类的思维经历了由动物思维、神话思维到健全思维逐步生成与提升的过程。在久远的古代及中世纪时期，人类对世界的认知仅停留在为生存、满足生活。而当人发现自己、认识自己时，便开始了对客观世界的探索。由此，人们不再被封闭于神话之中，也不再甘于被奴役，开始尝试对世界本源进行探索。在这一历史阶段，哲学家泰勒斯、阿那克西曼德、阿那克西美尼等，根据自我的认知对世界本源进行了界定。不同的人对世界的本源有不同的界定，人们对本体论的探索始终无法给出一个统一的回答。

由此，人们开始对自身产生了反思。最具代表性的是普罗泰戈拉提出了"人是万物的尺度"，从此开始直接把人作为哲学关注的焦点。普罗泰戈拉的这一论述将古希腊哲学引向了"主体性向度"，人作为万物存在尺度的标准被确立起来，人的主体性地位也得到了广泛的关注。然而，普氏的主体性主要表现为"感性"的形式，他将个人的感受作为衡量外部世界的标准，柏拉图在评价普罗泰戈拉

凉山州彝族传统体育文化的主体性消解与纾困研究

时说"事物对于你就是它向你呈现的样子,对于我就是它向我呈现的样子"[1]。这种缺乏理性的内涵与思考,导致其主体性理论不可避免地走向相对主义[2]。当然,受历史条件制约,普氏所关注的人的主体性和主观性这一事实,他将个人自我意识从外部必然性和神的意志中独立出来,我们应予以承认。因为,主体观念的发展最初是从个人的自我意识及从个体性开始的。而且,普氏所关注的人的主体性和主观性问题在历史发展进程中也是独树一帜的。

古希腊哲学家苏格拉底则否认了普罗泰戈拉以视感性为人性的全部。他认为,人是一个具有普遍精神的理性存在。由此,苏格拉底提出了"思维着的人是万物的尺度",感性的经验被普遍的理性经验所代替,成为这个世界的中心。苏格拉底认为,善是最高理念,其建立于主体的确定性和统一性。善不是从外部被动接受的,而是人心灵中原本就有的。所以,要"认识你自己",这一命题也成为主体性原则的初步萌芽。当然,苏格拉底所提出的主体性问题也有其局限性,如主体性内容的至善理念,缺乏作为主体性最根本特色的主观能动性[3]。但是,苏格拉底的哲学贡献不容忽视,他将哲学从天上拉回了人间。从苏格拉底开始,人真正作为人成为讨论的"主角",主体性哲学也由此粗具雏形。

苏格拉底的学生柏拉图从客观唯心主义出发,将精神的理念从人的内心中剥离出来,在理念的基础上区分了认识的主体和认识的对象,在认识论上贬抑感性而高扬理性[4]。受历史条件制约,柏拉图还不可能从人自身去直接表现人的主体地位,只能间接地表达人的主体性。他的"人是理性动物"论述是主体性原则形成和确立的前提条件。柏拉图的学生亚里士多德是最早明确使用"主体"这一词的人,他以具体的事物取代了柏拉图的理念而作为第一实体,他所提及的个体或主体与柏拉图立足于"心灵自我"并不完全相同,更多的是一种物理自然设定。

总体而言,古希腊的主体意识还处于萌芽状态,以一种朦胧、不自觉的方式存在。他们把主体性适用于任何存在者,而且他们理解的自然也还不是客体,他们与自然还不是对立的,仍处于和谐统一的状态[5]。然而,走入中世纪的西方哲学同时也进入了主体性被压抑的时期。面对一系列的压迫,人们很难意识到自身的力量,或者说人们不相信自己的主体能力,基于生存和发展的迫切需求,人们开始了对神的关注和对上帝的崇拜。宗教思想的盛行与狂热,使人们创造了一个"全知、全能、至善、自在"的上帝,人的主体性完全被神权束缚,主体性面临着被不断消除。尽管中世纪反主体性信仰,但是源自古希腊的主体性思想并未在

---

[1] 北京大学哲学系外国哲学史教研室.古希腊罗马哲学[M].北京:生活·读书·新知三联书店,1957:133.
[2] 贾云秀.网络时代人的主体性[D].石家庄:河北师范大学,2004.
[3] 杜素华.对自由的追求——主体性原则探析[J].时代文学,2009(1):173-176.
[4] 马金伟.人的主体性的理论与实践问题探析[D].郑州:郑州大学,2006.
[5] 贾云秀.网络时代人的主体性[D].石家庄:河北师范大学,2004.

这一时期完全中断，宗教神学对主体性的背离，亦使主体性的回复力更强，这也为文艺复兴时期提倡人的主体性自由发展奠定了基础。

二、近现代的主体性

文艺复兴思潮的兴起推动了理论研究的重要转向，在这一时期人们开始对神道和天道进行反对，并提倡以人为本，人们也开始由原来直观地对外部世界的探求转向对自身的反身内求，由此，也实现了从"本体论"向"认识论"的转变。在这一时期，人的主体性得到充分尊重和弘扬，人也脱离了神的束缚，而具有了主体意识。文艺复兴时期的学者在研究中也采用了人本主义的方法，并在艺术中不断探寻现实主义和人类情感，助推了主体意识的提升。

在文艺复兴思潮推进中，不同哲学流派的学者对主体性问题进行了阐释和解析。主体意识的高涨及主体性的思维方式是近代西方思想的一个显著特征。笛卡儿"我思故我在"的思想在主体性原则演进中具有里程碑式的意义[1]。因为，在笛卡儿的哲学思想中，外部一切值得怀疑，唯有自我思考才是无可争辩的，这从认识论视角深刻阐释了主体意识的觉醒。黑格尔曾指出："从笛卡儿起，哲学一下子转入了完全不同的范畴，一个完全不同的观点，也就是转入了主观性的领域。"[2]笛卡儿将主体性原则确立为哲学的第一原则，使主体性哲学成为近代西方哲学的重要支点。经验论者以培根和洛克为代表，他们认为认识源于人的感觉和经验，是人脑对客观自然的反映，培根以"知识就是力量"预言了人类文化将呈现伟大的复兴，并强调了人的主体性力量改造自然的能力，确定了人在自然界的能动性。

（一）旧唯物主义视野中的主体性

与唯心主义片面强调人的主体性问题不同，唯物主义不从主观和精神出发，而是从客观现实出发，去强调人的主体性问题。关于唯物主义哲学的主体性描述主要分为自然唯物主义和人本唯物主义两类。

自然唯物主义历史悠久，其主张物质应处于核心地位，精神从属于物质，主体性须纳入自然的物质之中才具有意义。早在古希腊时期就产生了自然唯物主义的萌芽，后来经历泰勒斯、恩培多克勒等历代哲学家的演绎，不断充实和完善了自然唯物主义关于主体性的研究。最初，自然唯物主义将万物归结于自然物质的各种形态，人被等同于自然之物，因此，在此状态下人的主体性未能充分显示出来。后来，哲学家霍布斯将自然唯物主义进行了系统化研究，并将精神进行了实体化，

---

[1] 贾云秀.网络时代人的主体性[D].石家庄：河北师范大学，2004.
[2] 黑格尔.哲学史讲演录：4卷[M].贺麟，王太庆，译.北京：商务印书馆，1995：69.

自然物质被视为主体，人与自己活动的手段和对象都属于一个物质圈层，人的整个活动类似于钟表的运动，在此状态下人处于被动、机械接受的状态，否定了主体性的相对独立性，最终也否定了人作为主体的主体性。拉美特利也是自然唯物主义的代表，他受法国机械唯物主义和笛卡儿机械论影响，其哲学思想具有唯物主义的机械论倾向，并提出了人是机器的论断。诚然，拉美特利将人从神学的束缚中解放出来，但是，他将人等同于自然之物，未能关注到人的本质，更不会关注到主体性问题。

随着哲学领域认识论研究的转向和深入，唯物主义关注的焦点开始从"自然"转向"人"，以及"内心生活"。理论研究出发点对人的深刻关切，使自然唯物主义逐步落幕，人本唯物主义如雨后春笋。爱尔维修被誉为人本唯物主义哲学思想的创始者，他受洛克哲学思想的影响，把唯物主义运用于社会生活中，并认为人是社会的产物，所以要改变人首先应该改变社会。爱尔维修对社会的关注凸显了其对人的关注。但是，他在关注到环境对人产生重要影响的同时，忽略了环境是由人不断改变的。费尔巴哈在人本唯物主义哲学领域具有深刻影响，他认为人不是一台机器，而是能够深刻理解自然的高级动物，他突破了自然唯物主义的枷锁而注重人的现在性，他将唯物主义推向了主体性道路，并构建了费尔巴哈哲学完整的体系。在费尔巴哈看来，作为主体性的人是解决现实思维问题的核心，他批判了黑格尔思维和存在的颠倒，指出了思维和存在的真正关系应该是"存在是主体，思维是宾语"。费尔巴哈的哲学思想对于主体性的回归具有重要的推进作用，但是，由于其蕴含的"感性直观性"存在，使其主体性问题很难摆脱旧哲学的束缚，他虽然将主体确立为"现实的人"，但所谓"现实的人"被定义为"自然存在的人"，仍停留于感性层面；他虽然将自然界作为客体的真实与现实，但所谓的自然界属性与人完全脱离，没有将其视作感性活动的产物。

（二）唯心主义视野中的主体性

近代哲学家认识到思想并不必然具有客观必然性，所以，他们从自己的意识出发对外部进行解释。在这一阶段，哲学研究形成了主体与客体的对立与分化，哲学家做的工作主要是基于认识论的视角，探讨主体的地位、能力等相关问题，这里的主体性开始倾向于意识、思维或理性认识。近代从唯心主义方向研究主体性的哲学家主要有笛卡儿、康德、黑格尔等。

笛卡儿哲学思想的提出，使主体性脱离出神学的迷境，并以主体性先验的精神自我形式呈现，为主体性的相关研究奠定了基础。如上所述，笛卡儿"我思故我在"的思想在主体性原则演进过程中具有里程碑式的意义。笛卡儿所生活的时代是一个追求确实性的时代，在此时代背景下，他把追求确实性作为自己的重

第二章 主体性与文化主体性概念界说

要目标,在认识的过程中注重确实性,对此的不断探索从外部转向内部,注重内心和心灵,在自我的怀疑与思考中达到无可争辩。所以,在笛卡儿看来,"我思"是一个重要的怀疑过程,在不断"确实"中实现"可靠性",以此确定"我在",这从认识论视角深刻阐释了主体意识的觉醒,也使哲学研究从朴素客观主义向先验主观主义转变。"我思故我在"的提出,使主体和客体真正区分开,"我"远离了外部的干扰,成为一个真正的思想实体,"自我""灵魂""心灵"构成了所谓的"主体",成为一种独立自在的精神理性实体。不能否认,笛卡儿理性自我的提出在一定程度上解释了认识问题,为主体存在的合理性确立了依据,同时,也在很大程度上摆脱了外部客体的困扰。但是,面对系列难以解决的问题,他引入和求助于上帝,使主体性地位产生了根本动摇。

德国哲学家康德发现,"自我"在经验主义的意义上已经不能继续前行,因为在笛卡儿那里,自我实体既是经验性的,又是自然性的,还是朴素性的。所以,康德认为,自我不能被困于经验之中,只有解脱了此束缚,才能真正发现自我、实现自我、超越自我。康德认为,笛卡儿所处时代的局限性限制了主体主义的发展,他将笛卡儿提及的"自我"分为两类,一类为经验的自我,另一类为先验的自我。而只有后者才是更具有普遍性、主体性内涵的"自我",由此也建构了主体主义哲学的基点。与笛卡儿主体性理论相比,康德注重主体性的完全先验性内涵,并显著突出了"自我"的认知主体性,剔除了将"自我"物化的观念。如果说在康德之前,主体性还需要上帝的帮助与支撑,那么,康德先验的"自我"主体性则成为可支撑哲学理论的重要力量,也实现了哲学领域由被动的认识论到以人为中心的能动性认识论转变。但是,康德先验主体性理论也存在一定的理论缺陷,他将理性划分为两个区域,在主体之外设定了"物自体",割裂了现象与世界本体的实践联系。

德国哲学家黑格尔看到了康德哲学对"现象"与"物质"的割裂,进而提出了"绝对精神"的概念,认为应通过自我展示的过程最终实现自我认识。通过主体对自己独立和自由的认识,实现精神的主体价值。所以,在黑格尔看来,主体性概念主要指精神从外在世界退回到自己的内心世界,由此所获得的观念上的自觉存在。在黑格尔看来,主体性原则是神和人两方面共同的,它是这两方面重新统一的结合点。所以,"绝对"既显现为活的实际的主体,即凡人的有限主体,也显现为神的精神所具有的精神主体性。当然,黑格尔并非忽视人现实存在的纯思辨性,他肯定"凡人"即世俗的、现实的人是主体,认为"作为个别的主体,人也是还有他的偶然的自然存在"[1]。但是,他把主体性看作是一种精神之光,人

---

[1] 黑格尔.美学:第3卷[M].朱光潜,译.北京:商务印书馆,1979:215-217.

在它的照耀下认识自身，因而才真正成为主体。

（三）马克思主义视野中的主体性

众所周知，马克思在批判地继承前人思想理论的基础上，创立了广为人知的历史唯物主义哲学思想，并发起和实现了一场哲学革命。马克思主义哲学以"现实的人"为出发点，揭示了个人从现实的生存条件下解放出来的自然历史过程；马克思主义哲学以"改变世界"为主题，通过改变人们的思想观念来改变世界"思辨的幻想"；马克思主义哲学以"人类的自由解放"为旨趣，建构了一种面向未来的开放性、生成性的主体性存在。

在马克思之前，认知主体性的内在困境已经表明：很难以理论哲学范式来解释"主体性"观念，这就需要探析一种更为可靠和充实的根基来支撑，需要探索一种全新的维度来考察"主体性"问题。马克思在否定主体形而上学和理论哲学范式的基础上，开创了全新的实践哲学范式[1]，由此，对"主体性"观念的理解也达到了一个新高度。

首先，体现在以实践为基础。实践观点的提出是马克思将自己哲学观点明确化的标志。这也是马克思主义哲学与黑格尔、费尔巴哈等全部哲学理论的差异之处。马克思主义实践观念的提出成为解决形而上学难题的突破口，成为化解近代"认知主体性"危机的突破口。马克思主义实践观提出后，维特根斯坦、伽达默尔、哈贝马斯等哲学家，分别在其著作中表达了同一种思想倾向，这些哲学家都青睐于"实践"，并已然成为西方哲学普遍具有的哲学品格。"实践的转向"标志着哲学研究方向的转向。

其次，体现在以生活世界为依托。实践哲学的确立意味着哲学向"生活世界"的复归，也意味着主体形而上学和理论哲学的终结[2]。在这里所谓的"生活世界"是与人有关的世界，是人生活于其中的世界。每个自我主体都在一起，这种对人生活状态的批评反思能够作为研究"主体性"观念的视角。这也体现了人类自我认识的深化，体现了主体性观念的诉求。

最后，体现在以历史为解释原则。以历史为解释原则是因为作为主体的人的主体地位确定是一个不断生成的历史过程，同时，外部客观物质世界能成为客体也是一个历史生成的过程。无论是客体还是主体都不是一次给定的，而是一个历史的过程。如果不能以历史为线索理解实践活动的历史性，"实践"便会回到形而上学状态，成为永恒不变的本体，这将会对"主体"或"主体性"观念的研究带来很大干扰。所以，马克思从现实的人出发，把逻辑思辨归结于人的现实生活

---

[1] 郭晶．"主体性"观念的现代合理性[D]．长春：吉林大学，2012．
[2] 郭晶．"主体性"观念的现代合理性[D]．长春：吉林大学，2012．

的"历史性",历史性的确立显示了人的主体性生成的时间线,承载着主体性生成的传统。依据历史性来理解主体,主体便在历史中生成,在历史中发展,并在历史中实现其本质规定的存在。

三、后现代的主体性

科技的不断进步和资本主义的深入发展,助推了社会发展的高度信息化、技术化、消费化,在文化形态上被定义为进入了"后现代社会"。后现代社会的显著特征为反对中心性、真理性,坚持不确定性,同时,批判"元话语",反对"宏大叙事"。所以,后现代呈现出的显著特征为"去中心""消解""去元叙事"。

在后现代社会,后现代主义文化逻辑显著表现为文化的扩张状态。曾经那种具有丰富内涵的文化逐渐被具有工具性文化特点的大众文化所代替,高雅变得逐渐通俗,内涵与世俗的界限逐渐消解。后现代社会,商品化的逻辑成为文化价值的重要导向,由此打破了"艺术与生活"的界限,并成为一种典型的文化消费,内涵的深度被削平成为一个浅层表面,变得越来越没有深度感。杰姆逊曾认为,后现代主义是资本主义发展在文化上的重要影响呈现,与现代主义相比,后现代主义的深度模式被消解,历史意识逐渐消失。"本质走向现象""深层走向表层""非真实走向真实""能指走向所指"的动向,造成了主体性的距离感越来越明显。

受"去中心""消解""去元叙事"影响,在历史意识消失的推进中,造成了后现代主体性传统内涵、历史意蕴的丧失,由此产生了一种"断裂感",并致使主体的思维中形成一种纯粹和孤立的当下。而当下与过去、与未来不能很好地连接,制造出了后现代主义的"非连续性"时间观,这如同拉康所言的"符号链条的断裂"。如果说现代主义还在努力"堆积散落的意象",以此试图重建某种理想和形式的整合,那么,后现代主义所形成的"断裂感"则在主动打破这种"理想"与"整合",并制造了一个"非我"的主体。

"非我"的主体的出现意味着主体变得越来越零散化,并在逐步消失。之所以出现零散化和逐步消失的状况,在于后现代主体的社会焦虑和紧张的生活状态,这造成了"自我"难以立身和安放,所以造成了主体体验的不是完整和真实的世界,而是一个变形和异化的世界,进而导致主体难以表现真实"自我"而成为一种"非我"。由此,主体没有了自己的存在,没有了自己的身份,甚至没有了自己的情感与热情,最终成为一个非中心化的缺失了能动性和创造性的工体,也很难将当下与过去、未来相连接。

后现代的主体性因越来越仿像化而显得"超真实"。作为主体越来越依赖于影像互联网信息技术和大众传媒,进而制造和形成了虚拟的仿像视觉文化或影像文化,它以技术化手段将连同身体一起的整个社会符号化,以符号构成了一个与

凉山州彝族传统体育文化的主体性消解与纾困研究

现实世界无关的虚拟世界，呈现于人们面前的主体性实现形态不再是传统意义上"真实"的客观存在，主体的情感与表意在"仿像"中损失殆尽。所以说，具有反思能力的主体已逐步消解。

贝尔认为"当代文化正在变成一种视觉文化……这是千真万确的事实"[1]，以实践为载体的主体及其主体创造的文化呈现的那种"神圣性""距离感"逐渐被消解和泛化，在视觉文化盛行中打破主体性的边界。正如马克思所言，一切坚固的东西都烟消云散了……我们生活的世界发生着翻天覆地的改变，它正被非物质化——地理失去了距离，历史失去了时间，价值失去了重量……主体脱离了其自身、脱离了生活的图景，并且对传统的生活各方面都消解和模拟着，形成一种看似"真实"的场景。如今，我们在影像数字文化载体——电视、互联网等媒介中，看到的、感觉到的并没有不真实感，反而觉得这种景象显得比现实更为逼真，实际上这种符号生产的主体性经验是对意象主体的遮掩，最终，可能是消解现实、取代现实[2]。

第二节　文化主体性的解析

文化主体性是民族传统文化的核心要素和精神旗帜。近年来，文化主体性问题成为社会学领域研究的热点，诸多学者在不同领域针对文化主体性问题进行了有益的探索。以下将先对文化主体性的内涵进行解析，进而探索主体与客体的分化、经济发展的不平衡、全球化的推进对文化主体性的影响，最后探讨文化主体性的体系建构，以期为凉山州彝族传统体育文化主体性发展研究提供理论依据。

一、文化主体性的内涵

综合国内外学者的观点发现，文化主体性的概念主要有广义和狭义两个方面。所谓广义的文化主体性是指人们在改造自然和社会的实践过程中，所创造的文化表现出的自主、能动的地位和表征。从狭义上讲，文化主体性是指两种文化在相遇、交流过程中，相对较弱的文化形态能够坚守自己的主体内涵，守护自己的文化立场，并能在文化适应与创新中实现自我发展。

我国著名社会学家费孝通先生，在继承前人研究成果的基础上，较为全面地提出了"文化主体性"论述，他将文化主体性定义为对现代化的"自主适应"。其中，"自主适应"包括两个方面的内容：其一，充分提取与凝练传统文化中蕴含的文化因子，并与现代社会相结合、相契合，以传统文化的现代适应重建文化发展路

---

[1] 丹尼尔·贝尔.资本主义的文化矛盾[M].北京：生活·读书·新知三联书店，1989：156.
[2] 孙亮亮，史明娜.西南少数民族传统体育文化符号的异化研究[M].北京：人民体育出版社，2020：155.

第二章　主体性与文化主体性概念界说

径；其二，在本土文化同现代化要求无法结合的情境下，主动参与学习和适应现代化的规则，在参与中重建自身文化个性[1]。

费孝通先生关于"对现代化自主适应"的主体性论述也包括两个方面的含义：一是文化认同中的自我意识，也就是说要知道自己的文化的来历、构成和发展方向，对自己的文化有自知之明，在批判性继承过程中实现文化自觉；二是文化建构中的自主性，也就是说在文化传承中须扎根乡土文化生成的环境，对自己的文化有充分认知和深层的理解，在适应社会发展中批判吸收其他文化的有益因子，在不断创新发展中传递与弘扬。费孝通先生关于文化主体性的论述，对我们的文化主体性守护与弘扬、文化主体性的建构与重塑具有重要的指导性，并对传统体育文化的传承产生了深远的影响。

马克思认为"人的本质……是一切社会关系的总和"[2]，也可以理解为人是社会历史活动的主体。人在社会历史进程中扮演着主要的角色，并成为社会活动的主体，以此发挥着主观能动性。而作为人在社会活动中创造的文化，其文化主体性问题也就是人在文化活动中的主体性问题。基于人们对文化的认识、对文化的态度和在实践中的文化传递与弘扬角度，可以从文化自觉、文化自信、文化自省、文化自强四个方面对文化主体性的内涵进行探讨。

首先，文化自觉是我们认识文化的视角。费孝通先生洞察到了整个人类社会面临的巨大文化转型，提出了"文化自觉"理论。"文化自觉"可以以小见大，无论从乡土文化、地域文化、中华民族传统文化，甚至是全人类的文化，其意义在于"生活在一定文化中的人，对自己的文化有'自知之明'，即明白它的来历、形成过程、特色和发展趋向，从而增强自身文化转型的能力，并获得在新的时代条件下进行文化选择的能力和地位"[3]。这是人的自觉性在文化中的表现，也是人在文化实践中主体性文化意识的集中展现。

其次，文化自信和文化自省是我们对待文化的态度。习近平总书记在党的十九大报告中强调"文化自信是一个国家、一个民族发展中更基本、更深沉、更持久的力量"。要充分相信我们的中华优秀传统文化的博大精深和内在价值，要充分肯定我们中华优秀传统文化的适应力和生命力，"没有高度的文化自信，没有文化的繁荣兴盛，就没有中华民族伟大复兴"。在全球化进程及社会转型发展中，可能出现了一些困难与挫折，但是，在文化传承与发展过程中，我们更应保持镇定、从容的态度，在批判与发展中坚定文化自信，围绕铸牢中华民族共同体意识，充分发挥优秀传统文化在弘扬民族精神、促进民族团结中的积极作用，明确推进

---

[1] 李友梅.文化主体性及其困境——费孝通文化观的社会学分析[J].社会学研究，2010，25（4）：2-19，243.
[2] 中共中央马克思恩格斯列宁斯大林著作编译局.马克思恩格斯选集：第一卷[M].北京：人民出版社，1995：18.
[3] 费孝通.文化与文化自觉[M].北京：群言出版社，2016：403.

优秀传统文化"走出去"的历史责任和时代担当，让其他国家的人民能够感受到中华民族优秀传统文化的博大精深与深厚底蕴，在文化的平等交流与沟通中扩大我们传统文化的影响力，进而增强文化自信。此外，在坚定文化自信的同时，面对全球化过程中出现的新形势、新局面，须进一步在反思与理性批判中实现文化自省，清醒地认识到自身文化存在的问题和需要改进的地方，以"取其精华，去其糟粕"为基本原则，在批判、借鉴、吸收中不断完善自我，从而永葆中华优秀传统文化的生命力。

最后，文化自强是我们实现文化传递与弘扬的路径。文化自觉、文化自信、文化自省的最终目的在于实现文化自强。作为具有悠久历史文化内涵的大国，我们应立足于自己的文化实际，突出自己的文化特点，走自己特色的文化发展之路，最终建设成为具有较强影响力、较高创造力和较大竞争力的文化强国。文化自强是文化自觉、文化自信和文化自省的最终体现，以文化自强为目标的文化强国建设是适应当前社会发展、推进文化繁荣发展的必由之路。当然，文化自强并非是墨守成规、因循守旧，而是需要我们不忘本、不丢本，在继承优秀传统文化的过程中，与时俱进、开拓创新。在这一过程中，须进一步激发文化主体"坚持不忘初心""坚持批判吸收""坚持面向未来"，使传递与弘扬的文化重要作用得到发挥，在深入挖掘自身文化内涵的过程中实现文化的自强发展。

二、文化主体性的形成

如前所述，主体性的发展经历了传统的主体性、近现代的主体性、后现代的主体性三个阶段。受近现代主体性理论的影响，哲学领域逐渐开始重视并关注"人与自然间的关系"问题，主体性思想的影响逐渐增强。随着人类社会改造自然能力的增强，人们逐步开始将自己放在了主体的地位，而将外部的自然当作自己去改造的客体[1]。

主体与客体的分化促使了主体性文化的产生。首先，因为在此过程中，产生了潜在的文化主体和文化客体，也就是说在文化实践中产生与自身文化有本质区别的文化形态。而基于文化产生的民族性、区域性等特点，也成为文化主体性形成的潜在动因。之所以强调其"民族性"和"区域性"，是因为文化产生于不同的族群，产生于不同的地域之中，它是不同区域的群体所积淀的一种文化记忆，并集中呈现于衣食住行等各个方面。当然，以上提及的文化主体性问题，并非是造成不同文化间的对立，而恰恰与之相反，文化主体性的存在与坚守是为了表达文化的多样性、维护文化的民族性，进而凸显文化的特殊地位，维护文化间的平

---

[1]龙秀雄.论民族文化主体性的形成条件[J].黑龙江民族丛刊，2008，102（1）：135-138.

等地位。其次，须将潜在的文化主体和文化客体转化成外在的实际。当实践产生了文化主体和文化客体，将必然造成文化间的不平衡性和差异性。在文化主体和文化客体的比较中，产生了文化的主体性。如果没有这种比较，则无所谓主体和客体，也不会产生不平衡性和差异性，最终也就无所谓文化的主体性问题。

经济发展的不平衡是促使文化主体性问题形成的重要推力。文化是人类社会实践的产物，所以说，文化是由人创造的，文化的核心问题是人，文化的本质是"人化"，其形成和发展离不开相应的物质经济保障。在实践过程中，受社会因素和经济基础等方面的影响，造成了非独立形态的文化现象产生，其文化内涵的纯粹性、文化地位的平等性被打破。所以，从某种意义上讲，经济基础决定上层建筑，经济水平和经济发展影响并制约了文化的发展。一个在经济上较为强盛的族群、民族、国家，其文化可能也会与之相匹配，处于影响较为深远的地位。而区域或国家经济发展的不平衡性，也将会在一定程度上造成文化的不平衡发展，进而导致现实中的文化主体与客体的分化。如果说主体与客体的分化促使了主体性文化的产生，那么，经济发展的不平衡则是促使文化主体性形成的重要推力。近年来，随着我国经济实力的提升，人们也开始思考优秀传统文化的弘扬，并去深刻感悟和理解传统文化的内涵和意蕴，这都反映了我们文化主体性意识的觉醒，由此助推形成了文化主体性的可持续发展。

全球化的推进是促使文化主体性问题形成的重要影响。全球化的进一步深入，不仅造成了经济上的影响，也造成了文化领域的重大影响。美国人类学家阿尔君·阿帕杜莱将全球化描述为"文化同质化与异质化的张力"[1]。这种所谓的"张力"显现，需要不同文化间的充分接触，如果没有充分的接触便没有文化间的碰撞，也就不存在文化的主体性问题。所以，全球化进程的推进为不同文化间的接触提供了"平台"，并成为文化主体性问题形成的重要影响。以近代科学技术的发展、电气化革命的形成、信息化技术革命为标志的全球化进程，使文化领域进入了前所未有的发展时代。全球化与文化存在两种相反趋向的融合：一方面，对于全球化而言是带有扩展性的，它致使文化的传播范围在不断扩展，区域性和本土化的文化在全球化的过程中，被世人所了解和理解，在全球化的过程中与世界各地文化相互接触与融合，人们的文化认识和文化视野也从单一走向多元；另一方面，全球化给地域文化带来的又是一个内缩的过程，族群不断跨越时空、地域等障碍，日益加强了全球范围的沟通交流，文化的主体性发展困境也越来越凸显，现代性所引发的内心焦虑逐渐增强。物质层面扩张性和精神层面集中性，在现实的社会中呈现出两种相反的趋向。

---

[1] 阿尔君·阿帕杜莱.消散的现代性：全球化的文化维度[M].刘冉，译.上海：上海三联书店，2012：35-36.

三、文化主体性的建构

（一）文化主体性建构的必要性

党的十八大以来，国家越来越重视文化建设。2011年10月，中国共产党第十七届中央委员会第六次全体会议审议通过了《中共中央关于深化文化体制改革　推动社会主义文化大发展大繁荣若干重大问题的决定》，其中指出："改革开放特别是党的十六大以来，我们党始终把文化建设放在党和国家全局工作重要战略地位"，并首次提出建设"文化强国"的长远战略。2012年11月，党的十八大报告中明确了建设社会主义文化强国的战略目标，并第一次提出了建设社会主义文化强国的完整新思路，阐述了建设社会主义文化强国的关键所在，对新的历史起点上开创文化建设新局面提出了新的表述。2017年10月，党的十九大报告中提出"坚定文化自信，推动社会主义文化繁荣昌盛"，深化了文化强国战略思想的认识，进一步丰富了文化强国的内涵。2022年10月，党的二十大报告中指出"推进文化自信自强，铸就社会主义文化新辉煌"，进一步为新时代新征程上社会主义文化强国建设指明了方向。

以高度的文化自觉、文化自信、文化自省、文化自强建设文化强国，是面对当前全球化进程中文化的工具理性不断扩张的重要之举。当前，不同国家、不同民族间的文化交流与交往日益增多，一方面在很大程度上促进了文化的进步和发展，实现了文化间的融合与借鉴；另一方面也在很大程度上影响了文化传承与传递的深层结构，传统文化循环往复状态被高度科学化和工具化的线性时间代替，文化形态变得越来越同质化、共享化、复制化。所以，传统文化的现代性发展状态需要建构一个文化主体性发展的体系，没有族群的文化自觉、文化自信、文化自省、文化自强，传统文化的发展就不会有主体意识，当面对各种各样的强势文化形态时，我们的传统文化很可能会在不自知的情况下盲目趋从，可能会导致内涵的消解与自我的消解。

基于国家层面对传统文化传承的重视，以及当下传统文化发展的状况，认为当前促进文化主体性的建构尤为必要。首先，这是维护中华优秀传统文化安全的需要。全球化进程的不断推进使文化交流不断增强，而文化霸权主义的存在造成文化交流的不平等，强势文化的侵袭造成了相对弱势文化的主体性缺失，而文化作为国家软实力的重要代表，其主体性的丧失则意味着国家文化安全将会受到威胁。所以，文化主体性的建构是维护中华优秀传统文化安全的需要。其次，这是增强国家文化软实力的需要。在几千年的历史变迁中，中华民族虽遭遇了诸多的艰难困苦，但是我们都"艰难困苦，玉汝于成"，其中一个重要的原因在于我们积淀了独具特色、博大精深的中华优秀传统文化，并内化成为我们的文化软实力，为我们攻难克难提供了强大的精神支柱。因此，在新时代背景下，文化主体性的建构是增强国家文化软实力的需要。最后，这是增强国家文化影响力的需要。中华优秀传统文化是中华民族的文化根脉，其展现着中华民族的淳朴、善良、勇敢、坚忍，蕴含着朴实的人生观、世界观、价值观。在新时代背景下增强国家文化影响力，特别是在当前共建"一带一路"的背景下，如何将中华优秀传统文化传播并推向沿线国家，与世界分享我们的文化成果，这对我们的文化主体性发挥具有极为重要的价值。

（二）文化主体性建构的体系

首先，应构建奠定文化主体性发展的理论体系。族群的自我意识和自我认同是基于不同文化间交流产生的，并由此产生了不同的文化身份，形成了自我的文化主体性内涵。在文化交流过程中，当能够有效地面对和解决遇到的文化冲击，以及能够有效地适应激烈的文化竞争时，文化主体性则处于相对"稳定"的状态，这种状态集中体现在与不同文化能协调发展、各取所长，能在互相交流中形成一种"双主体"结构。但是，当不能够有效地面对和解决遇到的相关问题时，文化间的交流将存在不对等，文化主体性则面临被消解、被趋同化的风险，这时文化主体性则处于"不稳定"的状态。如今，我们已经摆脱了过去羸弱的状态，并以高度的文化自信建设着文化强国，在重塑文化主体性的过程，应奠定文化主体性发展的理论体系，坚持社会主义发展道路，坚定"四个自信"，以时代精神赓续优秀传统文化，进一步推动中华优秀传统文化的创造性转化和创新性发展。此外，文化主体性发展的理论体系建构离开不马克思主义关于主体性理论的指导，应基于历史唯物主义的视角，从"现实的人"出发，结合我们的具体实际，探索文化主体性理论创新发展策略，进而构筑具有文化主体性内涵的中华优秀传统文化形象。

其次，应构建奠定文化主体性发展的话语体系。文化话语体系事关国家安全，也是国家文化软实力的重要体现，以文化话语体系为显性呈现的文化话语权提升，是我们坚定文化自信的本质要求。文化话语体系构建主要解决两个问题。一是对内的说服力，文化话语体系的形成源于我们对自己文化的自信，源于我们的文化认同，族群的文化记忆汇聚成为共同的文化标识；二是对外的影响力，文化话语体系能够在文化交流中占据重要的地位，并能够为自己所创造和拥有的文化感到自豪。在当前的文化交流与融合进程中，一方面，文化交流与融合为奠定文化主体性发展的话语体系构建提供了条件，多元文化的交流与碰撞会使主体性意识觉醒；另一方面，文化交流与融合使文化主体性发展的话语体系构建成为必然，要想在当前文化碰撞融合中处于优势地位，须进一步提升自己的文化内聚力和影响力，以此提升自己的话语权，构筑文化主体性发展的话语体系。因此，构建奠定文化主体性发展的话语体系应从自身的文化内涵出发，完善文化的叙事，提升文化的认同，增进文化的自觉，促进群体的团结，并能够为其他族群所接受。同时，还应定位于更为宽广的视野，站在更高角度学习他者的文化话语体系构建，打造适应时代发展需求的文化主体性发展话语体系，以充分体现我们的大国担当和文化使命。

最后，应构建奠定文化主体性发展的价值体系。在全球化不断深入推进、现代化进程不断加速的背景下，我们如何塑造自己的文化主体性品格？用哪些价值内涵来支撑现代社会中的文化主体性发展？针对这个核心问题，诸多学者进行了相关的探索和讨论。综合分析认为，社会主义核心价值观对于构建奠定文化主体性发展的价值体系有至关重要的作用。因为构建奠定文化主体性发展的价值体系，一是要为族群提供共同的认同感，而社会主义核心价值观是时代发展进程中人民群众的共同价值导向，具有共同的认同感和接受感。所以，在构建文化主体性发展的价值体系时，应以社会主义核心价值观指导提升人们的文化自觉，促使个体深刻地理解和科学地把握自己的传统文化，进而铸造文化主体性发展的"内核"，并将这个"内核"融入人们的文化生活中。二是要推进他者的接受感，深入挖掘我们的文化所代表的价值，在发展与学习中、交流与融合中、创新与改进中，构建能让他者文化可借鉴的文化价值，这不但要满足文化的共同价值诉求，也要尊重世界各国的文化创造权利，尊重他者的文化主体性价值，以呈现我们文化的博大精深、兼容并包。最终，使中华文明同各国人民创造的多彩文明一道，为人类提供正确的精神与价值指引[1]。

第三节 传统体育文化的主体性

新时代背景下，传统体育文化在发展中主动与现代社会相结合、相契合，在主动学习与主动适应中重建发展路径，实现发展的自主适应，由此形成了传统体育文化的主体性。本节基于前文关于主体性、文化主体性的理论，探索性地提出传统体育文化的主体性问题。在审视传统体育文化主体性的时代发展境遇过程中，尝试探索传统体育文化主体性的守护路径，以此为"凉山州彝族传统体育文化的主体性消解与纾困研究"提供理论依据。

---

[1] 中共中央宣传部.习近平新时代中国特色社会主义思想学习问答[M].北京：人民出版社，2021：318.

一、传统体育文化的主体性提出

对现有的文献整理研究发现，尽管"文化主体性"研究在国内已有几十年的时间，但建立在"文化主体性"基础上的学术研究在体育学领域仍处于起步阶段，尚有诸多不尽如人意的地方。相关问题表现在两个方面。首先，研究领域较狭窄。当前的研究大多局限在某一个层面或取向上，关注主体性的内容、建构或权力关系，忽视了文化主体性的反思与重塑。其次，研究对象较局限。当前对传统体育文化的研究较多，而基于"文化主体性"角度的相关研究较少。如何探析我们的传统体育文化的主体性问题，更应当引起学界人士的关注与重视。依据文化的主体性定义，我们可以将传统体育文化主体性界定为：在时代发展进程中，传统体育文化发展主动与现代社会相结合、相契合，在主动学习与主动适应中重建发展路径的自主适应过程。传统体育文化主体性的提出是基于时代发展与文化传承之需的。

首先，在文化实践中，传统体育文化面临大众文化的影响，这些大众文化形态对传统体育文化主体性影响必然强化了其主体性回归思考。同时，在大众文化消费的助推下，基于文化制造、文化消费产生的系列异化态的文化产品，以传统的民族性和独特性特征进行着包装与制造，这在很大程度上助推了传统体育文化主体性反思。对传统体育文化主体性的思考与反思，也助推了对文化主体性内涵的关注。一方面，这种关注是为了维护传统体育文化的民族性、独特性，与消费化、商品化的大众文化进行区分；另一方面，也是为了反思当前传统体育文化主体性缺失的状况，在文化交流与比较中，探索传统体育文化主体性的发展路径，凸显传统体育文化主体性地位，进而促进传统体育文化的可持续发展。

其次，在文化实践中，传统体育文化面临社会经济推进的影响，一定程度上造成了传统体育文化主体性内涵的消解、主体性地位的不稳。一方面，经济的快速发展推动了社会的进步，但同时也在一定程度上造成了传统体育文化发展的不平衡，过度追求经济的利益，而忽视了传统的传承，这会影响文化的意蕴和内涵表述。传统体育文化是中华优秀传统文化的重要积淀，代表着我们的"根"和"魂"，在经济发展进程中，应将传统体育文化的主体性发展问题作为重要的焦点提出。另一方面，不同国家、不同民族经济发展的不平衡也在很大程度上导致了传统体育文化主体性发展的不平衡，从而使传统体育文化地位处于相对弱势、不相匹配的地位，最终影响了其文化主体性发挥。所以，对传统体育文化主体性的提出，是主体性意识觉醒并走向文化可持续发展的重要路径。

最后，在文化实践中，传统体育文化面临全球化流动的影响。一方面，全球化使传统体育文化有了更为宽广的传承与发展平台，可以在更为广阔的范围内进行文化的传递与传承，这个传递与传承的过程也是充分展现"主体性内涵"的重要机遇；另一方面，全球化流动也使具有深层内涵的传统体育文化融进单向秩序中，其核心价值支撑的游离使作为具有深刻意蕴的传统体育文化主体性面临消解，同时，以身体为载体所承载的文化主体性内涵逐渐迷失。全球化背景中的文化传承与传递造成了文化同质化与异质化之间的张力，也正是在不同文化间的充分接触与斗争过程中，彰显了传统体育文化主体性的焦点问题，所以，文化主体性发展问题的提出也显得越来越重要。

二、传统体育文化的主体性境遇

传统体育文化是地域传统文化的重要身体表达，对传统体育文化主体性的坚守，就是将传统文化的表述留住。在新时代弘扬优秀传统文化的背景下，坚守传统体育文化的主体性具有重要的现实价值和实践意义。本研究之所以将研究方向聚焦于"传统体育文化的主体性"问题，在于传统体育文化所面临的具体状况：全球化进程的推进及人们生活节奏的加快，造成了诸多传统体育文化日渐消解。同时，为适应大众化的消费习惯，诸多传统体育文化形态又在被大规模制造，这在很大程度上造成了传统体育文化主体性内涵的"消解"。一方面，富有深刻内涵与蕴含浓郁底蕴的传统正在远离我们；另一方面，被制造的"仿像传统"正在日益填充我们的生活。这造成传统体育文化逐渐演化为一种"展演"和"表象"，其主体性价值内涵逐渐缺失。以下将从再造性的境遇、展演性的境遇、大众化的境遇、仿像化的境遇四方面解析传统体育文化主体性面临的问题。

第一，传统体育文化的主体性面临再造性境遇。传统体育文化是族群重要的历史积淀，是族群代表性的标识文化符号，它在人们的生存、生产、生活空间展现着秩序与象征、内涵与意象，是族群最具"主体性"的传统，并代表了特定的文化主体性价值。然而，在全球化进程不断推进的时空维度中，为迎合现代人的消费需求，其面临着强制性的重复再生产，在流水线上不断被再造。作为再造符号的传统体育文化却呈现出"非主体性"特征，部分传统脱离了人们的生产、生活空间而表现出"非我"的特点，一些传统体育文化甚至成为展演场、产业场上的工具性的产品，这些呈现与传统的内涵和文化的主体性内涵相背离，越来越表现出文化主体性消解的状态。当前，诸多传统体育文化形态，因再造而导致主体性缺失问题，并由此带来了系列争论和不确定性。当诸多传统体育文化被过度再造成为商品时，其蕴含的记忆内容便被选择、包装与重构，这必然使其主体性内涵失真，进而导致文化主体性的消解。当前，诸多富有内涵的传统体育文化在人们的重塑、修正、互融中再产生，这些再造的传统影响了文化的主体性内涵，使传统文化呈现出高度的流动性和重塑性，最终影响了主体性的发挥。

第二,传统体育文化的主体性面临展演性境遇。全球化进程的加快助推了时代的变迁,这在很大程度上造成了传统体育文化主体性内涵表达的嬗变。那些具有深刻意蕴的传统日渐成为人们休闲娱乐的手段,以传统体育文化为符号模型,越来越多的娱乐形式、文化展演、消遣形式等被制造,现代娱乐文化元素填充了传统体育文化的内在空间,由此导致其外在展现具有不确定性。在华丽的外表包装和被设计的身体展演背后,本质上却是传统体育文化的秩序性和内涵性缺失,那些具有深刻主体性内涵的传统体育文化正在离我们渐行渐远。传统体育文化所面临的展演境遇,导致传统体育文化本身的"形式"与"内容"也发生了深刻变化。首先,传统体育文化器物层面所包含的道具、服饰、场所等,由原来富含"解释空间"变得越来越"解释困难"。展演中的道具、服装、场所等各种形式化手段越来越凸显,反而传统体育文化表演显得越来越不重要,看似是在以身体呈现传统的内涵,实则是在消费形式化的华丽表演,身体背后的"内容"却不再那么重要。其次,作为传统体育文化主体性内核的"内容",在"形式"的不断设计和包装中,逐渐呈现出"消解感","内容"的消解助推了传统的主体性超逻辑改变,最终影响了传统体育文化主体性发挥。

第三,传统体育文化的主体性面临大众化境遇。传统地域空间的打破,导致传统体育文化生成的"私域"逐渐被打破,这不仅造成了文化的空间流动,还造成了人的空间流动,进而使传统空间的人逐渐脱离了族群,并逐渐适应了高度社会化的组织平台,最终成为"平均的人"。"平均的人"的出现迫切需要"平均文化"作为支撑和消费,而具有内涵和特色的"传统体育文化"则成为他们凝视和关注的对象。借助技术和社会化推进,"平均的人"实现了将传统体育文化从地域空间分离出来,使传统向"公域"流动,进而使传统的主体性界限逐渐模糊,形成了传统体育文化的"脱域"。"脱域"后的传统体育文化其原有的秩序性、仪式性特征不再明显。借助于产业化制造,传统体育文化的内涵因子被不断"打磨"与"设计",并赋予其文化产品可视化效果,以此满足"平均大众"对文化消费的需求。大众化的需求最终使传统体育文化不再为文化的主体所有,而成为"平均的人"共享的大众文化产品,大众化也致使传统体育文化难以发挥其自身的文化内涵与价值,而仅是为了取悦"平均大众",成为他们消费的对象,最终影响了传统体育文化的主体性发挥。

第四,传统体育文化的主体性面临仿像化境遇。继人类文明史上第一次蒸汽技术革命和第二次电力技术革命之后,以信息技术等为载体的第三次科技革命推进了社会各个领域的重大改变。对传统文化领域而言,以电子计算机和互联网为载体的数字信息技术从深层推进了传统体育文化的传播与流动,同时,也将传统体育文化消解成为"数字信息流",制造了一个与现实生活并存的"虚拟"空间,在这个虚拟空间中，传统体育文化成为以数字信息堆积为特点的"仿像"。此外，这种以数字信息生产的仿像越来越不依靠客观现实的物质世界，而是按照数字信息固有的特点和逻辑生产自己，这必然造成主体的主观意志与客观世界相割裂，进而使传统体育文化与现实生产生活相疏远。所以，当前以信息化呈现于人们面前的一些传统体育文化仿像，表面上看似真实和生动，实则已不再具有主体性内涵和意蕴。仿像化的传统体育文化使我们的视觉感官冲击越来越大，在数字信息化场景和景象的不断切换中变得越来越具有超现实感，最终具有主体反思精神的文化越来越少，传统体育文化的主体性价值越来越小。

三、传统体育文化的主体性守护

文化主体性是族群传统体育文化坚守的重要内容，是传统体育文化内涵保持的核心要素，也是传统体育文化自信与自强的应有之义。对传统体育文化主体性的守护即是对民族传统文化精神旗帜的守护。特别是在全球化推进的背景下，基于传统体育文化主体性面临的再造、展演、大众化、仿像化，如何实现传统体育文化主体性的守护成为当前亟待解决的重要问题。同时，新时代也赋予了我们传承与弘扬优秀传统体育文化的使命，而优秀传统体育文化的弘扬离不开文化主体性的发挥。以下，基于文化同一性与差异性的平衡、主体性与主体间性并进、传统与现代的协调三个方面探讨传统体育文化主体性的守护。

第一，传统体育文化主体性的守护须实现同一性与差异性的平衡。以同一性为特质的全球化进程，一方面，为各地域传统体育文化交流提供了平台；另一方面，这种同一性也助推了各地域传统体育文化的保护与文化自觉。梳理同一性的历史研究脉络发现，同一性是不同时代的哲学家和思想家不断探索和追求的向度。早在古希腊时期，先哲们就探索万物之本源，试图解释万物归一的思想。在近现代哲学探索中，柏拉图、康德、黑格尔等哲学家都在为解释普遍性同一问题进行努力。在中国的传统哲学中也不乏传统文化的同一性思想，代表性的思想家孔子、老子、孟子，以及儒、道、佛的思想中都蕴含了"同一性"。而梳理差异性的历史研究脉络发现，它也是备受关注的重要思维向度，如尼采建构了差异性的评价理论，奥利塔对差异性和多元性进行了宣扬。

传统体育文化主体性的守护无论是关注同一性，还是倾向差异性，可以肯定的是：同一性并不是指文化殖民主义和文化沙文主义，不能使同一性成为文化霸权，即不能以文化同一性之名，对传统体育文化的主体性进行欺压，不能以经济和政治优势，强力推行自己的文化价值观来改变传统的文化主体性守护。同样，聚焦差异性也并非夸大自身的文化价值和文化功能，不能以自我为中心而盲目自大，也不是固守差异性而否认了文化的共同价值和人类文化的共性。所以，传统

第二章　主体性与文化主体性概念界说

体育文化主体性的守护须实现同一性与差异性的平衡,一方面,要承认文化的同一性维度;另一方面,也要承认文化的多样态和差异性。只有坚守二者的动态平衡,才能实现传统体育文化主体性的较好守护。

第二,传统体育文化主体性的守护须实现主体性与主体间性的并进。全球化进程的推进使社会关系日益紧密,社会生活时空跨越的简易化助推了文化的全球流动加速,这种文化流动加速无论是主动的还是被动的,都需要我们思考一个问题,就是如何坚守文化的主体性自我,同时,还须成就主体间性相关的他者,只有这样才能实现文化的良性传递与可持续发展。

聚焦传统体育文化的主体性问题,实际上也指地域性传统文化主体意识的觉醒,这种主体性思想促使了"自我"的觉醒,提升了主体的"自我"认同。以"自我"为焦点的主体性,它因具有明显的特点与边界,使其具有个体意义上的内涵;它因具有不同的文化形态呈现,也具有先验意义上的内涵;它因具有不同的社会生产和实践价值,还具有实践意义上的内涵。虽然说传统体育文化的主体性具有重要的价值,但是,文化主体性并非因其自身单独存在而具有意义,就如同个体单独存在而不能成就其自身一样,如果没有同他者的联系便不会实现其存在的意义。由此,可以理解为传统体育文化主体性因与他者文化的同时存在而成就了自己,缺失了与他者文化样态的沟通与交流,传统体育文化自身会很难发现自我,也会很难保持自身的创新与存续活力。

所以,也须聚焦传统体育文化的主体间性问题,从他者的文化样态中发现自己的不足与缺点,进而在交流学习中不断完善自我。同时,也要看到他者文化的优缺点,在"取其精华,去其糟粕"中实现对他者的借鉴,在自身发展中实现创新性发展。关于主体间性的把握,首先,在传统体育文化的交流学习中,应保持文化的平等状态,在真诚沟通、平等发展中实现价值与观念的探索,以及文化形态的和谐共存。其次,须在坚守自身文化内核不改变、不动摇的状态下,相互借鉴、相互尊重、相互理解,放下一些可以化解的偏见,在借鉴与交流中实现自身的创造性转化和创新性发展,最终,在共同面对时代的挑战中实现共同的传承与发展。

第三,传统体育文化主体性的守护须实现传统与现代的协调。我国著名学者费孝通认为:传统是指从前辈继承下来的遗产,这应当是属于昔日的东西,但是今日仍然还为人们所使用[1]。通过对"传统"的解析,我们不难发现:传统的"历史性"是过去形成的,并且经历了绵延的历史发展进程而保存;其"传承性"则凸显了历史继承性特征,经族群代代相传至今,并流传到将来。与传统相对应的现代,不仅是一个时间上的概念,还是一个思维概念,其蕴含了新的价值体系、

---

[1] 费孝通. 走出江村[M]. 北京:人民日报出版社,1997:149.

发展理念、思维方式。传统与现代并非对立,传统从历史中走来并融入现代之中,同时,现代也将成为过去,最终将成为未来的传统。

所以,对传统体育文化主体性的守护,并非是坚守传统的墨守成规,也并非是全盘否定的另起炉灶,而是在守护中保存其文化内涵,拥抱当下,实现传统的现代发展。在坚守传统体育文化主体性的内涵中发展,实现传统文化的现代传承,发挥传统在当下的价值,这也是现代发展之需。其实,诸多传统体育文化自身包含并承载着多重认同的空间与力量,这些优秀因子与现代发展相辅相成,也是传统文化走向现代性的内在动力。

在全球化推进中,传统体育文化必然走向现代,在现代发展背景下必须选择及构建自己的文化发展框架。当下,国家之间、民族之间、地区之间的联系更为紧密,传统体育文化不应在封闭中发展,而应以更为宽广的现代视野来构建自身发展路径。新时代推进的宏伟发展蓝图为传统体育文化的现代发展提供了重要资源,在传统与现代的协调中,能够实现传统内涵的赓续,在批判性继承中努力实现创新发展,最终,推进传统体育文化主体性的守护与弘扬。

凉山州彝族传统体育文化代表性呈现 第三章

第一节　凉山州彝族火把节文化

古老的彝族族群自古以来对火就有崇拜感，并以此滋养着他们火一样的豪情、火一样的热情、火一样的刚烈。彝族人民对火的崇拜衍生了一系列拜火、敬火、赞火的习俗，火把节就是最典型的习俗庆典。《禄劝县志》载："六月二十四日为火把节，亦谓星回节，夷人以此为度岁之日，犹汉人之星回于天除夕也。"[1] 2006 年，凉山州彝族火把节被列入国家级非物质文化遗产名录。火把节不仅是彝族重要的传统节日，而且是传统体育文化呈现的重要载体。本节将对凉山州彝族火把节的起源传说、特点、道具服饰、仪式流程进行解析，以呈现彝族传统体育文化代表性符号载体的深刻内涵。

一、彝族火把节的起源

（一）赔偿说

远古时期天地相通，彝族居住的地方土地肥沃，人们过着幸福的生活。后来天神知道了，便派斯惹阿比到人间收缴他们的劳动果实充当贡品，如有不听命令者，斯惹阿比便毁坏他们的庄稼。人们不服便上前质问，斯惹阿比便要和人们比摔跤，如果人们胜利了，他便不再来收贡品，也不再来破坏人间的美好生活；如果没人敢应他的战，他便要毁掉人间的所有庄稼，让人们粮食歉收而饿死。他为了示威，还把一头大黄牛摔倒在地（也可能是因为这个传说的存在，火把节中的传统体育文化事项——斗牛成了节庆的重要内容）。终于，人间的勇士阿提拉巴站出来接受了斯惹阿比的宣战，他们摔了三天三夜，最后，勇士阿提拉巴将斯惹阿比摔死了。人们围在勇士身边一起欢快地拍手、跺脚，庆祝胜利（也可能

[1] 黄宜凤. 火把节来历考 [J]. 中华文化论坛，2013（3）：145–150，191.

是因为这个原因，传统体育文化事项——跳朵洛荷舞便成了火把节的一部分）。后来，天神知道斯惹阿比被摔死的消息，他便向人间索赔，同时，派天虫到人间祸害庄稼。英雄阿提拉巴带领同胞点燃松枝柴草火把，将害虫烧死，保护了庄稼，这一习俗逐渐演变成彝族火把节。火把节是彝族最重要的节日，不管什么阶层的人都要以最隆重的方式过火把节，所以彝族民间流传："君主杀牛过火把节，富家杀羊过火把节，穷户杀鸡过火把节，鳏夫用鸡蛋过火把节，寡妇用荞粑和辣椒水过火把节。"

（二）垦边说

蜀汉怀帝即位后，南方各郡县不满朝廷对边疆地区的政策，以彝族首领勒格斯惹为统领，开始在周边作乱，于是汉怀帝派诸葛亮去征战和安抚。金沙江两岸多为山地、丛林，从蜀地平原地区来的军队不善山地、丛林作战，蜀军始终无法取胜。有一天，诸葛亮听说勒格斯惹好酒，他便在酒上做文章，这一计谋使勒格斯惹吃了败仗。但是，有几个聪明精干的首领没有被抓，也没有投降，他们采取了计谋来对付诸葛亮。首领们让士兵白天到山峰上唱歌、跳舞，晚上在牛角、羊角上绑上火把，将牛、羊赶上山，这让蜀军误认为他们好像有很多人。蜀军看到上上下下的人群和满山的火把，也不知对方有多少兵马，多少人在备战，所以也不敢轻举妄动。这样一直持续了几天，诸葛亮感到这件事情也不好处理，于是主动写求和信。勒格斯惹看到信后感觉到了诸葛亮的诚意，最后两方和解，当时正好是农历六月二十四。后来，每到农历六月二十四，彝族各村寨都要杀猪宰羊，晚上点燃火把，慢慢地便形成了如今的彝族火把节节庆。

（三）殉情说

有一位能干且聪明的彝族姑娘与彝族小伙阿龙相爱，但是同时还有其他很多部落的男子也来提亲。其中，有一个凶狠残暴的人称如果不答应他的提亲，他将血洗山寨，让全寨的人都遭殃。姑娘无可奈何，就答应了农历六月二十四相亲。相亲当天，姑娘身穿雪白的衣服、黑色短褂，胸前系一块花围裙，同时，还烧起一大堆火，阿龙和其他部落的男子也来了，姑娘深情地看了一眼阿龙后便纵身跳进火堆，阿龙和其他人想去救她，可是只扯下衣角，最后她为忠贞不渝的爱情殉情。扯下的衣角成为围腰带，焚烧姑娘的青烟，化作山寨清晨的晨雾。后来，为了纪念这位姑娘，彝族人会以唱歌、跳舞、斗牛、摔跤等形式开展各种活动，把每年的农历六月二十四定为火把节。

关于火把节的起源还有其他的一些传说。但是，不管是何种传说都可以看出彝族人民对火的崇拜和热爱，彝族族群离不开火，他们认为红色的火代表着血液、代表着生命。彝族是火的民族、火的子孙，祖祖辈辈崇火、尚火、恋火，彝族的先民认为火是生命的起点，火也是生命的终结[1]。在彝族人民眼中，火可以战胜神力，火可以消灾祈福，火是幸福生活的象征，火是庄稼丰收的象征。

二、彝族火把节的特点解析

（一）民族性

火把节不仅流行于彝族，在白族、哈尼族、纳西族、傈僳族等民族也有火把节，且各具特色，不同地区的彝族火把节也有其各自的特点。在称呼上，凉山州彝族称火把节为"都则"，而其他各地的彝族在称呼上也有所不同，如云南省洱源县彝族称火把节为"回准突"或"回记统"，漾濞县彝族称火把节为"阿都只排"等。凉山州彝族火把节呈现了当地彝族人民多样的社会实践，体现了彝族族群传统节日的地域民族性，展现了凉山州独特的风俗文化，充分表达了民族和个体的创造能力，也使彝族人民在节日中展现自我，接受传统文化的熏陶，维护民族的认同。同时，通过火把节的风俗文化传承，也向其他民族展示和传播了自己的传统文化。凉山州彝族火把节作为民族传统文化发展的精华、彝族火文化展示的典型模式，以及民族风情习俗传承的代表形态，是民族情感、民族意志、民族风格、民族精神的集中体现，是民族团结力、民族亲和力、民族凝聚力、民族生命力的标志和象征，体现了彝族民族传统文化的深层精神和内涵。

（二）群众性

凉山州彝族火把节在当地传统节庆中是最盛大、最隆重、最热烈的节日，也是参与人数最多的民俗事项。火把节不是几个人的活动，而是一个家庭、一个家族、一个村寨，甚至到现在发展为一个城市、一个族群共同举行的庆典。例如，凉山州西昌市每年举办的火把节，是全市人民一起狂欢的集体活动。凉山州彝族火把节是彝族群众共同的欢聚，在火把节中男女老少都参与其中。例如，男性可参加摔跤、赛马、斗牛、斗羊等；女性可参加选美，跳达体舞、朵洛荷等；小孩子打火把、唱歌、跳舞等；老年人可加入各种活动，也可观赏各种活动。凉山州彝族火把节是彝族群众广泛参与的盛会，也是族群歌舞才艺表达的文化盛宴，亦是族群选美服饰的比赛，还是青年男女表达爱意的活动，群众广泛参与使火把节文化

---

[1] 胡小平.说说凉山彝族[J].森林与人类，2004（1）：42-47.

得以发扬光大。

（三）竞技性

彝族火把节是展现传统体育文化竞技性的节日，火把节中的诸多项目具有强烈的竞争性，按参与对象可分为人与人的竞技活动、人与动物配合的竞技活动、动物与动物的竞技活动。人与人的竞技活动有选美、摔跤、爬油杆等；人与动物配合的竞技活动有赛马等；动物与动物的竞技活动有斗鸡、斗牛、斗羊等。凉山州彝族火把节的竞技活动多种多样，火把节的竞争氛围吸引了彝族人民积极参与，增强了族群奋发向上的动力，提高了族群的竞争能力，培养了族群的创造力，同时，也提升了彝族人民的人际交往能力。

（四）祭祀性

从彝族火把节的起源中可以看出，最早的火把节是对神和祖先的祭祀。彝族火把节不仅是全族人民的狂欢，还是祭祖的活动。中华民族的传统节日——除夕既是全家人的团聚日，也是祭祀祖先的日子，祭拜祖先是中华民族的优秀传统，但各民族的祭祀活动有所不同。彝族火把节中呈现着族群特有的祭祀祖先的习俗，在火把节的第一天，村里的中老年男人会集体去杀牛，杀牛时会祈求平安，然后分肉，妇女在家煮荞粑准备美食，每家每户都会杀鸡，火把节杀鸡不能见血，然后用火把来烧鸡祭祖，祈祷来年平安幸福、五谷丰登。晚上全家人都到齐后，会先将荞粑、各种肉类等美食端去供奉，进行祭祀活动，等到祭祀活动完成后全家人才开始用餐。晚饭后人们在家里开始点火仪式，点燃火后便加入村寨中的火把长龙队伍，举着火把到火把广场，最后将火把聚集在一起，围着大火把开展各种各样的活动。

三、彝族火把节的道具服饰

（一）火把

火把是火把节中较为重要的道具。在饭后举行点火仪式时，一家之主会从屋内的火塘点燃干蒿枝捆扎成的火把，然后绕家中走上一圈，以示驱灾辟邪。家里的人无论大小各拿一把火把点燃后，加入村寨的火把仪式行列，最后再到火把广场参加活动。由此可见，火把在火把节中的重要地位。

火把节中的火把

古代的火把与现在有所不同，现在的火把主要是用一些干的蒿枝或者是易燃的枝条捆扎成火把。古代火把常用的制作方法为：先提前劈好松木，长度为半米左右，晒干成松柴，把松脂磨碎，导入密封袋装好，压成条状，松柴晒干后劈成片状柴火，把几片柴火用铁丝捆在一起，拴上红布条，再把松脂添加到柴火中，使火烧得更旺。在火把广场中央的大火把则是在地中央竖立一根较长的青松，青松顶端横放一根挂满红色纸花的木棒，青松四周用容易燃烧的柴草堆砌成一个宝塔形的大火炬。

（二）服饰

彝族的服饰古典美丽、种类繁多，火把节时男女老少都会盛装参与，依据地区和语言来分主要包括依诺式、圣（什）扎式、所地式三大类。

火把节中的服饰

1. 依诺式

流行于凉山州东部地区，俗称"大脚裤"的彝族地区。男子头饰青布条绕圈头帕，并配有英雄结，左耳佩戴黄色蜜蜡珠等耳饰；上衣右衽，多为贴身、齐腰、露肚脐，前胸和袖口使用十字绣技法的月牙、窗格、火镰、牛眼等精致花纹图案；身上披有白色的披毡，裤子脚口宽。女子头顶为多层长方形青布头巾，双耳佩戴红色珊瑚珠串、玛瑙、银饰等耳饰；领上精绣彩绘、桃花或贴银泡为饰，袖短齐肘，袖窄并饰有十字绣技艺独蟹脚纹；百褶裙系红、黄、绿等五彩布镶接，腰间还挂有用于盛装针线、什物等的三角包[1]。

2. 圣（什）扎式

流行于凉山州中西部地区，俗称"中脚裤"的彝族地区。男子上衣有内衣、坎肩、外衣三种。内衣多为白布褂；外衣大襟右衽，领矮，常用青、蓝色布料。青年男子外衣紧身窄袖，环肩、襟、摆用色布镶饰细牙条花数道；中老年男子外衣有对襟、大襟之分，均较肥大，不饰花，扣袢较大。坎肩装饰较重，在中青年男子聚会、赶集时会穿戴。男裤和依诺式相比更窄，宽为100厘米左右，看起来像裙子一样。女子坎肩均为黑肩、环肩，襟边饰花，特别是袖笼及衣摆均镶以一圈雪白的兔毛皮为饰。冕宁地区青年女子头帕后端缀有一条约40厘米的飘带，独具风采。中老年妇女衣饰色调偏低，庄重而不失风韵。姑娘头饰多为长方形挑花头帕，中老年妇女则戴荷叶圆帽[2]。

3. 所地式

流行于凉山州中部地区，俗称"小脚裤"的彝族地区。男子常会缠青布头帕，喜戴黄色的大块蜜蜡圆珠于左耳上。男子上衣多为黑青色打底，镶银扣。裤子的特色是腰身较大、裤裆较为宽松、裤脚小。青年女子常戴的是包头帕，用青布头帕折叠后戴于头上。妇女头戴黑布圆顶帽，也叫作"罗锅帽"，由于该帽的外形很像一口倒着的锅而得名。女子耳饰通常是大串的银制耳饰、串珠、银链珠和银耳环[3]。

四、彝族火把节的仪式流程

凉山州彝族火把节在农历六月二十四举行，节日持续三天。通常火把节仪式包括准备、都载、都格、都沙四个阶段，具体仪式流程如下所述。

---

[1] 马林英.凉山彝族服饰艺术与社会身份的文化意义探究[J].中央民族大学学报（哲学社会科学版），2018，45（6）：126-131.
[2] 刘相君，李若辉.凉山彝族传统服饰艺术特征及现代化传承研究[J].艺术研究，2021（6）：89-91.
[3] 沙衣布.凉山彝族火把节选美服饰文化研究[J].文物鉴定与鉴赏，2020（18）：60-65.

（一）准备

火把节开始前一个月左右，人们就要开始准备火把、祭品、服饰、食物等。火把数量要按家庭每人三把计算，先把蒿枝、柴火、竹片晒干，做好松脂，再将它们捆扎成火把备用。祭祀品主要有牛、羊、鸡、荞粑等，可根据家庭情况来选择。民族服饰是姑娘们要准备的，要按照节日的规制准备头帕、彩衣、彩裙、彩带、银饰等。另外，还要准备黄伞，有的还会给心上人做衣服或者腰带等。小伙子们也不会闲着，他们也会为心爱的姑娘准备银饰、耳环、首饰等，到火把节的时候相互赠送。

（二）都载

第一天为都载，意为迎火。火把节是从农历六月二十四开始的，在这天早上，人们起床后，将用于祭祀的黄鸡关起来，避免它当天去啄食一些不洁净的东西。接着每家每户都开始打扫卫生，把家里所有房间、家具、碗具等清洗干净，打扫完卫生以后，穿上漂亮的彝族服装一起去打牛。打牛有一定的讲究，在打牛时要念经文，保佑家庭及家族的平安。牛死后，要把胆汁取出来观察占卜，胆汁多为吉。然后就开始分牛肉，每家每户都要分到牛肉并食用，表示吃了牛肉会平安吉祥。分完牛肉后各自回到家中，女人则开始准备节日的饭菜，男人就开始杀祭祀的牲畜。这一天每家都会杀鸡，杀鸡也有讲究，火把节杀鸡不能见血。傍晚，晚餐做好后先开始祭祀祖先，然后全家人开始吃晚餐，晚餐后一家之主便开始点火仪式，然后全家人拿着火把到火把广场去庆祝、祈福和狂欢。

（三）都格

第二天为都格，意为颂火、赞火。火把节的第二天是整个节日的高潮，显得尤其热闹和隆重。大清早，所有的彝族伙伴都会盛装出席参加活动，有的骑着马、有的牵着牛羊、有的带着鸡，到火把广场参加赛马、斗牛、斗羊、斗鸡、摔跤等活动。姑娘们更倾向于跳朵洛荷、达体舞及选美等活动。无论男女老少都会参加火把节节庆，大家都可以在此庆典中展现自我、发挥自主性。除了参加各种活动之外，恋人也会撑着黄伞在一起谈情说爱，晚上大家都会打着火把，围绕中央的篝火狂欢、跳舞、唱歌，以具象的场景展现着族群传统文化的主体性内涵。

（四）都沙

第三天为都沙，意为送火。火把节的第三天没有前两天热闹，各家都会把前两天没点完的火把集中在一起烧掉，还会把第一天祭祀用鸡的鸡毛等一起烧掉，代表所有的不洁和不祥之物全部被烧掉，并祈求幸福平安、吉祥如意。

五、彝族火把节中的传统体育

在火把节的第二天有各种各样的传统体育文化事项，如斗牛、摔跤、赛马、选美、跳舞、射箭、爬杆等体化实践符号形态。

（一）斗牛

彝族斗牛一般选择角短而尖、颈粗项短、胸宽腰紧、勇于拼搏的公黄牛参加比赛。斗牛时选的黄牛是从幼牛开始精心饲养的，还会经常训练黄牛听口令，也会使其参加一些活动来提高斗牛的技巧，到火把节斗牛时才会真正的一决高下。在火把节斗牛前，主人会把黄牛的角削尖，斗牛时，黄牛会利用自己的角攻击对方，直到对方不敢继续决斗或者是溃败而逃才算胜利。胜利的牛和自己的主人都会受到全村寨的尊敬，如果在火把节中自愿参加斗牛比赛，牛因斗牛比赛而伤亡，都不会找对方赔偿。

火把节中的斗牛

（二）摔跤

彝族摔跤是当地最为传统、最受人们喜爱的传统体育项目。在彝族火把节的起源神话故事中，人间勇士将天神摔死，生动地呈现了摔跤这一传统体育文化符号的神话起源，也从一定程度上反映着彝族摔跤的悠久历史。彝族摔跤方式为抱腰式，双方各拴一根腰带，互相抓住对方腰部，然后用下绊、缠腿等

火把节中的摔跤

方法，将对方摔倒并使其双肩着地为胜。正式比赛三局两胜，不分选手体重级别，一切自愿参加，若在比赛中受伤一切由自己负责。因此，火把节中的摔跤选手都是精挑细选的，正式的摔跤手有专门的助手，还有观众的呐喊，最后的胜利者会被称为"摔跤王"，也会获得相应的奖励，为家族和村寨争光。

（三）赛马

火把节中，赛马也是较为重要的一项传统文化事项，赛马不仅能展现马的速度，还能体现彝族青年的风度和气度。火把节赛马场以有圆形跑道的大草坪为比赛场地，先规定好跑多少圈，骑手排成一排，听到号令后策马奔腾，先到达终点者为胜。比赛时，骑手身着盛装，骏马也要打扮，马头的装饰品多为银饰，马鞍要镶金。火把节赛马的

火把节中的赛马

冠军会披红戴花，被视为英雄，不仅自己无比骄傲，家庭、家族、村寨也会感到荣幸，还会受到姑娘们的青睐和乡亲们的拥戴。赛马展现了彝族人的尚武勇敢精神，并强化着族群的集体荣誉感。

（四）跳朵洛荷

朵洛荷是凉山州彝族一项古老的民间习俗，一般是由彝族未婚女性参加的传统体育文化项目。"朵洛"为当地土语，是"出来"的意思，"荷"是一个语气词，所以"朵洛荷"是"赶快出来点火把"的意思[1]。跳朵洛荷一般在火把节的第二天进行，主要由一人领

火把节中跳朵洛荷

唱领舞，其他参加者一手拿着传统竹制黄油布伞，一手紧牵前面舞者的丝绸荷包袋或头巾，共同围成一个圆圈，逆时针方向边歌边舞[2]。跳朵洛荷的人数不受

---

[1] 凉山州文化广电新闻出版局.凉山州非物质文化遗产名录丛书[M].北京：中国社会科学出版社，2015：24-25.
[2] 陈波.凉山彝族歌舞音乐"朵乐荷"研究[J].文艺争鸣，2010（24）：118-120.

限制，场面大小根据节日气氛而定，跳舞时舞者围成圆圈，可以重叠十几圈，每圈的舞者都在唱、跳，场面极其壮观。跳朵洛荷表达着彝族族群对美好生活的向往与自由，体现着对亲人的思念之情，是彝族族群身体文化的情感表达。

六、彝族火把节的文化解析

凉山州彝族火把节是当地族群重要的文化符号，对内而言，它使族群内部更加团结，能够增强族群内的凝聚力；对外而言，它则展现着彝族族群的民族特色，促进着民族间的交流。以下将基于符号的文化圈层结构解析其符号内涵。

（一）物质文化层面

物质文化层面是一切活动的基础，彝族火把节的物质文化层面主要体现为诸多的身体活动、器材设施、服饰及文献古籍等。第一，火把节中的身体活动：如斗牛、摔跤、赛马等，牛马这些牲畜是彝族人民的劳作或交通工具，是彝族人民征服自然、谋求生存的体化实践物质基础。第二，火把节中的器材设施：最具有代表性且必不可少的是火把，彝族人民将火看作血液与生命，可见火在彝族人民心中占据着无比重要的地位，火把由干松木或蒿枝等制成，不仅起着照亮的作用，而且还能烧害虫，驱灾辟邪。因此，在火把节中，孕育出了独特的火把文化。第三，火把节的服饰：彝族人民有着自己独特的服饰，各个地区也有所不同，主要由头饰、上装、下装等组成，不同年龄、性别、社会地位的人的服饰也有所不同，这形成了独特的彝族服饰文化。第四，火把节的文献古籍：这是火把节物质文化层面的重要组成部分，是火把节文化传承的重要记录方式，是古代彝族人留给后代的宝贵文化资源。

火把节的物质文化不仅是火把节历史文化的具象呈现，也是彝族人民的智慧结晶，正是因为火把节的物质文化层面的承载与保障，才能使火把节传承发展有稳定的"奠基石"，才能使火把节文化代代相传。

（二）制度文化层面

火把节的制度文化层面主要体现在整个节庆固定的制度化流程。火把节形成的制度化流程是使整个节庆得以顺利展开的保障。节庆流程主要包括三天：第一天为"迎火"，包括打扫卫生、杀牛、分牛肉、杀鸡祭祖、祭祖用餐、点火仪式等流程；第二天为"赞火"，包括到火把广场集合、参加或观看各种活动、选美、围绕篝火狂欢等流程；第三天为"送火"，各家都会将余下的火把点燃，并进行烧鸡毛送火神等流程。凉山州彝族火把节的整个活动按照相应的程序进行，正是这些在历史发展中固化的活动程序，才使火把节富有仪式性，得以有序地传承与延续。

在彝族诸多的传统文化事项及传统体育文化活动中，很多文化事项的开展都遵循一定的流程、按照一定的程序展开，这种所谓的"流程""程序"仿佛是必需的，但貌似又是族群顺其自然遵循的。这种"流程"与"程序"是族群在历史发展进程中延续并积淀的，成为族群重要的制度文化。

（三）精神文化层面

火把节的精神文化层面是对火把节文化精神内涵的重要展现与表达，也是对火把节符号的文化解读和文化弘扬。火把节经历了漫长的历史岁月，是彝族人民在长期的劳动和生活实践中不断积累和创造的文化习俗，有着悠久的历史及深厚的底蕴，同时，也是彝族人民集体智慧的结晶和族群精神文化具象呈现的标志。

火把节文化中展现着族群对火的崇拜和对祖先的崇敬精神。首先，火把节经历迎火、赞火、送火三个主要的流程，彝族先民认为火是生命的起点，火也是生命的终结，这足以看出火在彝族族群心中的重要性，也体现着彝族人民以火为精神支撑。其次，火把节文化中还展现着族群的仪式性精神信仰，彝族族群以火把节中的仪式活动和身体实践来表现对祖先的崇敬。例如，杀牛时要祈求祖先保佑平安、观牛胆进行占卜、杀鸡要先祭祖、餐前要先进行祭祖等，这些仪式化的行为都充分表述着族群的精神世界感悟。附着于火把节之中的节庆起源神话也具象表述着深厚的精神文化内涵，特别是一些体化实践能够在身体展现中具象呈现族群的精神世界。例如，人间勇士与天神的摔跤、支格阿龙赛马传说等。所以，火把节文化中展现出的精神文化是彝族族群的文化积淀，并以节庆为载体再现了族群的精神文化生活。

正是因为火把节丰富的精神文化内涵，才使这一节庆在历史的长河中不断传递与传承，并被广大彝族群众所接受和喜爱。在节庆中族群对火的崇拜和对祖先的崇敬，以及体化实践所表述的精神世界，都呈现了火把节精神文化层面的深厚积淀。

（四）行为文化层面

行为文化层面是火把节文化符号的实践运行层，它是火把节文化的重要身体行为展现，体现着文化符号的空间行为表达，代表了传统文化在现实中的身体实践总和[1]，以下从行为主体、行为内容两方面分析火把节的行为文化层面：第一，火把节文化的行为主体，主要由参加传统文化事项的人与组织构成，并主要以传

---

[1] 孙亮亮，刘连发，史明娜．纳西族东巴跳文化的现代消解[J]．四川戏剧，2019（10）：122-125．

统的身体实践方式进行情感表达,在身体行为中呈现着族群的历史,以身体的实践表述着主体的能动性,行为主体在文化的行为层面中占据着主体地位,并实现着主体性的发挥;第二,火把节文化的行为内容,主要以体化实践的呈现与表达为主,在身体行为中展现着符号的宏大叙事。例如,火把节中的斗牛起源于神界向人间索要赔偿的传说,天神为了在人们面前示威而摔倒一头大黄牛;火把节中的舞蹈是族群取胜后在一起狂欢、拍手、跺脚而产生的。

凉山州彝族火把节中,以传统的身体实践这一行为方式,来表达对火的崇拜,对神灵和大自然的崇敬,在体化实践中追忆着过去的历史,以此缅怀经历的艰难,同时,表达了对美好生活的向往,传统的体化行为方式中,承载了当地族群对大自然的深刻理想,以及对未来美好生活的追求[1]。

第二节 凉山州彝族摔跤文化

摔跤在彝语中叫"格",它是伴随彝族族群生产生活实践而不断发展起来的一项传统体育文化形态。作为彝族最具典型性和代表性的传统体育文化事项之一,摔跤以身体实践为基本元素,展现并表达着浓郁的民族特色与文化内涵,无论是从技术动作还是体化形式上看,无不体现着浓郁的地域文化与豪放的族群性格,同时,这也是对彝族族群体化实践的人文价值和美学价值的具象展现。在不断传承与发展中,摔跤已成为凉山州彝族族群日常生活的重要体化实践符号,并蕴含和演绎着族群质朴的世界观、人生观和价值观。

一、彝族摔跤的起源

(一)斯惹阿比挑战说

在远古时期,天上有位著名的大力士叫斯惹阿比,在天界比力气无人能出其右,而凡间的彝族大力士阿提拉巴也有拔山之力,没有人能从正面将其摔倒。斯惹阿比在天界听说凡间有位名叫阿提拉巴的大力士力气很大,于是便下凡想与其比试一番。那天,阿提拉巴要出门办事,于是告知其母亲:"天上的大力士斯惹阿比要来和我比试力气,请您抬一块铁饼招待他,就说是我吃的东西,请他尝尝,让他等一会儿,我马上就回来找他摔跤。"果然,在阿提拉巴走后一会儿,斯惹阿比就来到了阿提拉巴家里,母亲见状连忙听从阿提拉巴的话招待了斯惹阿比一块铁饼,并告诉他是阿提拉巴平时吃的食物。斯惹阿比咬了一

---

[1] 孙亮亮.民族村寨体育文化符号流变与现代建构[J].长春大学学报,2015,25(2):88-91.

口，却怎么也咬不动，便断定阿提拉巴的力气要超过他，于是连忙离去。阿提拉巴回来听说之后，便料定天神的力气没有他大，直接追了出去，追到斯惹阿比之后，斯惹阿比便同意与他摔跤，最后斯惹阿比果然不敌阿提拉巴，这就是最初摔跤的神话传说。

（二）小伙治牛说

古时候，在汉族的地域上发生了战争，一个汉族青年家园被毁，只好背井离乡，逃亡到彝族人居住的地区谋生。有个彝族牧童在山上放牛，遇到了汉族青年便与其交谈了起来，听完了汉族青年的悲惨遭遇，牧童决定收留这个可怜的年轻人。于是，白天与他一起去放牛，晚上就住在牧童家里，时间长了后两人亲如兄弟，由于汉族青年年长于牧童，从此他们便以兄弟相称。有一天，兄弟两人在山坡上放牛，忽然发现有头牛得了积食，总是站着不动，不吃草也不喝水，对于他们来说牛就是生存之本，这可把兄弟俩急得不行。弟弟想到山里有一种草药能治好这种病，于是兄弟俩分头上山去采草药，不一会儿就找到了。他们将草药放板子上，用棒子敲成糊状，喂给了生病的牛，牛拉了稀屎之后，就开始吃起草来。他们俩见到牛病好了，心里万分高兴，在草地上乐得直打滚，这时对面来了个牧羊老人，见状误以为他们在打架，忙来劝解。后来老人知道原委便说：牛是我们生活的命根，牛的病好了，是值得庆祝一番的，你们俩就摔跤比比谁的力气大吧。他俩说：那要定个输赢的标准吧，不然摔到一天都不知道谁的力气大。老人说以脊背落地为输，三跤两胜为赢作为判定标准，两人便互相搂着脖子，抱着大腿，比起力气来，兄弟俩和老人都乐得合不拢嘴，这便是摔跤形成的雏形。

（三）剪牛羊毛说

牛羊的毛对于彝族族群来说较为重要，可以用来编织衣物，也可以作为棉絮御寒，还可用于售卖换取其他生活用品。但是，剪毛不仅是一个力气活儿，更是技巧活儿，在剪毛前需要由一名壮汉在前面抓住牛或者羊的角，防止牛或羊乱跑乱跳，后面也需要一个人拉住后腿，防止牛或羊猛然向前冲去或者踢伤自己。抓角的人在相持间猛掰牛羊角，以力量和技巧将牛羊绊倒在地。在剪毛时，前后两人要控制住自己的力气，既不能力气过大导致牛羊受伤，也不能力气过小使牛羊有可乘之机逃跑，这种和牛羊相斗的生产手段也是一种近似摔跤的角力型对抗，能充当掰角者的，在摔跤时也必然会是好手，所以说，这种掰牛羊角的动作也可能是摔跤运动产生的一个源头。

摔跤的民间传说蕴含着彝族族群的朴素认知，也呈现着族群具象的生产生活实践场景。通过摔跤文化的呈现与身体的感悟，体现了摔跤文化符号的内在价值与彝族人民的审美观，浸润着浓郁的彝族传统文化历史内涵，表现了彝族人民尚勇、骁勇、勤劳、智慧的良好品质。

二、彝族摔跤的特点解析

（一）竞技性

竞技性是凉山州彝族摔跤文化较为鲜明的特征。彝族传统摔跤高度的技巧性与强烈的对抗性体现了此文化符号激烈如火、炽热如焰的豪情，也正是摔跤这种精神与品格的集中呈现，使它成为游牧文化与山地文化紧密结合的智慧结晶[1]。彝族族群通过摔跤的方式强健自身身体素质，提升自己的格斗技巧，以确保族群能在生存中取得优势。彝族族群把荣誉看得很重要，在摔跤中脱颖而出的选手，不仅可以载入家族史册，更能成为彝族社会生活中的传奇。正是摔跤活动激烈的竞技性，才能使其在历史发展中得以延续，并不断吸引彝族人民积极参与，促进族群间的身体文化交流，增强族群的竞争能力，培养了族群坚毅、勇敢、顽强的品质。

（二）健身性

通过摔跤活动能发展人的爆发力、速度、耐力等身体素质，进而实现健身的目标。一名优秀的彝族摔跤选手，在练习的过程中会着重增强自己的力量，因为摔跤是双方选手在不断角力中进行的对抗，对力量的要求相对较高，需要具有一定的绝对力量及爆发力。同时，摔跤也是比较持久的过程，要拥有持续性的耐力，保证自己发力的均匀性，避免体能流失过快导致淘汰。此外，速度也是影响选手摔跤能力的因素之一，在比赛中的技巧及反应速度，往往可以实现"四两拨千斤"的奇效。在不断变化的身体实践中，判定对手的摔跤动作并做出相应的拆解，这些都是参加者临场反应能力的体现。由此，可以认为参与摔跤能对参与者产生较好的健身效果，彝族摔跤也呈现出较强的健身性特征。

（三）娱乐性

摔跤作为凉山州彝族族群在非劳动时间进行的休闲性文化事项，无论是成人的激烈竞技，还是孩童的玩耍嬉戏，都是身体直接参与的项目，继而体现出其娱乐身心的功效。彝族人民在辛勤劳动或生活之余，选择摔跤来满足自身的情感愉悦体验，也符合彝族人民力与美的审美观。因此，摔跤成为凉山州彝族人民积极

---

[1] 杨明旭，李玮，刘海国.大凉山彝族摔跤活动探源与发展研究[J].大舞台，2010（7）：143-144.

参与和实现身体感悟的重要选择。在摔跤比赛中，人们通过强对抗展示自己的实力，得到心理上的满足感，同时，摔跤获胜也会为族群带来荣誉感和优越感，这不仅促进了摔跤运动的普及，还点燃了彝族人民参与此文化事项的热情。在节庆仪式和各种庆典中，摔跤也扮演着重要的角色，节庆中的摔跤仪式表演，主要目的是愉悦神明，祛除邪祟，向先祖展示后世所继承的勇敢精神。彝族年中的摔跤是各家族聚在一起，把酒言欢时必不可少的项目，这也促进了家族之间的交流，增强了彝族族群的凝聚力和团结力。

（四）民族性

摔跤被凉山州彝族人民尊称为"彝族体育之花"，凉山州美姑县也被誉为全国闻名的"摔跤之乡"。摔跤作为该地区代表性的传统体育文化，在当地占据着重要的地位。同时，摔跤不仅流行于彝族，还流行于蒙古族、维吾尔族、藏族、回族、满族等其他少数民族地区，不同地域的摔跤体化实践方式也各有特色。在称呼方面，彝族所在地域的摔跤都被称为"格"；蒙古族的摔跤被称为"搏克"；维吾尔族的摔跤被称为"且里西"，译为"搏斗，较量"；而藏族的摔跤则被称为"北嘎"。当前，凉山州彝族摔跤文化的蓬勃发展不仅促进了彝族族群的内部凝聚力，还促进了与周边各民族的文化交流与融合。摔跤文化展现了凉山州彝族独特的地域民族文化，充分体现出彝族族群特有的民族精神与内涵。彝族摔跤虽然与其他民族的摔跤称呼和开展方式各有不同，但是通过摔跤实践展现的民族生命力、凝聚力和亲和力是异曲同工的，也成为民族精神文化内涵的集中体现。

三、彝族摔跤的文化内涵

（一）勇武文化

在远古时期，彝族族群以血缘关系建立起来了原始部落，部落机构分工极其严密，首领负责带领部落成员狩猎、农耕，以及与其他部落战斗。在那时，古代彝族人的发展还处于身体肉搏阶段，这也是战争的主要方式。在不同部落间发生利益冲突时，各部落就会发生搏斗，为了保证自己所属部落能在搏斗中占据优势，身体体能与技巧就显得较为重要。于是，摔跤便成为部落军事技能的训练手段。摔跤不仅有强身健体的功能，还在促进格斗技术、提高大脑反应速度与身体的灵活性方面发挥着巨大作用。通过战争洗礼，流传至今的摔跤运动仍保留着攻击性强、技术性高、防御性强的勇武文化特点，由此，也内化成为彝族族群勇武的性格。

（二）地域文化

凉山州彝族族群是古代彝族人游牧迁徙过程中不断融合西南土著部落而形成的。远古时期，为了保障家族的生存繁衍，古代彝族人在山势险峻的环境中，必须学会狩猎以保证生存。与大自然的动物进行搏斗是获取食物的重要方式，通过摔跤可适应并战胜恶劣的自然环境，由此，彝族摔跤自产生以来就受地域文化的浸润，并蕴含了特有的地域文化内涵因子。在彝族的生产技术逐渐成熟之后，人们开始更加关注自己的精神生活，由于凉山州地势环境较为崎岖，摔跤这种不限地点、不限时间、不限年龄的活动，自然成为人们休闲娱乐的最佳选择。凉山州彝族独特的地域条件，成就了彝族的传统体育文化繁荣发展，摔跤作为彝族传统体育文化的特色符号，展现了当地浓郁的地域文化特质。

（三）仪式文化

远古时期，彝族族群生存环境受到较大制约，在生产力水平低下的情况下，族群对诸多自然现象产生了畏惧与敬畏的心理投射。他们认为，世上万物皆有灵，并把无法揭开的神秘问题归结为自然神力控制，也由此形成了最早的仪式活动。仪式中不可或缺的内容便是摔跤实践，无论是彝族最隆重、最热闹的火把节，还是"尼木措毕"仪式，都以摔跤为体化实践方式，向先祖或者神明展示群体的精神和勇武。仪式中，毕摩（彝族传统宗教中的祭司）会专门组织各家族的选手进行摔跤。《路南县志》中记载："有所谓会跃跤（摔跤）者，其会无常，或因村中有瘟疫乃议举行，如汉俗斋醮之属。"根据记载，摔跤与仪式活动的关系密切，并成为仪式活动中不可替代的一部分。彝族摔跤体现出了浓厚的地域仪式色彩，一方面，为了愉悦神明，期待来年风调雨顺，家族平安；另一方面，为了怀念先祖，实现民族精神的传承与发展。

四、彝族摔跤的主要内容

（一）摔跤的规则

凉山州彝族摔跤的规则体现了族群身体活动的实践规定性。其规则由彝族民众共同制定，并成为约定俗成的"惯习"。以此规范摔跤者的参与行为，保障摔跤能够正常开展，这也成为彝族大众所共同认可和接受的规则。彝族摔跤的规则主要包括各选手的身高、体重、年龄应大致相等，在开始前，双方选手互相帮助对方系好腰带，寓意友好与公正，并相互提醒是否做好准备；开始时，鼓励双方选手主动发起进攻，摔跤过程中，禁止使用侮辱性的语言及动作，同时，不得伤害对方隐私部位和身体五官，不得将对方用力推倒在地或者从上往下压倒，摔跤点到为止，使对手背部着地即为获得胜利。

（二）摔跤的摔法

凉山州彝族摔跤有两种类型，一种是以竞技因素为主导的民族式摔跤，另一种是以传统文化为主导的民间式摔跤。民族式摔跤比较正式，规则较为完整，一般在火把节等重要节庆仪式举行；而民间式摔跤主要在彝族人民休闲娱乐时进行，没有民族式摔跤正规。虽然比赛内容稍有不同，但是摔法还是比较统一的。凉山州彝族摔跤最常见的有四种摔法：第一，选手紧抓对方腰带，运用力量与技巧将对方提离地面，使用"打绊脚"的方式将对方摔倒在地；第二，双方选手上半身紧贴，抓住对方选手的腰带旋转并发力对抗，通过抱腰、过背、穿腿、夹臂翻等动作用力摔倒对方；第三，双方双臂平行伸展，互相攥住对方胳膊，旋转角力，通过旋转使对手重心失衡，摔倒对手；第四，双方先拉开距离，抓住时机一扑而上，尽其全力摔倒对方，这比较考验选手的爆发力与发力时机。摔跤的摔法不仅局限于这四种，在比赛中爆发力、持久力、临场反应速度是决定胜负的关键因素，一个小失误也有可能导致满盘皆输，正因如此，才体现出摔跤文化的魅力，并享有"彝族体育之花"的美称。

（三）摔跤的服饰

彝族摔跤中，除了欣赏选手激烈的比赛，另一个较大的看点莫过于彝族男儿精美的服饰。摔跤不仅是为了自己和家族的荣誉而战，在比赛时身着华丽的衣装赢得比赛，同时，也是获得彝族姑娘芳心的机会。摔跤时，他们头戴英雄结，肩挂英雄带，身披查尔瓦，在场上展现出凝重的英雄气魄。英雄结是彝族传统包头装饰，用以展现彝族男人英勇威武的气概，一般用长约一米的青布或蓝布缠头，缠成一根锥形的装束立于前方，大多男性用细竹枝裹在头巾中。彝人相聚邀约进行摔跤，双方会取下英雄结上的布带并系于腰间，寓意无论胜败，双方情谊始终不变[1]。另外，肩上斜挎用细牛筋编织而成的佩带称为英雄带。查尔瓦是彝族男女的披风，是用纯羊毛织的披毡，它形似斗篷，长至膝盖之下，下端饰有长穗流苏。无论是英雄带还是查尔瓦，都可以凸显彝人飒爽的动态美，也通过其独特的设计展现着彝族男儿的稳健与勇武之气。

---

[1] 花家涛，戴国斌.民族民间体育文化景观研究——以彝族摔跤"格"为个案[J].安徽师范大学学报（自然科学版），2013，36（6）：590–594.

五、彝族摔跤的文化解析

（一）物质文化层面

凉山州彝族族群作为一个历史悠久的民族，受山地文化和游牧文化的熏陶，族群创造了独具特色的摔跤文化，并在与自然和谐相处中，进行着特定身体行为符号的体化实践。彝族摔跤是人们在长期的生产生活实践中形成发展起来的，并成为彝族传统体育文化的重要组成部分，也成为彝族人民共同认可的物质文化。摔跤文化的物质文化层面主要体现在身体的呈现、场地的选择、文献的记载等方面。其一，彝族摔跤在历史发展进程中不断变迁，但亘古不变的是彝族人民以自身实力呈现着身体文化积淀，通过摔跤发展了彝族人民的身体力量与速度、身体技巧与反应，展现了族群的身体之美。其二，摔跤活动开展的场地不局限于特定的地点，可以在草坪、田间等空旷场地进行，场地环境的选择呈现了摔跤文化的生成与传递空间，并孕育着摔跤文化的物质文化结构因子。其三，彝族摔跤的古籍记载也深刻展现着其物质文化层面，史书《汉书·武帝本纪》载："元封三年春，作角抵戏，三百里皆来观之。"《吴兴杂录》载："七月中元节，俗好角力相扑。"以上古籍记载都呈现出摔跤的悠久历史，并成为摔跤文化物质层面的重要展现。

（二）制度文化层面

制度文化层面是凉山州彝族摔跤文化顺利开展的重要保障。彝族摔跤折射出的制度文化主要体现在礼仪方面。首先，是仪式礼仪，仪式中的摔跤大都为身体表演，表达对神明与祖先的敬佩与敬畏之情，祈求神明能降下祝福，让先祖见到勇武之魂。其次，是道德礼仪，选手会在摔跤比赛前为对方系上各自的腰带，进场后向观众、对手行礼，并约定点到为止。摔跤是对抗性较强的运动，难免会发生意外，但是族群形成了约定俗成的制度，并成为人人都遵守的规矩。在重大节日中，一跤定胜负的"占卜"如同"神判"，由"人神沟通之中介"的毕摩主持赛事活动，火把节摔跤成了神灵监督下的"神圣比赛"。毕摩是家族中德高望重的长者，会根据具体情况举行规格不同的摔跤仪式。以上这一系列的制度文化保障了摔跤活动有条不紊地开展。

（三）精神文化层面

精神文化层面作为彝族摔跤文化的核心层，主要表现在价值取向、审美观等方面，它是文化符号的思想根源、历史积淀与精神动力。任何传统体育文化符号都承载着独特的文化意蕴和内涵，摔跤也不例外，也成为凉山州彝族人民精神的依托。在远古时期，彝族族群为了在艰苦环境中生存，与神秘的大自然为伴，把一切未解之谜归结于"万物有灵"，由此诞生了对神明的崇拜。古代彝族人在不断适应大自然的同时征服自然，摔跤则扮演了征服大自然的身体文化符号角色。经过一代代族人的不断改进，摔跤成为战争手段的后备力量，同时，后世也借此对彝族先祖英雄产生了崇拜之情，继承了彝族先祖的勇武顽强精神。彝族人以身体为媒介，在体化实践中实现着生存能力的习得、文化的教化、族群精神的传递。所以，凉山州彝族摔跤文化成为族群精神的展现。再者，通过摔跤文化的参与，胜者获得荣誉及家族姑娘的青睐，这也为增强家族间的凝聚力提供了平台，在传统的摔跤文化交流中，也展现出彝族文化的开放与包容[1]。

（四）行为文化层面

彝族摔跤的行为文化层面是身体行为的践行层面，其多在重大节日、重要仪式等场合进行展现，并作为最具观赏性与代表性的传统体育文化事项，风靡于凉山州的各个区域。彝族摔跤是一场力量与技巧的集中展演，形象展现了彝族人民的健与美，也具象展现出彝族人民高尚的道德礼仪。凉山州彝族摔跤的身体行为文化贯穿于彝族的历史长河，并为族群的身体实践之美提供了理论依据和实践方法[2]。彝族摔跤展现了彝族人民以体化实践呈现现实诉求的景象，在与大自然的和谐相处中，表达了对先祖征服自然的崇拜之情，以及对美好生活的期望。在弘扬优秀传统文化中，摔跤活动也受到了越来越多的关注，它不再局限于"自娱"，逐步成为凉山州民俗文化旅游的重要组成部分，以此促进了凉山州民俗旅游经济的发展。

第三节　凉山州彝族赛马文化

马在彝族民众的生活中占有很重要的地位，它在生产、生活、交通、宗教、历史、战争等方面都承担着重要的角色。赛马是彝族族群重要的传统文化事项，它在彝语中叫"木子"，作为彝族最具代表性和标志性的传统体育文化事项之一，其历史最早可以追溯到东汉时期，因此也承载了浓厚的历史文化底蕴。凉山州彝族赛马不仅有较强的观赏性，而且它还在一些重大节庆中承担着必不可少的角色，成为节庆中较具影响的身体活动元素。凉山州彝族赛马的文化已融入彝族族群的生产生活，凝结着族群的民族精神和民族情感，是彝族男儿对力的角逐，也是

---

[1] 孙德朝.彝族"摔跤"的文化人类学阐释[J].哈尔滨体育学院学报，2011，29（6）：1-5.
[2] 李高云.基于人体健康发展的彝族摔跤价值分析[C]//2018年全国体育社会科学年会论文集.2018：395-398.

彝族人对美好生活的追求，展示了彝族传统体育文化的精髓，表现出了彝族人民尚武、骁勇、勤劳、坚忍的意志品质，并演绎着最具彝族色彩的"人马合一"的文化内涵。

一、彝族赛马的起源

（一）天马石刻"斯牧都滇"

彝族有句谚语叫作"金曲出骏马，比尔出英雄，库依出美人"，其中"金曲"正是凉山州有名的骏马之乡——昭觉县金曲拉达。在昭觉出土的诸多东汉时期的文物中，有一副被译为"斯牧都滇"的天马石刻。根据民间传说解释，支格阿龙曾举办过大型的赛马活动，吸引了成千上万的骑手和骏马来参与，经过多轮激烈的角逐，骑手斯惹巴合及其骏马——斯牧都滇超越了所有对手，获得冠军，由此斯惹巴合成为彝族的英雄，而他的骏马也被彝族群众誉为"神马"。彝族英雄支格阿龙曾经骑着这匹"神马"去射太阳，"斯牧都滇"的石刻中记载了支格阿龙是彝族的射日英雄。彝族民间还有一传说：支格阿龙在滇池的南北边各有一位女人，他经常骑着带有翅膀的"神马"奔于两处，不过，有一位女人想让支格阿龙永远留在身边，便悄悄地剪去了"神马"的翅膀，支格阿龙没有察觉，便在经过滇池的时候和他的"神马"一起落入水中永远离开了。后来，彝族族群以组织赛马活动来纪念这位英雄，由此，彝族赛马文化传承至今。

（二）支格阿龙射日

相传在远古时期，龙鹰在空中滴下三滴鲜血，落在一个贤美姑娘的身上，姑娘因而怀孕，于龙年龙月龙日晚上生下了支格阿龙，这只龙鹰就是支格阿龙的父亲。他从小在龙巢长大，有一天天上突然升起了六个太阳和七个月亮，人间白昼不分，农民苦不堪言，为了救群众于水火，支格阿龙决定射下多余的太阳和月亮，他把母鹅的羽毛变成箭，把鸟窝里的头发当弓绳。支格阿龙来到人间最高的地方射箭，但即使拥有神力也射不到太阳，于是他便骑着一匹长着翅膀的骏马"斯牧都滇"飞向空中射箭，最后，多余的太阳和月亮被射下来，只剩下一个太阳和月亮，人间又恢复了正常的生活。彝族人民为了纪念支格阿龙及其飞马坐骑——斯牧都滇，便从此有了赛马比赛这一活动。

（三）《南诏王出行图》

位于凉山州昭觉县团结村的博什瓦黑石刻岩画，刻画了南诏王的出行图。南诏与唐朝的关系十分密切，唐王朝封给南诏王的称号是"云南王"，后来将其册封为"南诏王"。此岩画中南诏王器宇轩昂，头戴高冠，身穿金甲，执双铎鞘，高居马背，头顶上空有一条巨龙腾空而舞，出行队伍以装饰华丽的十二头大象为前导，众多的马队和乐队紧跟其后，仪仗队衣甲鲜明手持斧，前后侍从簇拥，浩浩荡荡骑马而行，场面极其雄伟壮观。南诏王出行图形象地表现出了出巡时前呼后拥的场面，而岩画中骏马身上的服饰与现在彝族赛马的马饰如出一辙，可见赛马在当时已经开始流行。

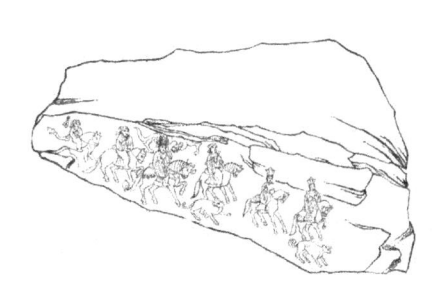

博什瓦黑石刻岩画　　　　　《南诏王出行图》手绘线图

（四）古籍的记载

在古籍《西南彝志》中记载了彝族赛马活动的盛况：骑士到来了，骑上这骏马，跑在广场上，威示如妖行，行动如飞仙，戴斗笠的汉，着披毡的彝，云集看跑马，大家都夸奖[1]。古籍记载描述了彝族人和汉族人在一起赛马的景象，也反映了彝族和汉族在赛马场和谐的场景。"屋后有山可以放羊，屋前有坝可以栽秧，坝上有坪可以赛马"，这是在彝族史诗《勒俄特依》中的记载，体现了赛马在当地不受地点条件的限制，可随时随地进行。在彝族古籍《玛牧特依》英雄篇中也记载："世上的人们，英雄靠磨炼，骏马从小驯，勇士从小练，勇士看杀敌，骏马看转弯。"诸多古籍关于赛马的记载，展现了彝族人民对赛马文化的理解，以及对赛马精神的执着追求，赛马深受彝族人民的推崇与认可。

二、彝族节庆中的赛马

（一）火把节中的赛马

火把节在彝语中读作"都则"，它是彝族每年最盛大、最隆重、参与人数最多、活动内容最丰盛的节庆。作为彝族最具影响力的节日，火把节于每年的农历六月

---

[1] 陈棣芳.彝族传统体育及其文化功能[J].普洱学院学报，2013，29（2）：42-45.

二十四开始举行，并且会持续三天三夜，其间欢歌载舞活动不断。赛马作为火把节中最重要的传统体育文化事项之一，呈现了"人马和谐共存"的文化意蕴。火把节中赛马活动实行淘汰制，比赛场地为在草地上修建的圆形跑道，在赛马时不仅要赛骑术，还要赛反应、赛智慧。在一年一度的火把节中，有时参加赛马的马匹达上千匹，竞争可谓是相当激烈[1]。彝族不拘一格的赛马形式不仅体现出彝族人民的勇敢尚武，而且也体现出骑手与骏马是人马共同体，展示出了彝族民众力与美、美与健的身体哲学表达。

火把节中的赛马场

（二）彝族年中的赛马

彝族年作为彝族族群的重要传统节日，它一般在农历十月（公历的 11 月 20 日左右）举行。彝族人民认为农历十月庄稼收获完毕，这个时节空闲正适合过年。在彝族年中，同样会举行诸多传统体育文化事项，而赛马就是其中较典型的传统体育事项之一。每到彝族年时，各家族成员盛装出席，穿戴彝族特色的服饰，将自己精心饲养的骏马牵上跑道，各骑手都想拿下冠军以展示自己的勇敢，获胜的骑手和骏马均有奖励，获胜后骑手所属的家族也会得到其他家族的尊重，而骏马的身价也会猛增。在彝族年中举行赛马活动，一方面，是向彝族先祖和神明寻求庇护，希望来年风调雨顺，家人平平安安，远离邪祟与疾病；另一方面，则展示着自古以来彝族族群与自然相处中，驯服动物的能力，以及人与自然和谐的精神。

（三）"尼木措毕"中的赛马

"尼木措毕"可译为"净灵归祖仪式"，是彝族族群的祭祖送灵仪式，也是较具代表性的"万物有灵"表达方式[2]。尼木措毕的第二天傍晚，在转棚游行活动结束后，将会举行赛马活动。"尼木措毕"中的赛马活动，主要目的是展示各个

---

[1] 韩勇，苏高.论彝族火把节中的传统体育活动[J].西昌学院学报（自然科学版），2007（3）：104-107.
[2] 李小芳，阿华.作为通过仪式的凉山彝族"尼木措毕"及其象征意义——基于甘洛县格尔家支的田野调查[J].原生态民族文化学刊，2020，12（3）：151-156.

家庭的能力与智慧,若举办方家庭条件较好,则赛马活动就比较正式,竞争性稍微强一些;若家庭经济情况一般,那赛马活动就是象征性地活跃现场气氛。毕摩(尼木措毕主持者)会根据各个家庭情况主持赛马活动,这在祭祖仪式中是必不可少的。"尼木措毕"中的赛马活动除了祭祀祖先,也是彝族人民联络情感、加强族群团结、相互表达情感的桥梁和纽带。活动举办的愈隆重热闹,愈能体现出后世生活美好,以告慰祖先亡灵。

三、彝族赛马的主要内容

(一)赛马的规则

凉山州彝族赛马主要有两种方式。一种叫"大跑扁史",彝语称为"大踪"。大踪追求的是速度,规则是在同样的跑道、同样的起点及相同距离内,无论使用何种方式最先冲过终点为胜,大踪比赛获胜的骏马被称为"木伟"。另外一种为"小跑都史",彝语称为"小踪"。小踪追求的是匀、快、稳、美,与大踪追求速度不同,小踪更侧重于骑术的稳定与姿势的美观,要求在活动过程中,骏马的四肢不能悬空,应以高频率的小碎步前行,最后获胜的骏马被称为"木果"。赛马活动主要为淘汰制,这也体现了彝族族群顺应"物竞天择,适者生存"的自然法则,充分体现了彝族族群努力适应自然的教化思想。

(二)赛马的过程

大踪比赛是在跑道("九嘎")内,参赛选手骑上自己的骏马,在起跑线上准备,哨响跑出后,以第一个达到终点的选手为胜。这种比赛方式主要是赛马力与跑速,同时,也体现了彝族人的狂野豪迈性格,并具象展现了彝族族群的坚毅勇敢。而小踪比赛的内容是骑手骑上自己的骏马,在马背上拿着酒碗,并努力使酒碗里的酒不洒落,马的交叉脚步与脖颈上的铃铛声音频率一致,做出各种优美的姿势。这是彝族赛马最原始的赛法,展现了彝族人民追求的不仅是极致的身体表象,同时,也追求美与健的内在意象。不论是大踪还是小踪,都体现了彝族人民"人马合一"的和谐之美。

(三)赛马的奖励

赛马结束后的优胜者,会获得家族人的拥戴和崇拜,这是无法用物质来衡量的荣誉,彝族民众往往认为族群与家庭的荣誉更为重要。以前,赛马的优胜者除了获得拥戴外,还会获得一些酒和银子,如今则是为优胜者发放锦旗、证书或奖金等。家族聚会时产生的赛马优胜者,会根据当时的家族资源情况决定奖励。例如，在家族比赛决出胜负后，输掉比赛的将会给赢得比赛的人献上一坛美酒和一头牛，赢家则负责把牛肉做好，搭配上好酒，共同庆祝赛马的圆满，以此也实现着族群的团结和谐。

四、彝族的马文化解析

（一）彝族赛马的马种文化

马为六畜之首，其地位在彝族可谓是非常之高。凉山州彝族地区所豢养的马种主要为建昌马，它有"北有蒙古马，南有建昌马"的美称，在古代也被作为贡马向朝廷进贡。建昌马虽然体形小巧，但是十分灵活，拥有极强的环境适应能力。由于彝族族群所居住的地域环境比较偏僻、地势比较崎岖，无论是在交通方面还是在狩猎方面，都能凸显出建昌马瘦小、灵活的优势。彝族人民按马的用途不同将其分为四类：骏马（木各）、跑马（木伟）、骑马（子木）、驮马（解木）。其中，骏马和跑马的主要用途是比赛，骑马则主要用于出行代步，而驮马则是用来交通运输与生产实践。由此可见，马文化在彝族生产生活中的重要性，马在当地社会也有着重要的地位。

彝族的马种

（二）彝族赛马的服饰文化

对于彝族民众来说，赛马不仅能体现其强健的身体素质与勇敢果断的精神，还体现了他们的审美价值。在小踪比赛中，骑手与骏马须努力实现"人马合一"的和谐美，姿势要优美雅观，同时，又不失男子的豪迈气魄。在赛马开始前，人们对参赛选手及其骏马的着装尤为重视，要求非常高，必须在比赛前对选手及其骏马进行精心装饰，使彝族赛马成为当地节庆仪式中亮丽的风景线。一方面，这是一种仪式感，表达着对赛马的重视、对祖先的敬重；另一方面，赛马也是彝族传统文化的具象呈现，体现着彝族人浓郁的文化传统。

骑手的服饰：骑手头戴发簪，在小跑的时候身上穿蓝色佳史（披毡），大跑的时候穿戴蓝色披风，在奔跑时风带动披风飘扬，能形象地展现出彝族男儿的英雄气概。此外，身上还要穿着彝族的民族服饰，身旁要斜挎精美的英雄带。

骏马的装饰：在马笼头的选择上，可以装饰金马笼或者银马笼，也有都塔（英雄带）装饰的笼头；马鞍一般选择彩色或者黑漆的；马镫、鞍垫、鞍套都可选择用彩色装饰；嚼子和铃铛一般选用黄铜做成。

（三）彝族赛马的骏马谱系文化

彝族先民借助彝族文化中父子联名的习俗，给各家族的骏马建立了相应的血缘谱系，在相马师相马的环节，通过听取卖家背出的骏马谱系，将其作为挑选骏马的标准之一。在马的血脉谱系中，可以根据马被赋予的名字了解骏马的外貌与性能，还可以根据马的父子联名系谱，判断其血统的纯正程度来选择马的配种，以此来培育更优秀的下一代良马。骏马的取名方式由父亲名字的最后两字作为下一代的姓，每匹骏马都有自己的谱系。据史书记载，古代彝族最有名的单烈阿宗骏马谱系为呷补—瓦嘎—瓦勒—木尔—利扎—阿宗—九都—拉嘎—热牛—抵史—阿加[1]。单烈阿宗历经辗转到了瓦扎合作里拉手里，由于家庭条件比较差，所以只能吃菜叶子，但是金曲拉达的草场非常茂盛，后来单烈阿宗在赛马比赛中一战成名，成为宝贵的骏马。以前在彝族的赛马环节，骑手会在赛前先背出骏马的谱系，展示自己骏马的优良。由此可以看出，凉山州彝族的骏马谱系文化相当丰富。

五、彝族赛马的习俗

（一）相马习俗

相马是彝族赛马得以较好开展的基础，是彝族人民经过代代相传保留下来的习俗。古语有云：千里马常有，而伯乐不常有。挑选一匹良好的幼驹进行驯养是在比赛中取得好成绩的前提。骑手的技术很关键，马驹的质量也很关键，二者缺一不可。彝族人民相马的内容包括马的身体不宜过高，体型要比较匀称，胸廓要宽广，马头要偏大且额头平展，头向前伸；马的呼吸不是依靠嘴，而是和鼻子有关，所以马的鼻腔要宽大，否则会影响其运动能力；马的眼睛要炯炯有神且明亮，马的耳朵要尖且竖立，脖颈要稍微长一点，鬃毛不用太浓密，适中即可；马的腰背要短，腹部要长，腰短就会比较有力和灵活；马的蹄子要比较厚且圆，毛色以浅

---

[1] 何阿优.凉山彝族火把节赛马活动文化考释[D].成都：四川师范大学，2021.

蓝色为最佳，淡红色次之，不养灰色马；在奔跑时，马的前腿要径直向前跑，后腿要直着往后蹬，蹄子向后翻过来，这样的马跑起来才会有速度。以上皆为彝族人民代代相传的相马秘诀，相马习俗成为彝族族群重要的赛马文化体现。

（二）养马习俗

相马结束后，养马也是决定赛马的重要环节之一。凉山州彝族族群对骏马驯养方面有着独特的技巧和考究，正如当地有句俗语：跑马吃荞子，驮马吃荞秆，主人吃荞粑，娃子吃荞麸。对小马驹进行驯养的年龄一般在1~3岁，不同季节对马驹的训练、饲养方法也各不相同，如初春、秋末和冬季是进行驯马和赛马的最优时段，在其他时间应该让马驹进行休养生息，使其膘肥体壮。虽然建昌马对外界环境的适应能力较强，但是它的消化系统就像单行道般，如果饮食有问题，它不会呕吐，而是会引发腹痛，严重的话甚至还会危及生命。在白昼时，应该放养马匹在外；晚上应该喂养青草、饲料、玉米等粮食，同时，还要遵循少量多次的原则。在训练和比赛前应圈养，并且喂养玉米、苦荞及晒干的萝卜，每日要喂两次水，每月要喂一次盐，但是在比赛前七天内不能喂盐。此外，还要经常给马梳毛，洗澡时要注意保暖，马的栖息环境不能太湿润，要垫干草。马匹成长后的质量与养马是环环相扣的，养马习俗是彝族族群在历史中积淀的重要经验，并成为赛马文化的重要组成部分。

（三）驯马习俗

彝族有句俗语：彝族男儿如果驯服不了自己的马，便算不得真正的英雄。彝族人民为了驯马，会挑选良辰吉日让家里的男性去修建跑道。最初，训练时会给小马驹眼睛蒙上黑布，然后牵引其到跑道上练习步频及迈步距离，使其形成固定记忆，直到马驹能迈出规律的步频节奏为止。等到马驹具有良好的身体记忆之后，就可以摘下黑布，继续训练马驹的胆量及环境适应能力。在赛马比赛中，最难的是弯道，弯道是实行超越的关键，所以在进行训练时要着重进行弯道练习。弯道练习比较考验骑手使用缰绳的技术，缰绳无论在比赛还是训练中都扮演着重要的角色，它在让马前进、止步、转弯，甚至是超越对手时发挥重要作用，这是骑手基本骑术的体现，也是关键的核心技术。训练或者比赛时，或多或少会用到马鞭，马鞭只有在马不听使唤时才会使用，而且不能用来抽打马的头部，只能抽打侧背和屁股。在上马和下马的时候，都讲究速度要快、姿势要帅，动作有力娴熟。上马后有端直而骑、稍向前倾、后仰三种姿势，在平路上身体端直，在上坡时上体稍向前倾，下坡阶段身体稍向后仰。彝族驯马习俗通过口授相传至今，不仅体现了彝族传统文化的代代相传，也体现了彝族人民对传统的执着与热爱。

六、彝族赛马的文化解析

（一）物质文化层面

物质文化层面是彝族赛马文化顺利传承与开展的重要保障。物质文化层面可以从赛马的习俗、场地设施、文献资料与文物等符号学表征分析。其一，习俗方面包括相马、养马、驯马，任何骑手要想在比赛中表现出色，则必须经历这三个方面的练习，这些习俗是彝族先祖的经验积累，并在不断实践中总结传承的，由此形成重要的物质文化凝聚。其二，在场地设施方面，彝族开展赛马的场地较为稀缺，一般是彝族男儿挑选特定时间去组织修建的，虽然场地设施修建得较为简单，但是场地修建中凝聚和积淀着赛马文化的物质文化内涵，呈现着彝族赛马文化的物质文化构成。其三，赛马相关的文献资料和文物也是构成彝族赛马文化物质层面的重要部分。记载赛马活动的文献以民间传记偏多，主要记录了赛马活动的盛况，以及一些彝族古老的俗语。从骏马之乡——昭觉县中出土的众多文物中就可以佐证，这些资料和文物不仅记载了彝族的文化习俗，而且深刻地展示了浓郁的彝族族群赛马物质文化，呈现着彝族族群赛马物质文化的传承与发展。

（二）制度文化层面

制度文化层面是彝族赛马文化顺利开展的保障。凉山州彝族赛马的开展具有程式化的固定程序，这是族群在漫长历史文化积淀中固化的，并为族群所共同认可的内容。例如，在赛马前，先要经过相马挑选出适合的马驹，然后需要养马、驯马，最后才能达到比赛的基本要求，这一系列流程都是为了顺利开展赛马做准备。赛前，需要以家族为单位进行报名，家族里的男儿无论老少都会积极参与。然后，家族会挑选好日子由彝族男儿去修建比赛场地。在比赛时，参赛者会自觉遵守规则，并尽全力展现自己的骑术与勇敢，努力获得赛马的胜利。赛马进行时，无论彝族人有多忙，都会来到现场为家族选手加油呐喊。在火把节等节日仪式中，胜出的会给自己与家族带来荣誉，家族也会获得别人的尊重。正是按照这一系列的程序，彝族赛马活动才能有条不紊地开展，并延续至今。

（三）精神文化层面

精神文化层面是凉山州彝族赛马文化的内核。族群的多元崇拜与信仰、身心发展的教育理念，以及族群的荣辱观和审美观是赛马精神文化层面的主要体现。其一，族群信仰是彝族文化的重要组成部分，古代彝族族群在生存中不断与自然和神灵对话，在慢慢征服自然的同时也适应了外部环境，并且会不定期地举行具有仪式感的赛马活动，表达彝族人的崇拜与信仰。其二，在赛马活动中，不仅考验的是骑手的身体素质，同时，也考验着骑手过硬的心理素质，以及灵活反应能力，这不仅是一场比赛活动，更是一堂言传身教的族群教育课程，展现了彝族人民身心全面发展的民族教育理念。其三，对彝族族群来说，一个家族的荣誉胜过自己的所有，具有强烈的荣辱观是彝族人民从古至今所具有的共同特征，在赛马中胜出的骑手会备受族群的敬重。其四，彝族赛马并不一味追求速度，也体现着"人马合一"的和谐美，在比赛前选手和马匹要精心装饰，赛中的比赛姿势要优雅又不失豪迈，体现彝族族群健与美的审美观，使赛马成为展现族群精神之美的手段。

（四）行为文化层面

彝族赛马文化的行为层面是以物质层面为基础，以制度层面为保障，以精神文化层面为内核的体化实践呈现[1]。其主要体现在举行火把节、祭祀祈福等仪式节庆中，彝族族群以身体为媒介，以马为载体，展现了"人马合一"的身体意象表现。彝族赛马的行为文化层面是赛马文化符号的重要行为表达，实现着赛马文化的空间行为表述，代表了彝族赛马文化在现实中的实践总和。彝族赛马行为文化层面主要包括赛马的实践操演、赛马的行为、赛马的组织等。其一，赛马实践操演方面，赛马作为彝族节庆中的一项重要内容，举行的时间以重要事件发生为准，而随着时代的变迁，这种实践操演逐渐向文化表演方向发展，其举行的程式也有了一定变化。例如，之前遵循的是相马、养马、驯马等，并且对马的谱系也有一定的规范，但当前的赛马在开展程式上开始侧重于表演。其二，赛马行为方面，作为一项民族色彩较浓的实践活动，其行为内容具有浓厚的指代性，指代和隐喻了浓郁的象征色彩。而随着全球化进程的推进，其商业性和商品化逐渐增强，赛马文化行为正进行着历史的变迁，并在历史变迁中实现着自身的嬗变。其三，赛马组织方面，作为一项民族性较强的传统体育文化事项，其组织具有群众自发性特点，是彝族族群共同的体化实践活动，呈现着族群的群体认知，在这种约定俗成的组织中，实现着彝族族群的教化，也表现出彝族人民的集体智慧和对美好生活的向往。

第四节　凉山州彝族达体舞文化

达体舞是凉山州彝族传统体育文化中富含艺术特色的文化事项，它是彝族传

---

[1] 孙亮亮.藏彝走廊村寨传统体育文化符号研究[J].四川民族学院学报，2015，24（2）：89-93.

统节日习俗里不可缺少的重要组成部分。节庆中，人们围绕着篝火以身体的舞动来表达情感，呈现了彝族族群生活中的仪式性和浪漫主义色彩。在婚嫁等良辰吉日里，跳达体舞表现的是欢快、幸福、愉悦的色彩，表达着他们对美好生活的向往。在丧葬等场合里也会跳达体舞，但是其音乐沉重、低沉、悲伤，表现着悲伤与哀悼之情[1]。凉山州达体舞文化成为彝族族群表达内心情感，释放内心情绪的重要手段，他们以身体的表述展现着彝族人的情感表达。

一、彝族达体舞的起源

达体舞流传于凉山州彝族民间，它是族群在不同场合表达情感力量的一种身体活动，而且也是凉山州彝族族群身体实践的重要表述形态[2]。"达体"是彝语的音译，"达"指地，"体"指踏，达体舞意为踏地舞，以手舞为辅，足蹈为主[3]。不同的地区有着不同的特点和叫法，又称锅庄舞、对脚舞、蹢脚舞等，虽然有着不同的称呼，但是它们都属于踏歌，是凉山州彝族族群的一种自娱舞。以踏歌为原始形态的达体舞具有悠久的历史，据考证，西晋时已有关于踏歌文字记载，李白也曾留下"李白乘舟将欲行，忽闻岸上踏歌声"的诗句，所以达体舞之源可能较为悠久。

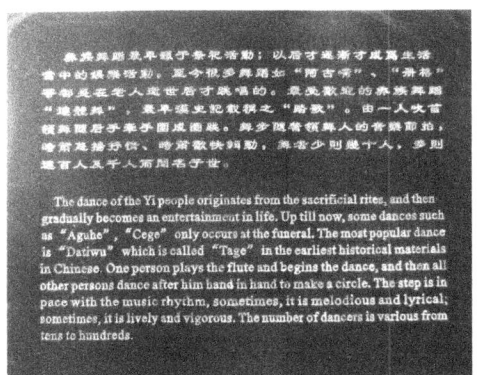

彝族踏歌图（拍摄于凉山州彝族博物馆）

不过也有学者认为，达体舞产生于20世纪80年代末至90年代初。首先，那时国家正处于改革开放时期，各行各业蓬勃发展，人们生活水平不断提高，对文化生活的需求也日益增多，彝族族群渴望在工作之余通过喜爱的歌舞愉悦身心。其次，随着社会的发展，外来文化涌入，彝族传统文化被不断冲击，在此背景下，

---

[1] 阿各莫.浅议甘孜新龙锅庄与凉山彝族"达体舞"[J].中国民族博览，2015（12）：152-153.
[2] 胡玖英，刘进彬.彝族达体舞及其文化意蕴探析[J].红河学院学报，2020，18（6）：26-29.
[3] 张建，白春华.彝族"达体舞"的特征与内涵研究[J].西昌学院学报（自然科学版），2013，27（1）：98-101.

凉山州彝族族群结合自身的传统文化编创出达体舞，并进行推广与普及，受到广大群众的热烈欢迎[1]。

无论是起源于踏歌还是源于人们后期的编排，达体舞中呈现的彝族族群原始时期生产生活的身体动作表征是毋庸置疑的。人们以日常生产生活中的习惯为基本动作标准，参照原始的农耕、狩猎、劳作等，以此为故事情节或背景参照，跺脚、晃步、踏步等身体动作形象地呈现着族群的生产生活场景，具象表述着历史进程中的文化叙事。为了表达对"火"的崇拜或对祖先恩惠的感激，彝族族群聚集在一起以仪式性身体演绎的方式，表达着内心的情感，由此孕育而成了具有地域特色的达体舞。

二、彝族达体舞的特点

（一）传承性

传承性是指文化在继承传统内涵基础上的创新发展，同时，在内容和形式上的一些因素又相对稳定，被一代代地继承和沿袭下来。踏歌是彝族达体舞之源，具有悠久的历史。彝族达体舞正是在传统舞蹈——踏歌的基础上发展而来的，是对彝族传统舞蹈动作的传承，不仅吸收了当地传统舞蹈的核心价值，还有脚步动作多、手部动作少的特点，呈现了达体舞的与众不同。达体舞还对彝族传统服饰进行了传承，一般在各种习俗与节庆中，彝族人民都会穿戴着传统服饰参加达体舞。没有对彝族传统舞蹈和服饰文化的传承，就没有如今灿烂的达体舞文化，对于彝族达体舞的创新，我们必须继承优秀的彝族传统文化，并广泛地吸收他者的优秀文化因子，进而促使彝族传统体育文化的可持续传承发展。

（二）民族性

达体舞独特的民族性体现在其生成与发展上，其生成是由彝族传统体育与舞蹈相结合，经过提取、规范及创新而成的传统身体行为。达体舞在火把节、婚嫁、民俗娱乐等重要传统节庆里，成为重要的体化实践表现手段。特别是在每年农历六月的彝族火把节中，男女老少皆可参加达体舞实践体验，大家手牵手围着火堆，随着节奏欢快地跳着达体舞，一起庆祝狂欢，祈祷来年风调雨顺、五谷丰登。在身体的跳动中不仅呈现着彝族族群的生产生活特色，还聚焦了族群的认同，他们将自己与祖先、英雄、图腾等联系在一起，赋予了自身以强烈的民族自豪感与荣誉感，由此促成了达体舞民族性的身体表达。

---

[1] 雷睿. 彝族达体舞现象的思考[J]. 四川戏剧, 2019 (4) : 122-123.

（三）娱乐性

彝族传统的舞蹈形式众多，主要有自娱舞蹈、祭祀舞蹈、节日舞蹈等。达体舞可以在很多场合进行展演，且参与人数不受限制，具有很强的娱乐性，主要属于自娱舞。彝族达体舞简单易学、自由活泼、热烈直爽、老少皆可跳，开展的形式也是多种多样，可根据人们的意愿组织进行。达体舞常常是自娱性与表演性相结合的，不仅能使跳舞的人感到愉快，还能使观者感到欢快，正所谓自娱娱人，意旨统一。达体舞还能满足自我精神生活的需要，通过手牵手、面对面，人们广泛地交流、接触和娱乐，达体舞的身体行为使人们获得了一种特殊的愉悦感受，主要表现为喜悦、放松、满足。

（四）健身性

从宏观角度讲，在全民健身不断深入推进的背景下，"积极发展少数民族体育，在民族地区广泛开展以少数民族传统体育项目为主的体育健身活动"已成为《全民健身计划纲要》重点关注的方向。彝族达体舞作为地域性民族传统体育的重要项目之一，因简单易学、不受人数的限制，并且具有广泛的群众基础，能够成为当地群众健身活动的重要项目支撑，也能够充分发挥其健身价值。从微观角度讲，达体舞的动作包括头部、上肢、下肢和躯干的运动，尤其注重脚步动作，这对增强群众体质，提高人民的身体素质有重要的作用。此外，牵手围圈而舞的方式，还能增进全民健身的娱乐氛围，促进全民健身的开展，经常参与可缓解紧张心理和不良情绪，从而释放压力。当前，达体舞已成为凉山州诸多学校开展的传统体育项目，并且还被纳入中小学的课外活动和大课间体育活动，有力地促进了其健身功能的发挥。

三、彝族达体舞的动作

彝族达体舞以绕圆而舞的形式展开，主要以踏脚为主，手牵手或者是双手叉腰，动作简洁明快，粗犷奔放。20世纪80年代，巴莫尔哈倡导和策划，先后创作了第一套达体舞、第二套达体舞，经过多年的传承与发展，在前面两套达体舞的基础上创编了阿诗且（一）、阿诗且（二）、阿诗且（三），既保留了前两套的基本动作，也具有很强的现代元素[1]。以下对较早的两套达体舞进行动作介绍。

---

[1] 张建，白春华. 彝族"达体舞"的特征与内涵研究[J]. 西昌学院学报（自然科学版），2013，27（1）：98-101.

（一）第一套达体舞

第一套达体舞由跺脚、晃步、平跳、踏步、对拍、大家跳六个动作组成。

跺脚：双手屈肘，与肩齐平，先右脚向右迈两步，再跺右脚两次；接着双手画小圈，同时，迈右脚，跺左脚，迈左脚，跺右脚。

跺脚

晃步：双手在腰间画圈，先向右走三步，撩左脚，再向左走三步，撩右脚；接着退后四步，向前三步，然后双脚半蹲跳跺地。

晃步

第三章 凉山州彝族传统体育文化代表性呈现

平跳：向右侧身，双手与同伴五指相扣，手在胯与胸之间上下摆动，同时，向右走八步；接着退右脚埋头，踏左脚抬头，连续做两次。

平跳

跺步：向右侧身，手拉手，双手先上甩，屈肘下甩伸直，同时，跺右脚，抬左脚，接着右脚在后自然抬起；向圆心上右脚，双脚并拢跺脚，同时，双手屈肘与肩齐向上甩；双腿屈膝半蹲跺脚，左脚向圈外退一步，右脚靠拢，双脚跺地，双腿屈膝半蹲跺脚，同时，双手向上屈肘与肩齐向下甩。

跺步

对拍：放手，双手半握拳与肩齐向下甩，左手在下，右手在上拍掌；接着转身向前跳两步，两人相对拍手，右脚踏两下。

对拍

大家跳：手拉手前后甩，原地拐腿两下，向左走八步，抬右脚，右脚踏地跺一步，再跺抬脚；向右方向再做一次，原地拐腿两次，弯腰向圆心拐右腿，左脚走八步，双脚蹲跺地一下，跳起身体直立；手牵手，屈肘前后推动，同时，左脚起，退后一步，上前两步，走十二步，然后面向圆心，右转四个方向拍手，双手向外翻，同时抬脚，向圆心原地站着拍手两下[1]。

大家跳

（二）第二套达体舞

第二套由踏步、摇步、撩脚、拍手、踏青、勾脚、跳月七个动作组成。

踏步： 手拉手，屈肘与肩齐，画小圈，同时，向右走八步；将双手自然抛下，跺右脚收左脚，迈右脚收左脚。

踏步

摇步： 双手前后甩，身体轻摇，同时，向右走三步，左脚踏地，接着向左走三步，右脚踏地；又向圆心进三步，踏左脚；再向后退三步，踏右脚。

---

[1] 张建，白春华. 彝族"达体舞"的特征与内涵研究[J]. 西昌学院学报（自然科学版），2013，27（1）：98–101.

第三章 凉山州彝族传统体育文化代表性呈现

摇步

撩脚：先手拉手，手从下往上平抛下，同时，迈右脚，左脚微抬，勾脚靠拢右脚；右脚向前迈一步，踏右脚，双手自然下垂，迈右脚，收靠拢右脚，接着左脚尖点地，撩右脚。

撩脚

拍手：先甩手，再拍手，同时，迈右脚，吸左腿，跺地两下；接着向前迈左脚，吸右腿，跺地两下；迈右脚跺左脚，迈左脚跺右脚，同时，手前后甩。

拍手

凉山州彝族传统体育文化的主体性消解与纾困研究

踏春：双手屈肘与肩齐，右脚开始向圆心走三步，左脚开始退三步；向左埋头上右脚，迈一步，左右退两步，接着向右埋头一步，向右走两步。

踏春

勾脚：身体右侧身，手拉手，迈右脚，走三步，勾左脚；向圆心，身体向前倾，右脚迈一步，同时，身体前倾，退两步，勾左脚，左脚迈一步，退两步，勾右脚。

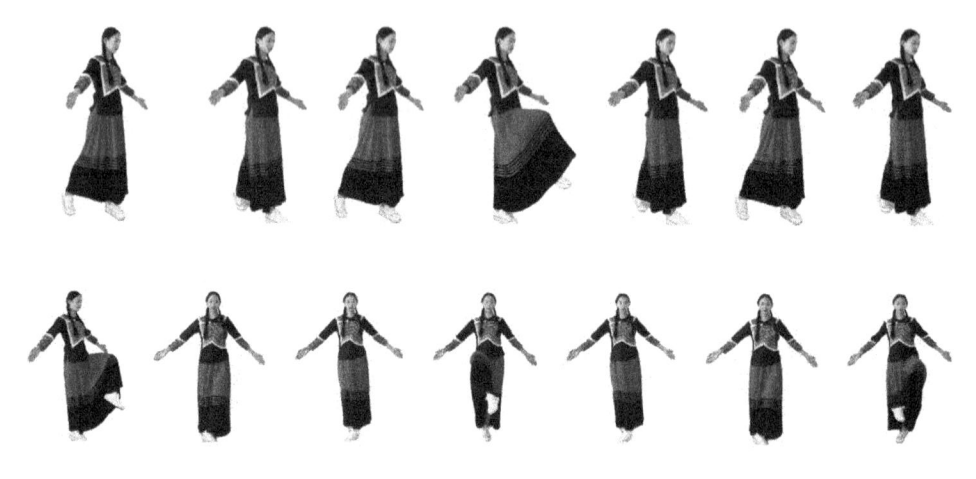

勾脚

跳月：双手在两侧自然摇动，拍手，先向右跳三步，脚蹬两下，再向左跳三步，脚蹬两下；接着向圆心跳三步，脚蹬两下，再转身退后跳三步，脚蹬两下[1]。

---

[1] 张建，白春华.彝族"达体舞"的特征与内涵研究[J].西昌学院学报（自然科学版），2013，27（1）：98-101.

跳月

四、彝族达体舞的服饰音乐

（一）彝族达体舞的服饰

在大型的庆典与节庆之时，彝族女性穿百褶裙，戴耳环，盛装出席达体舞文化活动。彝族未婚和已婚女性的服饰是有区别的，一般来说，未婚女性的头帕后面是五彩丝线绣成的各种图案，上衣颜色相对鲜艳，百褶裙颜色以白、黄、红为主色调；已婚女性的头帕是黑色的，上衣颜色也较暗沉，裙子以黑色、蓝色为主调。男性穿大腰裤，斜挎英雄带，头戴英雄节。凉山州彝族达体舞服饰鲜明地呈现了族群的民族特色。当地的达体舞队伍曾参加首届全国大型舞蹈展演，还凭借其色彩缤纷的民族服饰，获得了"最佳服饰奖"。

（二）彝族达体舞的音乐

在《松下踏歌图》中描绘了踏歌的场景，有三十余人在欢歌起舞，圈内有三个歌头，一人吹笛子，二人吹葫芦笙；在《蒙化志稿》中描述"其舞以一人吹芦笙居中，围绕唱土曲，其腔拍音节伴奏，皆视芦笙为起止"，可见以前的踏歌是有领唱者，也有笛子、葫芦笙等乐器作为舞蹈的音乐。巴莫尔哈创作的达体舞在编排时就编配好了专门的音乐，这些音乐不但具有彝族传统文化的内涵，还加入了现代音乐内容，曲调轻松畅快、悠扬顿挫、潇洒自然，舞步欢快豪迈、热情奔放，具象地展现着彝族人民开放包容和豁达奔放的特点[1]。

---

[1] 施惠敏. 云南与四川地区的彝族舞蹈对比分析 [D]. 重庆：重庆大学，2012.

五、彝族达体舞的文化解析

（一）物质文化层面

物质文化层面是彝族达体舞文化的基础层，其主要通过达体舞文化中的相关实物予以展现，具体包括以下两个方面。其一，彝族达体舞的服饰：彝族人民跳达体舞时主要以本地区的民族服饰为主。达体舞服饰在彝族非物质文化中具有很重要的地位，是彝族族群的智慧结晶，具有深厚的文化底蕴。民族文化的专家对彝族服饰进行过专门的研究，彝族服饰中的传统三色（黑、红、黄）代表着这个族群的内心世界与精神向往[1]。其二，各种文献资料：关于达体舞的文献资料众多，凉山州地方志及各县的县志等都有相关记载。如果对达体舞起源相关的"踏歌"文献进行整理，资料承载则更为丰富，如南宋马远绘的《踏歌图》，作为珍品现藏于故宫博物院；1759年绘于云南省巍山县的《松下踏歌图》，是至今发现最早的古代踏歌壁画，画面上男女都有，跳唱"打歌"的一共有39人，是一幅较为完整的彝族"打歌图"。魏王泰《括地志》载："吉庆之时，亲族集会，歌舞于山上。"桂馥《滇游续笔》云："夷俗男女相会，一人吹笛，一人吹芦笙，数十人环绕踏地而歌，谓之踏歌。"民国《蒙化志稿》又称："时悬一足，作商羊舞。其舞以一人吹芦笙居中，围绕唱土曲，其腔拍音节，皆视芦笙为起止。"[2]以上皆具体呈现出达体舞物质文化层面的丰硕。

（二）制度文化层面

彝族达体舞制度文化层面是族群在历史发展中积淀并演化产生的一套传统观念，其代表着一种行为模式与行为规范。彝族达体舞的制度文化层面主要体现在彝族人在跳达体舞时所形成的模式与规范，具体主要体现在以下三个方面。其一，达体舞的动作规范：达体舞的动作主要由跺脚、晃步、平跳、垫步等动作组成，可以看出这些动作主要是通过脚部动作的变换而组成的，由于彝族族群主要生活在山区、高原地带，生产生活都离不开登山、爬坡等活动，舞蹈动作也呈现出脚部动作多的特点。其二，达体舞的身体记忆：身体是达体舞文化符号的传承载体，身体的节奏、技巧、姿态等衔接与排列组合犹如"语法"呈现，其具有一套固定的记忆程序，这种记忆无论说是肌肉层面的还是文化层面的，身体实践的记忆呈现中展现着达体舞文化语言的规定性。其三，达体舞的舞形：达体舞的舞形呈圆

---

[1] 张建，白春华.彝族"达体舞"的特征与内涵研究[J].西昌学院学报（自然科学版），2013，27（1）：98-101.
[2] 郭德全.试论彝族达体舞的虚幻[J].民族艺术，1991（4）：214-220.

形，这与彝族人民跳舞时总是围成圆圈相关，在跳达体舞时一般都是男女围在一起，手拉手，一起舞蹈，并按逆时针方向舞动，充分体现出达体舞"圆"的特点[1]。达体舞独特的脚部动作明显多于手部，以及以"圆"为形，逆时针舞动的形状，构成了达体舞文化的制度文化层面。

（三）精神文化层面

精神文化层面是彝族达体舞文化的核心内涵层，其主要体现在对达体舞的审美情趣与认同等。达体舞是在彝族传统舞蹈风格及特点的基础之上形成的，其独特的体态特征和动律特点带给人们一种美的享受，它将彝族族群汇集到一起，并在舞动中实现着族群的团结，在有节奏地跳动中实现着族群的认同。在以达体舞为核心而形成的共同体内，个体成员对达体舞文化认识、认可、实践，经过多次地反复操演和固化，进而强化了个体的集体意识。通过达体舞体化实践的互动使族群情感深入人心，使族群目标内化为彝族个体成员的价值取向和行为标准，影响彝族族群成员的情感、思想和行为，并创造了一个自觉与强制的约束框架，这既保证了个体成员的精神文化自律，又整合了族群共同体成员行为的他律[2]。达体舞成为凉山州彝族族群的一种感情纽带，维系着族群内人们的和谐关系，增进着族群内的感情交流，实现着族群高度的自我认同[3]。

（四）行为文化层面

彝族达体舞的行为文化层面是器物层、制度层、精神层的实践呈现[4]，它是达体舞文化的重要表征和文化的重要表达[5]。彝族达体舞以圆形为舞形，手牵手逆时针而舞。在古代彝文中，"圆"象征着充满万物的宇宙空间，宇宙"〇⊙"的变化思想，"〇"就是万物的空间，"⊙"就是转动的磨盘，"〇⊙"可解释为天体万物是永远运动着的。达体舞正是在这样的象征指引下进行着旋转，代表着彝族人民以劳动和热情推动着地区社会发展不断前进[6]。另外，重复地绕"圆"而舞意味着延续过去、强化对过往的记忆与传递，这种记忆与传递并非机械地重复与复制，而是一种模拟性认知过程。达体舞身体实践叙事与表述的背后承载的是彝族族群的信念与信仰，这在很大程度上促使了达体舞文化实践传承的稳定性。

---

[1] 曾焯.论彝族达体舞的体态动律性[J].大舞台，2015（6）：177-178.
[2] 詹小美，金素端.论社会主义核心价值观的强化认同[J].青海社会科学，2013（3）：24-29.
[3] 郭德全.试论彝族达体舞的虚幻[J].民族艺术，1991（4）：214-220.
[4] 孙亮亮.藏彝走廊村寨传统体育文化符号研究[J].四川民族学院学报，2015，24（2）：89-93.
[5] 孙亮亮，刘连发，史明娜.纳西族东巴跳文化的现代消解[J].四川戏剧，2019（10）：122-125.
[6] 郭德全.试论彝族达体舞的虚幻[J].民族艺术，1991（4）：214-220.

凉山州彝族传统体育文化的主体性内涵 | 第四章

第一节 凉山州彝族传统体育文化的自主性

凉山州彝族传统体育文化的自主性是主体性呈现的重要内容，主要体现在三个方面。一是体现在族群对自己传统体育文化的认同。在自我意义的追求与认可中，才能实现自我的可持续发展，进而实现其主体性的发挥。二是体现在族群对自己传统体育文化精神的追求。无论是生产生活中的体化实践，还是仪式庆典中的身体表述，这些都蕴含着族群的精神追求。身体因富含精神表述而更具内涵，精神追求因身体展现而实现表达，由此，实现了传统体育文化的自主性呈现，也丰富了文化的主体性内涵。三是体现在传统体育文化的地域空间特征。传统孕育并产生于地域，也表达着地域空间的内涵，由此，展现着文化的自主性表征。

一、凉山州彝族传统体育文化的自我认同

（一）凉山州彝族传统体育文化自我认同的内涵

文化的自我认同建构在族群连续性发展的基础上，并确定了自己身份的社会主体认知活动，是文化原生性特质与社会建构性认知共同影响的结果。凉山州彝族传统体育文化的自我认同，是族群历史发展中对自己体化实践文化的确认与认可，而这些体化实践符号也成为族群确定的标识。在开放式的文化竞争语境中，从自我文化认同角度所建构的凉山州彝族传统体育文化自主性，是彝族传统体育文化主体性继承和发扬的基础。

从自我认同的角度审视凉山州彝族传统体育文化的自主性的原因如下：首先，对自我的确认远比对他者的确认更能够凝聚文化情感，当文化认同以"他者"来界定时，"自己"身份表现的权力丧失，会因被动表现而处于"失语"的状态，进而使该族群成为依附他者的群体；其次，对于自由流动的现代性人群来说，他

们的身体认同需要从自我中发现，而并非从社会或普遍性的原则中发现；最后，在竞争社会中，族群内集体认同所表示的自我接受，会直接关系到社会的接受。所以，由凉山州彝族族群的自我认同所形成的历史逻辑，是实现彝族传统体育自主性文化自我认同的关键所在。

（二）凉山州彝族传统体育文化自我认同的呈现

在凉山州彝族传统体育文化自主性发展中，自我认同与记忆的关联性是一个总被提及的问题。一方面，是因为记忆往往被当作社会文化构建中一个重要的构成部分，并被定位于人的自主性文化、群体自我认同的背景之下。另一方面，则是因为关于记忆的系统性探索，本身也出现得比较晚。在记忆的框架下，审视凉山州彝族传统体育文化的自我认同，则是人们通过对记忆的回顾与反省，以此产生对自己文化同一性的深刻理解，用更丰富的内容规约在记忆进程中产生影响，这也表明了记忆过程可以影响自我认知的形成。基于此梳理，可以认为凉山州彝族传统体育文化自我认同，由记忆系统呈现了其深刻的内涵，也展现着族群所生成传统体育文化的自主性身体表述。

自主性文化所承载的自我认同也是在族群信仰与仪式中予以表述的。地域性传统体育文化的自我认同感是民族文化自信的一个基本方面，它以一种身体实践的具体化形态在仪式中展现，因此，彝族族群所形成并传递的传统体育文化符号，亦是当地地域性文化认同与信仰的一种具体化形态表达。也就是说，以身体为载体的自我认同不仅呈现了包括家族记忆、仪式空间记忆、族群信仰记忆在内的地方文化，还承担着共同促进文化传承和认可的功能。一般而言，每个人对自我所在的族群文化都存在相应的心理归属感倾向。彝族传统体育文化的自我认同，在族群信仰与仪式中，具体呈现在节庆庆典、日常生活、传统活动、民俗习俗等方面。

以凉山州彝族火把节中的传统体育文化自我认同呈现为例，火把节中的系列传统体育文化形态是一种对族群文化心理最直观、最具体的身体表述，并形成了区分他我之间的重要依据与标志[1]，由此也成为地方性的族群记忆在具象身体上的现实表达。笔者在凉山州田野调查中发现，彝族族群信仰和仪式的来源总是与之所依附的地域，或是迁移的家族先祖有关，两者之间的历史渊源往往被载入民族志、族谱、家谱等，并成为地域、家族和个体日常生活叙事的重要组成部分，由此共享文化的认同感。认同感是民族群体成员对自我族群归属感的理解和内心感情依赖，族群对这种体现族群文化特征的具象身体行为格外重视，对有共同传

---

[1] 范例.彝族服饰图纹类型、艺术特点及美学价值[J].云南师范大学学报（哲学社会科学版），2004（2）：31-35.

统体育文化"惯习"的人会感到特别亲切。当下,在彝族地区所举行的火把节、彝族年等节庆中,诸多传统体育文化事项,以及点缀身体实践的服饰、图案、道具等,共同成为族群文化自我认同的具体呈现,而彝族族群的文化自主性表达也通过这些身体符号表述着浓郁的自我认同感。

二、凉山州彝族传统体育文化的精神追求

(一)凉山州彝族传统体育文化精神追求的内涵

精神追求是一种社会意识,是族群个体或群体观念形态的具体体现。凉山州彝族传统体育文化的精神追求是彝族人民在历史发展进程中,基于对大自然、生命、人生等体悟,形成的自我感触与精神上的寄托。这些思想往往超越了现实物质世界,并通过躯体意识或心理活动,在身体行为中表述着具有内涵和意义的实践。这也成为传统体育文化符号产生的最初驱动力,也是彝族传统体育文化自主性内涵萌芽的状态。在凉山州地区,人们每逢进行民族节庆、重要仪式等活动时,都会以家庭、群体等形式集体参加,在活动中,人们通常都会以体化实践为基本载体,开展形式多样的传统体育文化事项,而这种以体化实践为基础的传统体育文化事项的开展,能够在身体积淀中再现过往的历史场景,在族群的集体欢腾中展现文化的自主性,以及族群的精神追求。

在远古时期,古代彝族人的传统文化孕育于先祖崇拜、图腾崇拜和自然崇拜之中。而在以崇拜为主题的仪式活动中,以身体实践为基础的传统体育文化形态承载着仪式的内涵。过去,恶劣的生活环境和自然天灾无疑是影响彝族族群生存和生活的最大障碍,在艰难的环境中,彝族先民无力与自然灾害抗争。因此,他们将心理寄托于超自然的精神力量,崇拜先祖、图腾和自然的行为成为重要的超自然体验。族群将心理寄托于先祖、神明、飞禽、走兽之上,每逢特殊的仪式活动时,族群都会请本部落的毕摩举行各类仪式,仪式中以身体为基础的传统体育文化符号成为重要的表达方式,人们以身体表述着族群的精神追求与需求。例如,摔跤、赛马等都是重要的精神表述符号,《路南县志》记载:"所谓会跌跤(摔跤)者,其会无常,或因村中有瘟疫乃议举行。"由此可见,摔跤在悠久的彝族传统文化传承中,不仅是一项身体与娱乐活动,更是一项典型的仪式文化行为,它既包含了强烈的彝族传统体育文化身体活动气息,同时,也是彝族族群以身体为载体进行自主性文化精神追求的鲜明体现。

(二)凉山州彝族传统体育文化精神追求的呈现

早期,凉山州彝族传统体育文化精神追求的呈现方式,主要在一些祭祀仪式、

节日庆典等场合中展开，也往往与当地某种精神追求或者灾难驱除事件有关联。据了解，早期的传统体育文化事项主要借助于祭祀仪式，缘起于家庭、家族和族群生活中的某种消灾祈福，这些都与早期彝族人的精神信仰与心理愿望追求有关。例如，彝族盛大的送灵归祖仪式"尼木措毕"，在开展送灵归祖仪式活动之前，仪式活动的主体通常很早就要请来毕摩，用羊胛骨占卜吉利。从仪式活动的功能上看，"尼木措毕"具有三层功能，一是把神灵安全地带回祖界，二是为后代祈祷幸福健康和繁荣发达，三是作为娱乐而开展的仪式活动。"尼木措毕"仪式既为表达儿孙的孝心，把祖辈亡灵送归祖界，同时，也为在礼仪中向祖辈祈求人丁兴旺、五谷丰收、六畜兴旺和家族发展壮大。因此，在邀请毕摩时会首选声望高、学识广，拥有精湛技能的。再如，火把节的迎火、赞火、送火仪式，其本源当与火的自然崇拜有直接的关系，它的目的是期望用火驱虫除害，保护庄稼生长。以仪式与节庆为重要平台，由此所附载的一系列传统体育文化事项，如赛马、斗鸡、斗牛、磨尔秋、朵洛荷、摔跤等，它们在仪式中承载了族群的精神需求，表述着个体或群体的希望与愿景，鲜明地呈现着自主性文化的精神追求，而这系列的传统体育文化符号也成为自主性文化精神追求最直观的呈现。

凉山州彝族传统体育文化所表述的精神追求主要呈现为两个方面。一方面，通过对民族传统历史文化的自我认知来完成。彝族人对本民族的优秀传统文化有较高的认同感，由此折射出了该民族最深刻的精神结构和文化意识，族群对自我的传统体育文化具有深刻的感知，熟知文化所承载的内涵，并能够能动地以体化实践表述文化的深层含义，以此展现自我的精神追求。另一方面，以传统体育文化事项为载体，在体化实践中实现了族群内的情感表达，达成了族群的团结，展现了群体的凝聚力。优秀传统文化是历史的深厚积淀，它能够实现族群的团结互助，并以此展现着文化的自主表达，而以身体为基础的彝族传统体育文化，贯穿于彝族重大节庆及仪式之中，成为凝聚族群力量的重要身体线索。无论是在远古的过去，还是在时代发展的当下，作为自主性文化的凉山州彝族传统体育身体行为，承载着族群的历史文化积淀，实现着族群的精神追求，在集体的欢腾中将人们团结在了一起，并由此成为凉山州彝族传统文化的重要组成部分。

三、凉山州彝族传统体育文化的地域空间

（一）凉山州彝族传统体育文化地域空间的内涵

凉山州彝族传统体育文化地域空间内涵有着突出的地理含义，其在地域范围表现明显，空间内系统相对稳定，并随着地域因素的发展而演进，在受到邻近地

域和区域文化浸润与交互影响中，产生了具有鲜明特征的区域传统文化[1]。凉山州彝族传统体化实践从一开始就是在一个特定、神秘、相对隔离的空间中产生并发展的，这一空间主要分布于地域性的村寨中。村寨成为凉山州彝族传统体育文化实践的一个重要特色空间场域。而且，凉山州彝族村寨最初的建造、修葺、布局和设计与地域空间文化密切相关，体现出深厚的传统文化底蕴，是族群记忆在村寨空间的表征。在以族群伦理价值表述为核心的彝族村寨社会，地域空间不仅是信仰与仪式展开的物理场所，也是家族成员和其他乡民再现记忆与身体叙事的空间，更是彝族族群体化实践行为的生产、实践空间。

凉山州彝族传统体育文化具有浓郁的地域文化特色，它在形成到发展的过程中都深深烙上了地域社会及自然环境的烙印，也反映了鲜明的彝族地域空间文化特色。在地域历史文化浓郁的积淀中，形成了各具特色的彝族传统体育文化形态，这些文化形态不但与当地的军事、信仰、风俗、教化等社会历史因素有关，而且与彝族民众的地域性日常生产生活也密切相连。虽然彝族族群生存的自然环境和社会条件、生产方式和生活形式有一定的差别，但是，这种积淀有群体的文化共通性，在相对封闭的地域空间生成了具有共同价值取向的传统体育文化形态，并以此展现着自主性文化的地域空间内涵。例如，诸多彝族传统体育文化形态都是凉山州彝族传统体育文化的典型呈现，如赛马、斗牛、斗鸡、斗羊、射箭、摔跤、舞蹈、磨尔秋等，它们具有共同的价值取向，并带有明显的地域性空间文化特色。

（二）凉山州彝族传统体育文化地域空间的呈现

在历史发展进程中，文化总是随着社会生产和社会结构的变迁而动态变化，如今的凉山州彝族传统体育文化形态，也是千百年来伴随当地社会生产和社会结构的变化而演进的结果。族群延续于社会发展中，族群的体化行为受到社会的影响，族群的风格、生活习性、精神信仰等都印刻着社会环境的痕迹。以体化实践为基础的彝族传统体育文化构建了"集体欢腾"的社会景象，而族群在社会"集体欢腾"的影响下，也形成了与特定时代相对应的体化实践行为模式，并在地域社会参与中获得了集体感和归属感，传统体育文化也呈现出地域空间的社会印记。在没有外来力量的干预下，这一模式将表现出稳定的特性，即便有外力作用和干扰，也会在一定时期内保持持续向前的惯性。

最具典型性的例子就是，生活在凉山州昭觉县、美姑县一带的彝族男性，在传统体育文化体化操演甚至是日常生活中，他们都在头上绑"英雄结"，有细长如竹笋般的形状，也有粗短沉重的形状，这个标志性头饰在彝语中被称为"子

---

[1] 阿伦·古特曼.从仪式到纪录：现代体育的本质[M]花勇明，译.北京：北京体育大学出版社，2012：22-24.

帖""祝题""英雄髻",这便是文化地域空间富有寓意的身体呈现。彝族男性系扎此物是源于族群对地域空间中"阿里比日"的追念、缅怀和感激。相传,"阿里比日"与龙战斗,在食龙肉以后,额头长角,身生鳞片,力大无比,后来率领彝族人民勇敢抗敌,建立了美丽家乡,彝族男性将"阿里比日"的追思与敬仰盘于头上[1]。诚如苏珊·朗格所言"效法他物不仅是意境的基本能力,而意境真实的功能却是思想的荷载物"。彝族男人的"英雄髻"正是"以一种地域空间凝练的固化外在形式",展现着彝族族群的思想性格与自主性表达。"英雄髻"成功地保留了浓厚的地域性民族空间文化形象,唤起了族群的精神向往,成了彝族男儿们引以为豪的民族象征。

凉山州彝族传统体育文化嵌入了族群的地域信仰和民族元素,充分地体现着地域空间文化特色。例如,西昌的火把节传统体育文化;会东县的背水、抱羊、摔跤、抛松果、跑山、拔河等传统体育文化;布拖县的斗牛、斗羊、斗鸡、赛马、爬杆等;昭觉县的选美、摔跤、赛马、斗牛等传统体育文化;美姑县的毕摩祈福仪式、传统选美、摔跤、斗牛、斗羊、赛马、克智等传统体育文化;宁南县的彝族传统摔跤、赛马、达体舞、选美比赛等传统体育文化。这些都是凉山州彝族传统体育文化地域空间的具象呈现,特别是在族群重大仪式、民族节庆活动中,彝族传统体育文化成为展现地域传统文化的重要载体。而彝族传统体育文化在产生与演变的发展历程中,也深度融入了彝族地域空间的游牧文化、农业文化、军事文化、艺术文化等,并在历史流变中逐步变成了一个有形的、外显的、自主性的传统文化体系,具有鲜明的"地域文化认同"特征,这也是身体文化记忆回归、民族精神形成、民族向心力提升的重要展现。

第二节 凉山州彝族传统体育文化的神圣性

凉山州彝族传统体育文化是一种传统的内涵价值符号,它在神圣空间展现着秩序和象征,是族群生产生活的高度浓缩,也是族群经历史积淀所建构的神圣符号。在族群发展的初始阶段,其很多身体行为文化形态与节庆仪式、族群信仰等有着千丝万缕的联系,由此,神圣性内涵也侵染了仪式性色彩。在历史涤荡与存留中,在传统体育文化的演进与存续中,富含仪式性与信仰性的彝族传统体育文化,成为维系族群关系、承载族群价值观念的身体载体,其神圣性也具象地展现在族群节日庆典与仪式活动中。例如,在火把节节庆中,传统体育文化以祈盼丰收的族群实践传递着神圣性内涵;在彝族年中,传统体育文化以崇敬先祖的族群

---

[1] 赵玉,孔凡栋.彝族服饰中的自我认同意识与民族自信精神[J].武汉纺织大学学报,2018,31(4):43-46.

集会传递着神圣性内涵；在毕摩与苏尼主持的仪式中，以人神共娱的族群实践传递着神圣性内涵。

一、火把节：祈盼丰收的族群实践仪式

彝族火把节，彝语称"都载"，"都"意"火"，"载"意"节日"，是火的节庆和节日之意。彝族谚语有云："彝族年是嘴巴的节日，是吃的节日，过年吃五天，吃不够吃不饱；火把节是娱乐的节日，过节玩三天，玩不够玩不饱。"彝族文献及传说中，关于火把节的记载较多，如前文所提，传说古时候天神下凡，使庄稼受虫灾，使畜禽得瘟疫，人间大力士与天神角斗，最后约定摔跤决胜负，凡人胜天神则天神把灾祸收走，人间大力士摔跤战胜了天神[1]。人们在大力士阿提拉巴的带领下点燃火把烧死了祸害庄稼的害虫，由此形成了火把节的传统节日。

在火把节前的几个月，各家各户都会准备节日火把。节日火把有艾蒿火把和松明火把两种。艾蒿火把是用艾蒿秆扎制而成的。人们收集干的艾蒿秆，用藤条捆扎成碗口粗的一捆，再把蒿秆的根插入藤条顶端，用藤条扎紧，依次扎 5~7 道，形成四五米长的一把艾蒿火把。各家把扎好的艾蒿火把放到塘屋火塘上端的楼上，作为每年火把节的神圣火把。火把节时，人们在家里将火把点燃并送到火把山上，各家各户为来年驱邪除灾、祈福求平安。火把节时，还需准备若干小艾蒿火把，用于青少年戏火娱乐，或插在田地边驱邪除祟。松明火把是把燃点较好的干青松树上带有松脂的木杆，破成柴条，一般 1~2 米长、拇指粗，用藤条扎成小碗口粗的火把。有了火把，还要有撒火把的松香面。松香面是用腐朽的松树晒干后，用石碓冲捣研碎成粉末，同时，加入松脂油结晶的松香，一并冲捣研碎成粉末。这种松香面，用作放燃放火把的添加剂，起到喷散燃放烟花的效果。

火把节的神圣性体现在其约定俗成的仪式程序之中。一般彝族火把节仪式持续三天。第一天为"都载"仪式，农历六月二十四午后，人们在火塘里烧上旺火，祈求祖先保佑全家兴旺平安、五谷丰登、六畜兴旺。在进行简单的体化实践仪式后，把玉米禾苗插于火塘正里方楼下或内屋门头与墙相交之处。杀鸡祭祖后，再让家人品尝，俗称"克系"，"克系"完后仪式才算结束，后面就是家庭聚餐。饭后夜幕降临时，用家里火塘之火点松明火，放在堂屋门外房檐下（三天都如此）。大人们聚在广场上载歌载舞；孩童们开始玩火把的具身体验，他们会拿上自己的火把进行玩耍，口念"ꌧꅪ、ꀕꅪ……"（烧害虫，烧飞虫……）等。第二天为"都格"仪式，是族群的集体活动时间，村寨或片区男女老幼在山上空地处举行仪式活动，还包括赛马、斗牛、斗羊、斗鸡、摔跤、扭扁担、磨尔秋等传统体育文化

---

[1] 马拉呷，金丁.火把佳节话古今[J].彝族文史研究，1994（4）：29-30.

事项，晚上则举行火把狂欢。第三天为"都沙"（或"都哈"）仪式，每户自火塘点燃艾蒿大火把在屋内与门前屋后畜厩外挥舞扫燎，出大门唱着"火把歌""祭火歌"，到田地边后将火把堆放在一起，之后族群将以身体为载体进行歌舞欢腾。

火把节民族传统文化的产生、发展和传播，与民族的原生崇拜仪式相关，尤其与对火的精神信仰有着更密切的联系。在西南地区彝语支各少数民族的火把节活动中，仍保留着以火熏田除祟、逐疫去灾、灭虫保苗、佑苗出穗、祈祷丰年、迎接福瑞的民俗文化事项，其主要的传承心态与精神信仰观点都是趋吉避凶。在火把节时举行的摔跤、射箭、赛马、斗牛、磨尔秋等传统体育文化事项，承载并组成了祈盼丰收的族群体化实践仪式，并渲染了仪式性身体行为文化的神圣感，仪式中的身体营造了神圣的空间，神圣空间也赋予了身体行为以神圣性，由此，凉山州彝族火把节中的传统体育文化事项表述着族群历史文化积淀的神圣性内涵。

二、彝族年：崇敬先祖的族群集会活动

凉山州地区的彝族新年，俗称"库施"，一般持续三天，包括节前准备、节间活动、送祖仪式和节后拜年四个阶段，各个阶段的民俗事项特殊而丰富多彩[1]。彝族新年各个阶段所呈现的约定俗成性，以及身体行为的规定性，表述着凉山州彝族传统体育文化的神圣感。

节前准备：彝族十分重视年节，对年节准备很讲究。主要为选定年猪、催肥长膘、择定吉日、酿制美酒、砍备年柴、磨面备食、推制豆腐、掸尘除秽等仪式过程。凉山州彝族地区的彝族年没有固定日期，各地也不统一，大都在秋收后11月左右，一般是以自然村寨为单位，由历算师或毕摩择吉日。彝族选取过年猪尤为重视，不宜用种猪、母猪、花毛猪等，且过完年就要选定下一年的年猪，并精心喂养。砍柴火、割蕨草是家家户户都要准备的，晒干后堆放在院外，忌讳牲畜踩踏。酿制泡水酒、推制豆腐是彝族年的传统习俗，几乎家家的妇女都会用石磨推制豆腐，现今不少地方还留存有完好的石磨。节前一天掸尘除秽，妇女要开始洗涤衣服、炊具，并清理好室内外的卫生环境，以迎接新年。

节间活动：第一天，主要仪式为宰杀年猪，主要有搓年猪绳、除秽、煮年粑、捉杀年猪、讨年粑、占卜、献祭、吃年饭等，每个仪式程序都有相应的规定。一早起来，家中的妇女负责打扫烧水，体力强壮的男子则聚到一起准备挨家挨户捉杀年猪。在本地区村寨里，从最年老的、辈分最高的家里开始杀年猪，如果村寨内有毕摩和苏尼，就首先从此开始，之后再按辈分依次进行。捉杀年猪前，各户

---

[1] 吴桃,吉木哈学.试谈民俗节日文化与社会价值——以彝族年文化遗产为个案研究[J].西南民族大学学报（人文社科版），2010，31（2）：34-37.

凉山州彝族传统体育文化的主体性消解与纾困研究

在院坝燃放烟火，意在熏走不洁之物，并告诉祖先过年了，随后主人斟两杯酒献祭祖灵，再捉杀年猪，猪头须朝向东方。宰杀年猪有诸多禁忌，忌猪不嚎叫，忌血不鲜红，忌未献祭的年猪肉被小猫、小狗先食，忌胆与胰占卜不吉等[1]。第二天，开展各项活动，活动依地方不同而各有相异，主要为磨尔秋、喝串门酒、看年猪肉、唱年歌、摔跤、玩猪脚、弹月琴、赛马、摔跤、斗牛、斗羊、斗鸡、赛猪膘肉等。磨尔秋是年间的一项重要身体活动，参与者多为青年男女。届时人们着节日盛装相聚于宽阔的草坪，坪间立一柱做支撑，架一长的横木，青年男女一人或两人一组在磨尔秋的两端各展风采。磨尔秋荡起之处，吆喝声、叫好声此起彼伏。身着长裙的姑娘，飞舞于空中，若飘然而至的仙女；小伙子凌空飞旋，犹如空中雄鹰，时而上升盘旋，时而俯冲直下，酣畅淋漓。还有在村寨平坦的坡上举行赛马、射箭、角力等传统体育文化事项。在此过程中，促进了彝族族群内的情感交流，表达着美好的愿望，充分展现了传统文化的神圣仪式感。

送祖仪式：鸡鸣时分，做好薄荞饼，将祭献品盛于餐具，于火塘之上转三圈而后祭献祖先。同时，在门上挂一装有炒面的口袋，意为让祖先路上食用。送祖过程中，主人家还要念诵祝词，大意为祈求祖先赐福于子孙，来年丰收等。念毕，主妇将杀猪绳执于手呈唤猪状，意为让祖先带走年猪。如果祖上有狩猎的，届时男主人要带上猪肝等肉食，面向树林呈唤狗状，并将猪肝抛向林中。彝族年还有诸多民俗事项和禁忌，如守岁、保万年火、祭灶神、祭匠神、占卜；忌年间推磨、扫地等。在一些地方，还将玉米、豆子、燕麦撒进畜圈里，以求来年六畜兴旺，这些丰富多彩的民俗事项，透露出彝族独特的信仰习俗，以及朴素的世界观、人生观和价值观。

节后拜年：拜年是彝族年的延续，拜年的主要对象是岳父母、父母、舅族长辈、本家支直系长辈等。旧时，由于交通不便，拜年时大都步行，妇女三五成群回娘家拜年，形成了彝族年中的一道亮丽风景线。届时妇女会背上献给娘家及祭祖的猪肉，携上酒水瓜果。彝族族群认为，年猪既是献给祖先的礼品，也是给献给亲友的礼品。给长辈亲友背年猪肉及酒，是延续至今的拜年传统。

彝族年间的传统体育文化形式较为丰富多彩，无论是磨尔秋、摔跤、赛马等传统民俗，抑或阿依社惹、讨年粑、比赛猪膘肉等身体活动，均有独特的身体实践行为文化特点。彝族年起源于彝族族群对先祖的祭祀，而体化的身体在仪式中扮演了重要的角色，以体化实践为基础的传统体育文化则承载着仪式的重要内涵，并成为彝族年期间最具神圣感的身体表述。彝族年还融合了彝族的信仰习俗、民俗文化、舞蹈礼乐、服饰制度、游戏竞赛、社会规范等一系列内容，具有显著的

---

[1] 白兴发.彝族传统禁忌文化研究[M].昆明：云南大学出版社，2006：120-123.

传统文化特色。一方面，彝族年以超越方言、地域的形式在广大彝族地区村寨进行；另一方面，随着时代的发展与变化，产生了"十里相异风，百里相异俗"的地域差别。彝族族群作为传统文化生活态的载体，他们以身体实践展现出了对先祖的崇拜之情感，以及从精神层面上表现出了对五谷丰登、六畜兴旺、人丁平安、欢乐祥和的生活诉求。以身体实践为基础的彝族传统体育文化事项，蕴含了族群传统文化教育、社会经济活动、伦理制度、民俗礼制、服饰民俗、社会禁忌事宜等各方面的文化因子，生动地记录了彝族先民对社会规律、自我精神、历史文化等各方面的认识和把握，体化的实践融入了族群不同历史时期的社会、伦理、政治、经济、科技和文化发展认知，成为族群神圣而具有仪式感的传统文化综合体现。通过这些古朴生动、亘古相承的身体实践，可探索彝族传统文化发展过程与社会文明历史演变的轨迹，也有助于提高彝族传统体育文化的自豪感和认可度，进而助推民族凝聚力、自信力的提升[1]。

三、毕摩与苏尼：人神共娱的族群仪式代表

"毕摩"与"苏尼"是彝族族群精神源流的重要纽带，并在彝族传统文化传播中扮演着重要角色。汉文史籍、彝文古籍的"耆老""摩叟"，都是古代社会对毕摩的称谓，如《华阳国志》载："夷中有桀黠能言议屈服种人者，谓之耆老，便为主。"[2]毕摩被彝族视为有文化的智者，享有较高的社会地位。彝族有谚语称："德古的学识上百，兹莫的学识上千，毕摩的学识无量计。"凉山州彝族古籍《玛牧特依》也记载："德古靠聪敏，勇敢靠臂力，富裕靠牛羊，毕摩靠书籍。"[3]"苏尼"是彝族社会中的巫师，有苏涅、苏臬、苏业等音译。因西南彝族地区不同的方言习俗，还有"香巴""香么""么尼"等称呼。例如，昆明彝族撒梅人支系称女巫为"师良"，云南金平彝族称巫师为"奔磨婆"，云南新平则称巫师为"尼加莫""尼比婆"。在凉山州彝族社会中，一般将男性巫师称作"巴尼"，将女性巫师称为"嫫尼"，两者有时也统称为"苏尼"。彝族社会中的苏尼，职能相当于中原文化中的巫觋。

"毕摩"为彝语音译，"毕"意为"念""诵"，有布道传法授经之意，是解惑、释疑、授业之意，亦代指仪式行为；"摩"则意为长辈，有师者、尊者、智者之意。"毕摩"指"吟诗诵经之长者"[4]。毕摩晓通彝族天文地理、宗教哲学、历算占卜、医药、文学艺术等知识，他们是主持重要仪式、为人解惑释疑、进行传统教化、主导精

---

[1] 陈金全，巴且日伙.凉山彝族习惯法田野调查[M].北京：人民出版社，2008：461-463.
[2] 常璩.华阳国志[M].济南：齐鲁书社，2010：49.
[3] 毕摩文化与国际彝学——彝族学者巴莫曲布嫫访谈录[N].中国民族报，2006-03-24（009）.
[4] 阿牛史日，吉郎伍野.凉山毕摩[M].杭州：浙江人民出版社，2007：62-72.

神信仰、信守禁忌戒律的智者。毕摩大多为世传世袭，部分为师传授业，有严格的拜业出师礼仪，有祭祀的法衣、法器和经书，他们是彝族传统文化的重要传承者，是彝族社会的经师、导师和祭司。毕摩在彝族文化传承发展中发挥着重要作用，所以，自古以来的彝族人都将毕摩称为智者。诸多彝族传统体育文化符号经过了漫长的历史变迁而能够流传下来，其中的关键原因之一便是毕摩群体所发挥的重要记录与传承作用。这些彝族传统体育文化事项除了在民间口传身授以外，很多也在毕摩留存的彝文古籍当中记录着。因此，毕摩长期承担了神圣仪式中体化实践的叙述记录角色，并以身体的参与和体验传递着彝族社会文化，维系着民族信仰，协调着族群生活等，在彝族传统体育文化的传承中发挥着重要作用。

苏尼作法除要迎请"阿萨"（由人的灵魂变成的"善神"）之外，还要请鹰、虎、熊、河流之神，这在一定程度上展现了族群的自然崇拜与图腾崇拜特征，是一种原始信仰、原始巫文化。苏尼跳神作法时，以原始舞蹈的体化实践形态为载体，通过摇击羊皮鼓"格则"和法铃"兹尔"与"阿萨"进行沟通。仪式中，苏尼盘腿坐于火塘上位，左手持鼓柄，右手持鼓槌，念咒击鼓，颂词丰富，迎请"阿萨"及各神灵到齐。苏尼准备起舞，两腿微微抖动，再颤动全身，然后慢慢起立，渐渐全身抖动，连续向左右甩动头、肩、臀部；然后，向左右前后迈走、摇摆、转身，双脚左右交叉跳踏，原地双腿向外半蹲；双手持鼓至胸前、肩、背、头、臀部抖动；然后，以左脚为重心，右肢向右旋转，时间长达 10~20 分钟之久，圈数达数百之多。接着，时而弓腰伸手握鼓转，时而将鼓在手腕上转；时而把鼓放在背上，鼓向左右两肩移动；时而将盛有白酒的木碗放在头上转。舞时口念经文又结合多种动作姿态和表情，以多变的舞蹈形体形态，把人引入神圣梦幻的意境。

韦伯将人比喻成是悬挂在自己编织的意义之网上的动物。无论是彝族毕摩还是苏尼，他们在营造的仪式性空间中，以族群所共同认可的体化实践符号，创造了一个神圣的情景空间。在这个情景空间中，彝族传统体育文化符号所隐喻的内涵和价值，其实也是行为者自己编织的一张意义之网。同时，这些传统体育文化符号所指向的"意义"和"价值"与日常生活中"健身""娱乐"等有着截然的区别，它所建构与生成的是一个神圣的仪式情景，给参与族群带来的是心灵慰藉，具有精神领域的内涵。无论是仪式中的体化实践，还是为了行为表现而附着的道具、场景、言语、服饰等，最终都是为了"编织"超凡含义的"意义之网"而采取的手段。在仪式中，毕摩、苏尼及参与的彝族族群，他们的身体成为表意的载体，以体化的实践构成了神圣符号的象征体系。毕摩与苏尼所打造的人神共娱的族群仪式，使其中的系列传统体育文化符号具有一个客观实在的实体身体，而仪式中身体跳跃、舞动、伸屈、旋转等行为活动，能够间接、隐蔽和深层地表达隐喻，成为表达意义的重要方式方法。于是，外部物质世界中的传统体育文化符号指向了一个内部精神世界，以可见的世俗空间的身体符号，表达着不可见的神圣空间信仰与价值。特纳将仪式看作"时间中模式化"的过程，而符号形式的象征物和象征行为则是构成仪式模式的基本要素。彝族传统体育文化符号在仪式中是仪式模式的重要组成部分，它在仪式中扮演着由此及彼的象征指向。现实的世界与想象的世界在仪式中的身体上交汇，实现着两者的连接与融合，进而形成了同一个世界，由此，也构筑了凉山州彝族传统体育文化的神圣性。

第三节　凉山州彝族传统体育文化的记忆性

记忆是一种社会现象，只有在与他人交往时才会产生。而文化记忆则指向遥远的过去，形成一个历时性的时间轴，它使生活在这个传统中的个体能够找到一种归属感，即意识到自己成为一个社会群体之一员的潜力，并在这个群体中学习、记忆、共享一种文化[1]。凉山州彝族传统体育文化是彝族族群经历漫长的历史文化积淀而形成的，通过口头叙事、文字刻画、体化实践等记忆表达方式，从历史延续至今而仍被族群所传递着，并实现着族群内的凝聚力发挥，呈现着族群厚重的历史积淀。凉山州彝族传统体育文化成为彝族文化记忆的重要载体，不断模塑着一代又一代的彝族人。

一、口头叙事中的记忆性表达

凉山州彝族族群口头叙事是承载彝族族群社会、生活、仪式中不可或缺的记忆载体。由于彝族支系很多，生活地区环境也不同，在大杂居、小聚居的社会生活格局中，凉山州彝族族群口头叙事有着浓郁的地方特色，其口头叙事的形式与内容也十分丰富多彩。在对凉山州彝族传统体育文化进行田野考察的基础上，记录了体化实践者、非遗传承者讲述的神话与故事，并通过记录与分析口述史，探索发现他们在自己生活空间范围内，在各个群体的互动与交往中，通过怎样的形式来保持自身的文化记忆，以及在这一特殊的活动场景中，群体的认同感通过怎样的体化实践得以提升。以下选取摔跤、赛马、射箭三个较具代表性的彝族传统体育文化事项，阐述口头叙事中的身体记忆性表达。

（一）彝族摔跤的口头叙事记忆表达

通过对凉山彝族自治州不同区域的调研发现，传统的彝族摔跤文化符号的流传也各不相同，主要传说分为：自然动物原始模仿演化、生存搏斗技艺演化、神

---

[1] 扬·阿斯曼.什么是"文化记忆"？[EB/OL].（2019-11-26）[2022-12-08].http://www.360doc.com/content/19/1126/10/7442640_875533981.shtml.

话传说演化三种口述形式。

自然动物原始模仿演化： 关于这个摔跤它是由谁哪个创造的，以及它是怎么流传下来的，现在应该没有什么人能够记住了。但是根据老一辈故事里给我们说的，就是以前的人，在山上放羊、放牛的时候，看到牛儿和羊子那些（在那里）打架，然后用牛角、羊角互相顶，看到这些牛和羊打架的人呢，就是放羊的人，他们就学这种牛和羊打架的样子，两个人就互相用头顶，用手抱起摔，还用脚去挑对方。后面他们在放羊的时候，觉得好耍就会在旁边比赛，因为放羊、放牛的地方，都是在草地上，都是比较平整的地方。所以，放牛、放羊的时候人们就开始在草地上面互相摔跤，把谁摔到地上，另外那个人就赢了。后面大家都觉得比较好耍，在"库诗都载"（彝族年和火把节的彝语）的时候，就会让自己村上的人，一起到空地上、草地上去互相摔跤，慢慢就这样流传下来了。（2022年7月27日，吉拉日勒口述）

生存搏斗技艺演化： 以前的人，到山上打猎的时候，碰到野猪、狗熊那种（体形）比较大的时候，因为没有枪，没有刀那种（器械）。制作好陷阱看到动物掉到里面去了以后呢，先在旁边用石头打，有时候那些猎物还没有死透，就只能近身去搏斗，搏斗的时候也有抱起摔的动作。然后，以前部落之间也会打仗，人们（互相）抢夺地盘，因为吃的不够或者是家族之间的这些矛盾（斗争）。也会有一些动作，在和动物或者人搏斗（过程中），人们就学到了这些动作（技术），家族里面年纪大的老人就会让年轻力壮的小伙子来学习这些（技术），于是就成了摔跤。（2022年7月27日，沙马说日口述）

神话传说演化： 火把节的那个说法，可能很多人都听过。就是说天上有个大力士叫斯惹阿比，然后彝族里面也有一个大力士叫阿提拉巴，斯惹阿比在天上就听说这个阿提拉巴的事情，说他力气大得很，哪个都摔不赢他，斯惹阿比就很不服气，就从天上跑下来找阿提拉巴决斗，在摔跤的时候，阿提拉巴就把斯惹阿比摔死了。天上的皇帝知道了这件事情以后，非常的生气，就派了很多的蝗虫来吃地上的庄稼，阿提拉巴就砍了很多松树和蒿枝扎成火把，带领当地的村民去烧虫子，把虫子都烧死了，保护了庄稼，然后这一天就成了我们现在的火把节，也就有了摔跤。（2022年7月27日，依火阿呷口述）

在口头叙事的文化形态中，还保留了凉山州彝族传统摔跤符号的最初雏形。在游牧时代，彝族族群根据生存需要而迁徙，为了生存发展而进行采集与捕猎活动。在当时生产力还较为落后的社会条件下，由于缺乏先进的生产生活手段，人们不得不利用自己的身体能力和猛兽进行激烈的搏斗，并逐渐地将自己所捕捉到的动物驯养为家畜并养殖。此外，捕捉家畜实施杀生的时候，由于缺乏先进的手段，人们不得不使用摔、抱、绊等这些身体行为手段。经过长时间的社会实践，慢慢地身体实践累积，再加上彝族先民的传承，逐渐演变成有规则的摔跤文化。在以摔跤为代表的凉山州彝族传统体育文化口头叙事表达中，无论是动物原始模仿、生存技艺演进，还是神话传说演化，都展现了口述史中的彝族传统体育文化记忆表述，成为传统体育文化主体性内涵生成的重要组成部分。

（二）彝族射箭的口头叙事记忆表达

彝族传统射箭是一项集智慧、力量和技巧于一体的传统体育文化事项，相传为彝族著名英雄支格阿龙发明，并在几千年前就作为武器在彝族先民中传承发展，用于守护族群的生命财产安全。彝族先民早期的生产力较为滞后，对自然界把控能力低下，所以希望在精神世界达成美好的愿景。因此，他们需要一位民族英雄助他们摆脱困境，也需要一位民族英雄带领他们实现美好的愿望。彝族射箭的口头叙事记忆表达，从侧面反映了彝族族群追求自我理想、向往美好生活的理念，彝族射箭所附载的神话叙事一代代传承至今，并由此实现了射箭这一传统体育文化事项的深刻记忆。

西昌支格阿龙射箭雕像

毕摩口述：远古的时候，天上有六个太阳、七个月亮，把花草树木及人们种的粮食全部晒死，给人类带来了灾难。于是，支格阿龙左手持银弓箭，右手持金弓箭到了外面准备射日。第一天站在一棵鸡脚藤上射日但没射中，他就对鸡脚藤说：从今往后生长的鸡脚藤，都埋着头；第二天站在一棵倒钩刺树上也没射中，他就对倒钩刺树说：从今以后生长的倒钩刺树，都将会头弯拢脚；第三天站在一棵马桑树上射也没射中，他就说：从今以后生长的马桑树，都将会成片而分不清彼此；第四天他站在一棵竹子上射也没射中，他就对竹子说：竹子你从今后生长的都会成为一根杆；第五天，他爬上一棵松树顶上射也没射中，就对松树下说：从今以后，有人砍松树，你的根部不会发芽的；到了第六天，站在一棵杉树上对着太阳射了六箭，五个太阳被射落在地上，而其中一个被他射瞎了，那独日跑到乌云间去躲藏了。后对着月亮射七箭，六个月亮被他射落在地上，其中一个被他射残缺，那残缺的月亮也跑到乌云间去躲藏了。（2022年8月18日）

毕摩口述：那独日、独月被支格阿龙射瞎后藏而不露，从那以后，九天九夜不见日月，大地一片漆黑人们分辨不清白天和黑夜，耕作时也只好将松明插在牛角上。面对这种困境，支格阿龙派了一只公鸡去呼唤日月出来，公鸡到了天上，叫太阳出来时，太阳说：我被支格阿龙射瞎了眼，现因害羞而不敢再出来了！支格阿龙听到后，叫公鸡拿一束针给太阳，并叫公鸡转告它：出来之后，谁看它，就让它用那束针刺向谁的眼睛！可当公鸡将那束针递给太阳后，他始终闭着眼睛，直到公鸡喊了三天之后，它才出来了。今天，当太阳出来时，人们看太阳就会刺眼，那是支格阿龙赠给太阳壮胆的那束针。而那公鸡有节奏的鸣叫声，彝族地区还流传着天亮之前叫，是迎接太阳之意；太阳出来之后鸣叫，是看守太阳之意；中午之后鸣叫，是欢送太阳之意。（2022年8月18日）

凉山州彝族族群的口头叙事再现了传统社会身体实践的场景，成为传统体育文化记忆的民间表达形式，其在民族认同感与族群凝聚力的形成与发展过程中，承载了更多的价值与内涵。历史文化叙事中所依托的文化符号情境再现与隐喻表达，成为族群回忆过去、把握当下、展望未来的重要手段，也在仪式性活动中得到了高度认同。以口头叙事所展现的彝族传统体育文化记忆，构筑了凉山州彝族族群传统地域社会的文化生活，传承着族群的文化记忆内涵与价值。

二、文字刻画中的记忆性表达

彝语称文字为"司"或"布玛"，因地域差别又称"聂苏司""纳苏司"或"诺苏布玛"等。彝族文字的形成和发展，经历了"刻记—图画文本—象形文字—表意文书"等发展阶段。如今的古彝文正处于从象形文字、表意文字到表音文字的过渡阶段。据汉文史料记载，汉、唐时期彝文大约有800字，而现在的《凉山文字集》收字近万字。在凉山彝族自治州各地进行田野调查时，发现彝族祖先对传统身体实践的执着与追求，在诸多节庆中都会进行传统体育文化实践，并且这也能在文字刻写记忆中得到追溯与佐证。例如，彝族古籍《玛牧特依》中有记载："不学摔和斗，就不可能战胜别人；不学射和打，就不可能变成英雄。"[1] 彝族史诗《勒俄特依》中记载：ꆉꉬꁨꆏꂷ，ꆉꀂꋻꉻꌧꀕꋍꇬꀕꄸꈀꀕꐨ（译为：屋后

---

[1] 阿卡拉子（待考）.玛牧特依[M].成都：四川民族出版社，1999：79.

第四章 凉山州彝族传统体育文化的主体性内涵

有山就能放羊，屋前有坝就能栽秧，坝上有坪就能跑马）[1]。彝文古籍《西南彝志》记载：ꏃꏂꌧꌦ,ꏃꏂꌧꌦ,ꂷꉘꁨꉌ,ꈩꋪꑳꑌ,ꐯꑳꌧꆎꃀ。ꂷ,ꑭ,ꂴ,ꂵ,ꂾ,ꂷ,ꂸ（译为：骑手来了，骑上这骏马，走到广场上，威示如妖行，动作似飞仙，像云里奔月，又像天上流星。带毡笠的汉，着披毡的彝，云集来看跑马，所有人都赞许。彝与汉增荣，汉与彝增威，往来的人，大伙都点头赞许，说本罕骏马，足迹遍天花）[2]。以上文字刻画的传统体育文化记忆，再现了彝族族群体化实践的场景，也具象地展现了族群对生活的美好愿景。凉山州彝族地区传统体育文化文字刻画的记载形式繁多，以下从中选取了关于赛马这项传统体育文化符号进行叙写。

在昭觉出土的东汉时期文物中，就有一幅被当地族群称为"斯牧都滇"（ꌧꃅꅐꄗ）的天马石刻图。同时，在昭觉博什瓦黑岩画中也有一幅宏伟壮观的《南诏王出行图》，图中画的内容是南诏王和他的队伍，骑着六匹高大强健的骏马浩浩荡荡地向前挺进，上面的马笼头、马镫等都与现在彝族地区的马饰毫无差别。彝族民间也流传着"马谱""骏马的来源"等许多有关马的传说。自古以来，彝族人的生产生活都与马有着非常密切的联系，彝族人也很喜欢马。在古老的毕摩经书里就记载了马的起源：

天马石刻图　　　　　　　彝族毕摩经书手抄本

相传，在支格阿龙之前，马是十分凶猛的动物，而且常常吃人。远古的时候，在石姆姆哈，万物起源于灵雪，物种繁衍从天降，从那昊天莹莹的地方，降到青天朗朗的地方；从那青天朗朗的地方，降到瀚瀚云雾的地方；从那瀚瀚云雾的地方，降到沉沉乌云的地方；从那沉沉乌云的地方，降到朵朵白云的地方；从那朵朵白云的地方，降到云雾雨露的地方；从那云雾雨露的地方，降到那土尔山上。在那土尔山顶上，大雕认为是它的物种，孵化三年又三月，孵出生命来了吗？没

---

[1] 何阿优.凉山彝族火把节赛马活动文化考释[D].成都：四川师范大学，2021.
[2] 贵州省民族研究所毕节地区彝文翻译组.西南彝志选[M].贵阳：贵州人民出版社，1982：35-36.

凉山州彝族传统体育文化的主体性消解与纾困研究

有孵出生命来。因此,还要往下降,降到土尔山腰上,布谷鸟认为是它的物种,孵化三年又三月,育出生命来了吗?没有育出生命来。因此,还要往下降,降到土尔山脚下,锦鸡认为是它的物种,孵化三年又三月,育出生命来了吗?没有育出生命来。因此,还要往下降,降到阿嘎乃托这地方,在阿嘎乃托这地方,仙鹤鸿雁认为是它的物种,孵化三年又三月,孵出生命来了吗?没有孵出生命来。因此,还要往下降,降到乱石堆里边,天蛇神龙来孵化,孵化三年又三月,孵出生命来了吗?终于孵出生命来了!过了七十又三天,牵了出来看看,竖耳望四野,高大立乾坤,仔细看颈项,颈鬃一大撮,详细看尾巴,尾毛又一撮。颈鬃排排似竹丛,耳竖立如大扇,睫毛翘翘像弓,黑眸深深如水潭,白牙晃晃如劈柴,鼻子喷气起大雾,尾毛长长似修竹,前蹄点地不见影,后腿跳跃齐飞扬。(毕摩经书记载)

当然,以上仅是经书中关于马来源的神话记载。根据现有的历史典籍分析,最先的马由云南大理地区传到昆明、昭通后进入金阳的阿尼吉布地区,然后传到雷波的瓦嘎所石,再来到美姑,后传到昭觉金曲拉达,最后传遍凉山州各地。这条路线与凉山州彝族的祖先古侯曲涅从云南迁徙到凉山州的路线基本上一致。由此可以认为,族群对于文字刻画中关于马文化的记忆再现了马文化的历史起源,也呈现了族群的迁徙与发展历程,成为族群在当下的重要文化记忆。

凉山州彝族族群养马、驯马有悠久的历史,彝族族群以身体为媒介、以马为载体,展现了"人马合一"的身体意象表达。在诸多经书中,以神话的形式记录了族群养马的故事,也呈现着对支格阿龙英雄人物形象的敬重。以下根据毕摩经书整理,记载了驯马、骑马的刻画记忆:

驯它第一天,是在屋前大坝上,踩死驯师整三百;驯它第二天,是在院坝操场上,踩死大猪一双双;驯它第三天,是在堂屋大厅中,踩死家猫一对对。驯它又一天,配上嚼环来驯它,看似已驯服,来到跑马场上来驯它,看它已驯服。在那崖边坡上驯它时,野鸡山鸟无敌手。在那岩头山顶驯它时,天鹰老雕无敌手。后来驯它又一天,到石姆姆哈,在那竹尔木嘎母亲做大灵时候,骏马谁出名,美女谁出名,马是布乌史里马出名,女是布尔阿木家的美,天神马驹呢,木尔底惹从此诞生了。木尔底惹第一代,底惹阿枯第二代,阿枯吉支第三代,吉支瓦尔第四代,瓦尔吉尼第五代,吉尼木尔第六代,木尔阿牛第七代,阿牛哈都第八代,哈都哈补第九代,哈补嘎体第十代,嘎体木资第十一代,木资牛依第十二代,都是神骏马,这就是马的来源。(毕摩经书记载)

有一天支格阿龙外出,在路上遇见了一群马。这些马看见支格阿龙只有一个人，觉得不够吃，就向支格阿龙打听哪里人多，它们好去吃，说肚子饿了。英雄支格阿龙就想法制服它们。告诉它们，在很远的地方才有人，我很愿意带你们去，可我已经走不动了。马就说，那你骑在我们背上，我们驮着你去找。支格阿龙又说，你们背上那么滑，我怎么坐得稳呢？马说，打个垫子垫上就是。于是支格阿龙就弄了个鞍子放在马背上，又找根绳子做成马笼头套在马嘴里。这时，英雄支格阿龙抓住绳子骑上马，然后用鞭子狠狠地抽打。边打边问，还吃人不吃。马因被套上了笼头，摆脱不得，又被打得疼痛难忍，只好求饶，保证从此不再吃人，而且听从人的摆布，为人类服务。从此，马就成了温顺的动物，帮助人们干很多的好事。（毕摩经书记载）

基于民间记载彝族人驯马、支格阿龙骑马的传说，以及古籍《西南彝志》、史诗《勒俄特依》等记载，再现了彝族赛马文化的历史记忆。从口头叙事社会到文字记载的进步，是彝族传统体育文化记忆传承发展的重要节点，彝族文字的产生是文明开始的最准确标志，而"文化是一种通过符号在历史上代代相传的意义模式"[1]，古老的彝族族群自发明古老的文字符号起，便开始运用这些简单的符号记载保存过往的身体行为回忆，文字刻画使传统体育文化很少受外部社会环境影响而保存下来。实际上，很大一部分古老的象形彝文都蕴含了彝族族群的生产生活实践场景，其中还不乏一些与传统身体行为相联系的文字符号，文字中记载着古老的传统体育文化实践景象，有的甚至直接展现了群体的身体行为，描绘着身体所承载的宏大记忆叙事。

三、体化实践中的记忆性表达

（一）体化实践记忆的初显

凉山州彝族族群的体化实践是一项独特的文化叙事表达方式，彝族传统体育文化的生成是以体化实践活动的拓展作为基础的。可以说，体化实践赋予了彝族传统体育文化深刻的记忆内容和传统再现性。在彝族的节庆或庆典中，特别是彝族火把节、彝族年等，族群的体化实践及仪式中的身体表述成为族群记忆的重要基础。在仪式活动中，族群开展带有特定含义的肢体运动，以舞剑、弄箭、摇铃等身体动作彰显了体化实践的寓意，也使身体承载了记忆的因子。此外，彝族传统身体文化中的诸多文化事项并不只是单纯的体化实践形式，这是彝族族群根据自己身体需求和人体动作技巧，并基于生产生活而长期积累下的。进行摔跤、射

---

[1] 王静静. "万能"的文化解释——读格尔茨《湿与干：巴厘岛和摩洛哥的传统灌溉》[J]. 经济研究导刊，2011（20）：297-298，300.

箭、赛马等成套体化实践时，这不仅是一种技术动作的展现，更是彝族族群体化实践承载族群记忆发展的活态表现。由体化实践形成的摔跤、射箭、赛马，反映出族群内的"人神共娱"场景，融合了缅怀先祖、纪念先英雄的习俗，在身体的呈现中，实现了心理的表达与精神的升华，透过身体经验与自我的传统惯习，初步实现了身体认知与记忆过程[1]。

在久远的过去，彝族先民聚居于高山、山地、丛林、草原等相对闭塞的环境中，族群的基本生存和文化活动大多以体化实践为内容而组织展开。因为历史文化记载较少，口耳相传和言传身教在彝族社会的传统教育中成为主要的传承方式。在此独特的文化传承方式中，关于人与自然的关系、人际交往的方法、族群文化记忆等，都在体化实践中传递与发展。当彝族族群原始的生存技能在发展过程中逐步规范，并逐渐衍化为传统体育文化符号时，这些符号则附载了族群的性格，以此实现了体化实践记忆的初显。例如，"摔跤"反映了彝人突破束缚，勇于挑战的热情与斗志；"斗牛"表现了彝族人不畏猛兽，改善生存条件的行动；"赛马"表现了彝族族群驯化野兽的过程。经过这些传统的体化实践表达，能感知族群过往的集体记忆，同时，也传递着文化记忆形态，并在记忆发挥中体现着英勇、顽强的民族精神与品格。

（二）体化实践记忆的觉醒

早期的彝族群体主要通过身体实践行为孕育特殊的身体运动形式，如爬、滚、打、跑、跳、蹲、蹦、投、劈、甩、推、拉等，这不仅是与外部世界联系交流的方式，也是适应自然和社会环境的特殊行为，这种特殊性使躯体存在和肢体运动成为适应自然和社会的主要部分，从而实现了由"被动性身体运动"到"自觉性身体运动"再到"主动性身体运动"的过程。随着彝族族群实践经验的积淀，在身体感悟中慢慢产生了身体语言，进而生成了自我文化意识与记忆特质。这种实践行为对外部环境的认识、适应和改变都是自觉的，是建构在文化记忆基础之上的身体表述，并成为最直观感受环境、适应环境和经验学习的方式。在诸多彝族传统体育文化事项中，彝族摔跤"格"是很贴合族群体化实践表述的项目，以肢体的行为、力量和技巧，加上灵活多变的思想，展现了族群体化实践的重要形式，并表达着族群的文化风格，由此实现着体化实践记忆的觉醒。"朵洛荷"也是很贴合族群体化实践表述的项目，在火把节或者其他节庆活动中，彝族女性打着黄油伞，微低着头，唱起优美的歌曲，踏着轻盈的舞步，充分展示了族群女性角色

---

[1]刘雨.仪式·文化·社会：彝族传统体育身体文化阐释[J].体育文化导刊，2019（12）：56-62.

的体化实践之美[1]。彝族族群体化实践过程中，与自主性、神圣性、记忆性相伴而行，并传达了与世俗截然相反的含义和功能。这些体化实践的身体行为具备精神空间的特征，实现了文化与身体的融合，以此促使了体化实践记忆的觉醒。

在仪式过程或是庆典中，体化实践的实质都是为了使传统能够成为一种"惯习"，进而获得族群记忆认同。体化实践行为是人们参与传统体育文化事项的基础，也是身体实践记录过去与展现当下的关键。凉山州彝族族群的传统体育文化发展与传承，最根本的是以体化实践为源头的文化记录与展现。由此，在漫长的彝族社会历史发展过程中，逐步形成了富有彝族特质的传统体育文化符号。传统的社会生活或仪式过程中，身体能够通过实践参与记录族群的文化信息，集体的欢腾促使族群体化记忆更加深刻。在凉山州彝族火把节与彝族年中，诸多体化实践形态的身体符号呈现着社会与族群的信息，正是透过这些传统节庆文化氛围，加强了民族、族群、地域、村寨之间的群体互动与交流，并在历史发展中不断再现传统的记忆，由此，实现了体化实践记忆的传递与觉醒。

（三）体化实践记忆的形成

如果说早期体化实践记忆的初显和觉醒是彝族族群对自己身体行为的反应和调适，那么体化实践记忆的形成，则是彝族族群在社会发展中的习惯和再认识。从一定意义上讲，族群所建构的体化实践符号也是身体所特有的呈现，亦是自我意识和有目的性的社会活动。体化实践逐渐产生的文化特征与符号意义，在于将这些记忆性符号组成有序的、有目的的、有组合的传统体育文化形态。也就是说，身体实践文化的存在与汇集，使彝族族群逐步形成了带有记忆内涵的传统体育文化。从某种程度上讲，随着身体行为的出现，人们才逐渐地把原始体化实践从最初级的本能性生理活动中升华，形成了一种自觉的社会实践现象，并由最初的自然与图腾崇拜演变成了标记社会文化记忆的手段。这是彝族族群经过自我认知并具有了自我意识之后，利用身体的具象表达进行的社会实践体悟行为，彝族族群对自己的体化实践进行反省，由此，提升了身体的自我意识表达，进行着有目的、有思考的实践行为，最终助推了体化实践记忆的形成。

体化实践是凉山州彝族传统体育文化记忆形成的重要基础，是彝族古老而神圣的民族身体活动形式。通过火把节、彝族年等一系列的集体庆典，族群在体化实践中表达着对美好生活的寄托和对自然及先祖的崇拜。而族群仪式中也蕴含了体化实践的参与，在仪式参与的过程中，体化实践承载了自我意识和目的性，形成了带有神圣性和记忆性的具象表现。当然，体化实践记忆的构建与形成也是一

---

[1] 张建，张艳.凉山彝族传统体育文化记忆的消解与重构——以"朵乐荷"为例[J].四川戏剧，2019（10）：126–130.

个漫长的过程，也正是因这个长期构建与形成的过程，才使体化实践承载了更为鲜明和浓郁的记忆内涵。体化实践记忆的形成，无论对族群还是社会而言，都将会更加关注身体背后所蕴含的记忆，在体化实践的记忆表述中，人们也更能体悟到彝族传统体育文化富含的内在价值。

第四节　凉山州彝族传统体育文化的意象性

凉山州彝族传统体育文化的意象性使身体的呈现有了丰富内涵。从社会历史演进看，意象性的身体经历了由自然崇拜、图腾崇拜到祖先崇拜的浸润。原始的身体模仿铸造了传统体育文化的雏形，而自然与图腾崇拜等使身体实践承载了更为复杂和深刻的内容。在经历自然崇拜、图腾崇拜和祖先崇拜的过程中，彝族传统体育文化建构起了特有的文化意象性框架。该框架以族群创造的浓郁物质文化为基础，以群体形成并组建的各种约定俗成规范为保障，以族群的习惯性身体行为定式为载体，由长期孕育和积淀出来的价值观念、审美情趣、思维方式等为内核。由此，形成了独具特色的意象性彝族传统体育文化形态。

一、自然崇拜下的文化意象性表现

自然崇拜是凉山州彝族传统体育文化意象性的缘起要素。自然崇拜中，有对魂魄"竹尔"与自然意象物的崇拜信仰。彝族人普遍相信自然界中的物体都附有"竹尔"，而一个家庭中凡是先祖留下来的物品都附有"竹尔"，如衣物、被子、饰品、生活用具等。因此，如果家中有人过世，都会将其所穿戴过的衣物、贴身饰物，以及所用的床套等随之烧掉。家中举行仪式时，如遇成员在外不能参与，也会将其物品带上共同参与，喻示着衣物上的"竹尔"也可以代表本人。关于自然意象物的崇拜与信仰方面，彝族史诗《勒俄特依》里记述了关于彝族发祥初期，先民努力克服自然灾害的相关神话故事。彝族先民认为，很多超自然的力量是无法抵挡的，因此，对日月星辰、山川河流、水火土木等自然物形成了崇拜与信仰，从而创造出与之对应的神明，体现了彝族族群自然崇拜的形成。

彝族族群在体化实践中实现着对自然崇拜的意象性表达。例如，在火把节中诸多的传统体育文化事项都是模仿自然界之物，抑或受自然界启发而形成的，所形成的传统体育文化事项，在其体化实践中亦表述着深刻的内涵，因而也使身体具有了意象性内涵。融入自然崇拜的意象性传统体育文化符号已经超越了简单的体化本身，其蕴含了彝族族群丰富的生活体验，是"象外之象"。所以说，彝族传统体育文化符号实践身体背后展现着独特的"意象"内涵，凝聚了族群传统文化的精神特质，亦是主体对现实世界富有意味的把握。同时，诸多彝族传统体育文化符号所附载的道具与服饰，也呈现着自然崇拜的意蕴，并与体化实践一道丰富了文化符号的意象性内涵。例如，彝族漆器盆、盘、壶、桶、碗、勺、杯、柱、桌椅、房屋等，都绘有神秘的图案和色彩，在彝族漆器中经常绘有日月星辰、山川河流、水火土木等纹饰形状。这些漆器的图案来源于自然界中的万物，并涵盖了彝族人生活的方方面面，与古代彝族先民自然崇拜的行为习惯息息相关。纹饰表现出浓郁的文化底蕴和意象性内涵，黑色为底，红、黄点缀，黑、红、黄三色是彝族的传统颜色，黑色是传承历史的厚重，红色是彝家儿女的热情，黄色是生生不息的延续[1]。此外，彝族传统体育文化实践中穿戴的服饰，不管是图案还是色彩都具有朴素天然的神秘美，表现出彝族人对自然界形态的崇敬和信仰。彝族服饰中的纹饰和纹样也都含有动物、植物因素及各种自然景象。例如，日月条纹作为彝族人惯用的服饰条纹，倾注了彝族先民对日月无比崇敬的深情；蕨类植物是彝族先民的重要食物，所以人们常把蕨类植物文在衣服上，表达了感激和敬仰；马缨花也是彝族的族花，被人们称为花神，并成为彝族衣服上最经典的条纹[2]。对自然的崇拜是彝族先民长期生产生活实践的积累，是自我精神的依托和动力来源，由此，也形成了族群自然崇拜中的文化意象性表现，这种崇拜之情融入了族群身体表述之中，表达着彝族历史文化积淀的深厚。

　　基于自然崇拜的意象性彝族传统体育文化，是族群在长期生产生活中的自然感悟积淀，并在其自然模仿与体验基础上形成了具有情感性的身体行为。《毛诗序》有云："情动于中而形于言，言之不足故嗟叹之；嗟叹之不足故咏歌之；咏歌之不足，不知手之舞之，足之蹈之也。"对凉山州彝族传统体育文化意象的理解，不应局限于纯粹的身体行为展现上，而应超出物象自身的表面行为特征，上升到身体行为特征的内在精神世界追求中，体验主体的"自然之情"和对象的"自然之景"互动交融。由此，基于自然崇拜的凉山州彝族传统体育文化表现出一种特有的传统文化旨意，并形成了具有意象性的内涵。从某种程度上讲，意象代表了凉山州彝族传统体育文化的独特性，反映了凉山州彝族传统体育文化的自然生产内核，体现了主体和对象、人与自然、人与社会深刻的内在联系。

二、图腾崇拜下的文化意象性表现

　　图腾崇拜是凉山州彝族传统体育文化意象性表述的重要呈现，也是自然崇拜的发展和深化。彝族崇尚的图腾崇拜因地而异，主要分为火崇拜、鹰崇拜、虎崇拜、松竹崇拜等。族群在历史发展的各阶段，其节庆民俗、仪式信仰活动等，很多方面都蕴含着图腾崇拜的元素。以节庆民俗中的传统体育文化事项为例，其主

---

[1] 曲比阿果.彝族的三色文化［J］.西南民族学院学报（哲学社会科学版），1999（S3）：14-17.
[2] 吴建萍.论彝族的自然神与自然崇拜［J］.西南民族学院学报（哲学社会科学版），1998（S1）：62-65.

凉山州彝族传统体育文化的主体性消解与纾困研究

要体现在较为隆重的节庆民俗"火把节"对"火"的崇拜与敬畏,其深刻地表现了族群以身体为载体所呈现的意象性内涵,并形象地记录了彝族先辈日常生产生活的民俗景象,这是彝族族群在历史发展进程中所创造的重要意象性文化形态。以火崇拜为背景,彝族族群还创造了大量富有山地特色浓、仪式性内涵强、民族性内涵高的传统体育文化形式,如赛马、斗牛、爬油杆、摔跤、磨尔秋、跳火神、跳锅庄舞等,这些都深刻展示着族群的火崇拜,并在体化实践中表述着富有深意的意象性特征,也因此给这些传统体育文化事项浸染了一层"火"文化的神秘色彩。此外,彝族族群的火塘也是日常生活的中心,不管做饭、吃饭、取暖还是议事,都在火塘边进行,以火崇拜为中心的族群特色,具象地呈现于火塘边。现今,凉山州彝族地区的许多村寨的彝家客厅中都有火塘,火塘正北方立有一方形石块(俗称"锅庄石"),彝族人以火塘象征着祖先。以火为中心,由火而舞的彝族传统体育文化形式,也以身体表述着火文化的内涵意蕴,展现着族群火一样的热情和豪迈,火崇拜也成为人们最为重要的一种物质文化与精神文化,并在身体实践中实现着文化意象性的表述与延伸。

彝族族群的虎崇拜与火崇拜

图腾崇拜下的凉山州彝族传统体育文化有丰富的意象性内涵。一方面,彝族人借助图腾崇拜,以神圣性的传统体育文化身体呈现为载体,将仪式中的身体赋予了意象性内涵,并以此在仪式欢腾中实现了精神上的需求;另一方面,仪式活动中的图腾崇拜不仅以唱颂、念祝福词为手段,也以具象身体主动参与其中,并实现了身体的精神体悟。在诸多仪式活动时,族群经常举行赛马、射箭、摔跤、磨尔秋等传统体育文化身体活动,这也是图腾崇拜和传统身体实践的融合形态[1]。如今,我们还能隐约看到一些彝族仪式性的传统体育文化符号与图腾崇拜联系。英国著名社会学家和文化研究专家斯科特·拉什曾指出:宗教及其仪式是

---

[1] 孙德朝,孙庆祝. 彝族体育文化符号阐释 [J]. 体育文化导刊,2015(3):203-206.

社会事物不可或缺的一部分,神圣的事物渗透在日常非宗教生活之中,自然和精神的东西在泛神论和图腾崇拜中没有分化[1]。可以说彝族传统体育文化是具有神圣内涵的意象性事物,而当这些意象性符号被用来"填充"神圣的仪式展演与宏大的节日庆典时,也就意味着它被重新设定,进而成为彝族族群身体行为文化意象构建的基本单元。在彝族历史演进发展中,图腾崇拜下的意象性身体文化符号贯穿于彝族身体行为文化内涵构建全过程。符号作为族群思想形成并表达的工具,它是族群思想借以操作的前提,也是人类文化能够展开的基础,一部人类文化的发展史,就是符号的创造史[2]。

三、祖先崇拜下的文化意象性表现

祖先崇拜是凉山州彝族传统体育文化意象性内涵的核心内容,与自然崇拜、图腾崇拜有着伴生性。祖先崇拜的表现形式集中体现在仪式性的展演之中,由此实现祈福禳灾并表达对祖先的敬重与怀念。最具代表性的是"尼木措毕"仪式,这是集祭祖、体育等诸多形式于一体的仪式活动。仪式中,青壮年男性会装扮成古代武士,身披查尔瓦、背负弓箭、腰佩宝剑,领头者手持族幡,赶着祭牲绕灵棚游走,具有庄重肃穆而又神秘的氛围。祭祖仪式结束后,还会举行赛马、射箭、摔跤、斗羊、锅庄舞等传统体育文化事项,以此告慰先祖后代生活幸福。仪式中的身体实践表现了彝族人积极乐观的生命态度,以及对人本终极关怀的思想,也是彝族族群共同的身体记忆。通过传统的仪式实践行为,演绎着族群深刻的人生观和世界观,展现着族群对祖先的崇敬,由此也创造了一个连接过去、呈现当下与展望未来的意象性文化延续[3]。

以祖先崇拜为身体意象表述的传统体育文化符号,通过实践操演与身体感悟,强化了族群对先祖的崇敬之情,也使身体能够体验到祖先披荆斩棘的艰难历程,在仪式空间,身体实践与过往建立起互动关联,在规定的时空中,展示这种程式化的实践行为,形成了所谓的"实践掌握力"。实践的身体激活了族群的过往历史,身体在实践中再现了对过往神圣的表述。通过对凉山州彝族族群身体意象表述的认知体系进行考察发现,以传统体育文化符号为载体的仪式或庆典活动模拟了过往的场景,使场景中人的身体与精神被充分调动,身体在特殊的空间超越了时空界限,给参与者带来不同于日常生活的新体验。这种体验在布尔迪厄看来,不是一种心理状态,而是一种身体状态,其来源于原始习得的反复操演,身体成为原始习得操演的载体。所以,以祖先崇拜为身体意象表述的传统体育文化实践,是

---

[1] 周宪.文化表征与文化研究[M].北京:北京大学出版社,2007:28.
[2] 万资姿.符号:文化创造之逻辑起点[J].北京行政学院学报,2013(4):114-117.
[3] 阿克鸠射."尼木措毕":大凉山彝族人送灵归祖[EB/OL].(2012-01-31)[2022-08-08].https://www.chinafolklore.org/web/index.php?NewsID=9832,2012-01-31/2022-08-08.

族群从小在特殊环境中习得的文化技能，正是因为大家都这么做，通过"集体欢腾"场景中的实践操演，形成了共同的默契，并以此延续着传统体育文化的意象性表达。通过这些意象性的身体活动，实现了"人神共娱""集体欢腾"的目的，也加强了族群内的交流，提升了民族认同感，促使了民族精神的展现和族群社会秩序的完善。

四、文化意象性的框架建构

第一，物质文化是彝族族群意象性身体内涵建构的物质活动方式基础。身体内涵构建的物质文化是彝族传统体育文化意象性呈现的基础，它是彝族传统体育文化的具象呈现，也是保障彝族传统体育文化得以存在和发展的重要载体，代表了彝族意象性身体符号的全部器物文化凝聚，并成为彝族身体文化符号的客观存在物。彝族传统体育文化的物质层面主要包含各种具体的传统体育文化事项、道具及器材、遗迹及文献记载等，这些物质内容都汇聚成为具有意象性呈现的符号体系。

第二，制度文化是彝族意象性传统体育文化实践中组建的各种约定俗成的规范。意象性传统体育文化的制度层面是文化符号传承的重要保障，它是保障彝族传统体育文化得以正常运行和开展的前提，是彝族身体符号运行的逻辑性凝聚，并使意象性的彝族传统体育文化有序运行成为可能。彝族传统体育文化的制度层面主要展现在符号运行的身体规则、符号运行的习俗规程等。这种所谓的"规则""规程"仿佛是必需的，但貌似又是族群顺其自然遵循的，也是族群在历史发展进程中延续并积淀的，逐渐成为族群重要的制度文化呈现。

第三，彝族族群在社会实践，尤其是人际交往、人与自然融合过程中约定俗成的习惯性身体定式构成了彝族意象性传统体育文化的行为层面。而意象性的彝族传统体育文化行为层面是一种以民俗、风俗形态出现的、见之于身体行为实践的呈现模式。彝族社会的文化集中体现在族群的思想理论体系中，却更为广泛地活跃于各种身体行为文化中。彝族传统体育文化意象性实现的行为层面是符号的实践运行层，它是符号重要的行为展现，实现着彝族传统体育文化的空间意象性行为表达，代表了彝族传统体育文化在现实中的意象实践总和。其行为层面主要包括仪式的身体操演、以传统体育为象征的行为展现、身体实践的组织等。

第四，由彝族族群在身体实践和意识活动中长期孕育和积淀出来的价值观念、审美情趣、思维方式等主体因素构成意象性身体符号的精神层面，这是身体符号的核心所在[1]。所以说，彝族传统体育文化的精神层面是符号意象性呈现的内涵

---

[1] 冯天瑜，何晓明，周积明.中华文化史[M].上海：上海人民出版社，2015：16-17.

层，它是符号精神意蕴的重要展现与表达，代表了身体符号运行过程中所体现出的意象文化内涵，实现着对族群文化的解读和弘扬。诸多彝族传统体育文化经历了漫长的历史岁月，塑造了一代代彝族人的性格与智慧，并成为彝族族群精神文化体系的重要支撑，持续实现着当地传统文化的活态传承。

凉山州彝族传统体育文化的主体性消解之呈现

CHAPTER 05 第五章

第一节 自主性文化到被动性文化消解之呈现

凉山州彝族传统体育文化的自主性，具象地表现为族群体化实践所形成的内在气质和精神面貌。在历史发展进程中，彝族传统体育文化将内隐的、核心的、真实的精神情感予以表述，实现了自身的自主发展。但是，由自主性文化向被动性文化消解的逻辑转换，致使了现代场景中被动性文化的形成。由自主性文化到被动性文化的消解，具体表现在：文化内涵的模糊化、文化发展的工业化、文化发展的消费化。由自主性文化向被动性文化消解致使传统体育文化的工具性增强、秩序与私域被打破、内涵被逐步遗忘，由此，也造成了凉山州彝族传统体育文化的主体性消解。

一、由自主性文化向被动性文化消解的逻辑转换

（一）凉山州彝族传统体育文化自主性

文化的自主性是一个族群在形成与发展中，生成的一脉相承的内在气质和精神面貌，在个体和集体层面均得以体现[1]。凉山州彝族传统体育文化的生成渊源，与族群长期生产生活、仪式庆典中的身体实践有着紧密联系。身体形象地刻写着族群对自然和社会的理解与感知，也抒发着群族自身情感和愿望的表达，由此，形成了族群的体化实践观念体系和价值体系，并成为维系认同、展现内在气质和精神面貌的重要载体，在凉山州彝族族群社会中占有特殊的地位。人类学家巴斯曾认为，民族确认的重要价值和建立在该价值之上的社会组织，都将受到族群内部相关活动的限制[2]。凉山州彝族传统体育文化正是巴斯所言的"内部活动""社

---

[1] 常宝.试论全球化与族群文化的自主性问题[J].西北民族研究，2008（2）：47-52，39.
[2] 彭兆荣.人类学仪式的理论与实践[M].北京：民族出版社，2007：102-103.

第五章 凉山州彝族传统体育文化的主体性消解之呈现

会组织",这些传统体育文化形态所凝聚的群体性意识,促使族群成员在内在气质和精神面貌呈现上形成了自己的固定风格,并如同基因一般镌刻在凉山州彝族族群的身体之中,保持着长期稳定性和特殊性,成为该族群特殊的身体文化"标识"。因此,凉山州彝族族群对于本族群文化的体化实践认同感和群体性意识是构建和强化传统体育文化自主性的基石。

凉山州彝族传统体育文化自主性又呈现于族群形成的群体共识与节日习俗之中。首先,当地族群在长期的生产生活和社会实践过程中,形成了群体共识的、较为稳定的身体活动,或者说是仪式性的身体活动,这成为彝族族群的一种精神寄托、一种习惯养成、一种价值判断,进而塑造着族群特有的地域性文化性格。在群体共识中,由传统体育文化形成的地域文化性格规范着族群的思想和行为,在集体参与中实现着精神升华、缓解着社会内部矛盾、维系着民族情感、增强着族群凝聚力。其次,节日习俗作为传统文化体系的重要组成部分,其根植于地域文化土壤中,是对所形成的族群文明的认定和维护,通过特殊的仪式或体化实践不断延续和传播,所以,凉山州彝族传统体育文化的自主性具象呈现在族群重要的传统节日习俗中。

凉山州彝族是一个崇火敬火的民族,以火把节为例,族群形成与发展中将火当作崇拜的重要内容,火把节则是彝族崇尚火文化的集体共识,呈现着族群内在气质和精神面貌。在火把节当天,彝族成员都会参加摔跤、赛马、打火把等系列传统体育文化活动,这既是节日民俗文化展现的载体,也是表达彝族成员内在气质和精神面貌的重要载体。文化符号的内涵与表达都汇聚于对"火"的崇拜之中,并由崇拜火过渡到祭祀火神再过渡到人的崇拜,以外在的身体实践表达,描绘着彝族族群在社会文化生活中的自主性和能动性。这种淳朴的民俗节庆深深印刻在每个彝族人的内心深处,并承载着特殊含义。当在特定时空场域下,彝族成员将会自主地通过口述、身体实践等行为方式表述内隐的、核心的、真实的精神情感,通过集体狂欢再现往昔的欢腾场景。在此状态下,凉山州彝族传统体育文化及其文化主体之间的依附性强烈,凝聚着族群的核心观念,促使着凉山州彝族传统体育文化的自主性生成。

(二)凉山州彝族传统体育文化被动性转向

全球化进程的加快,造成了时空概念的转变、文化交互的增强,并由此助推了自主性文化向被动性文化消解的逻辑转换。正如赫尔穆特所说,"全球化,是一个实践——政治话题,也是一个社会——经济问题,同时还是一个思想话题"[1],

---

[1] 赫尔穆特·施密特.全球化与道德重建[M].柴方国,译.北京:社会科学文献出版社,2001:3-6.

凉山州彝族传统体育文化的主体性消解与纾困研究

这是多方面、多层次共同作用的必然结果。因此,在全球化背景下,彝族传统体育文化的发展既不能脱离实践、社会而独立存在,也不能脱离时代的发展背景而独立存在。所以,彝族传统体育文化的发展也必然将受全球化的影响,必然面临各种文化之间相互碰撞交融,以及文化同化、消解等系列问题,最终,以一种变化的文化形式重新影响着人们的生活。

凉山州彝族传统体育文化作为一种地域性特色文化,是彝族族群在长期的自然及社会实践中积累的朴素处世哲学和经验,其包括族群神话传说、仪式信仰和风俗习惯等丰富的文化资源。受游牧生产生活方式影响,彝族族群所孕育的传统体育文化带有独特的游牧文化特点,如赛马、骑射,体现了彝族人民鲜明的生存特征。此外,在凉山州彝族历史发展中,仪式与传统体育文化体化实践也是紧密相连的。在整个仪式中,参与者通过自己身体的操演来实现与自然、神灵的沟通,族群将自己的内心情感、人生感悟,以体化实践的形式自主地表述出来,以此实现情感的表达与抒发。

随着全球化进程的加快,商品、资本、信息、人口流动都在高速运行,在此背景中,彝族传统体育文化在适应环境变化的过程中,其自主性的发挥与延续逐渐受限。作为文化主体的人的价值追求也在发生转移,科技与经济的突飞猛进使人对"物质需求"越来越高。那些所谓"固定""共识"的内涵逐渐被遗忘,被认定为信仰准则的传统文化已经慢慢消解成客观化的"文化商品"。传统体育文化被重新设计、打磨和包装,以统一的风格和标准进行模式化生产,最终以一种新的形态出现在大众视野。但这种再造的传统体育文化早已失去了文化自主性,消解了自身丰富的生命历程和价值沉淀,机械、被动的文化方式成为主宰。由自主性文化向被动性文化消解的逻辑转换,造成了凉山州彝族传统体育文化的内涵和寓意开始脱离文化本体,所呈现出的身体符号逐渐成为失去血肉的"躯壳"。

(三)凉山州彝族传统体育文化被动性发展

彝族传统体育文化在产生之初,更多的是族群成员发自内心的感悟和情感表达,这种冲动是单纯的、主动的。而之所以会稳定延续,最大因素就是传统地域环境的内生性未打破,群体在地域性重大节庆与仪式中,以身体实践表述着自己的美好愿景,并将其视为生产生活中不可割舍的一部分。然而,随着工业文明时期的到来,人类的主体性和能动性得到了空前提升,并创造了前所未有的物质文化成果,由此也推进了经济的快速发展。经济的发展与物质文化的丰硕,致使消费主义开始占据社会的主流,文化消费成为大众消费的重要方向。

在对传统体育文化发展状况进行调研的过程中,一段标题为《失衡》的文字令人记忆深刻。其中写道:"人类五千年积淀下来的传统文化正逐渐被三百多年

第五章　凉山州彝族传统体育文化的主体性消解之呈现

来的现代工业文化所取代，人们在享受高新技术给人类带来的巨大便利时，是否也在思索传统文化其实就是现代文明的底蕴与根源。现代化没有错，它是人类走向进步的必然脚步，但对在现代化的强劲脚步下走向衰微的传统文化视而不见则是错不可恕。"

在调研彝族传统体育文化发展情况的过程中，笔者也确实目睹了这种所谓的"失衡"现象。

失衡

过度地工业化生产、制造出诸多传统体育文化符号，摔跤、赛马等彝族传统体育文化所具有的内生性意蕴逐渐式微，成了系列消费产品，虽满足了现代人的消费欲望，但在很大程度上导致了传统的被动性发展，造成了传统走向"失衡"。

凉山州彝族族群具有代表性的传统体育文化符号，是重大节庆仪式中展现自主性文化内涵的重要手段。然而，当其被纳入过度再生产和消费的场域时，那份对传统文化最真诚的情感也开始淡化，旅游消费逐渐代替了精神消费，那种具有内涵性的符号开始成为吸引他者、满足他者旅游消费需求的工具。在新欲望、新追求、新目的影响下，精神支撑的主动探寻转变成为物质诱惑的被动表现。在过度工业化的影响下，凉山州彝族传统体育文化面临被动性发展的问题。

与传统社会的彝族传统体育文化自主性地位相比，在现代社会，传统体育文化的自主性地位逐渐缺失和被边缘化。对于青少年一代而言，他们认为，传统体育文化代表了遥远而陌生的过去，是一种久远的文化形态；对于长者而言，尽管他们对传统体育文化感到亲切，但是，"集体欢腾"的景象随时代的冲刷而越来越模糊，传统体育文化离自己越来越远。作为被动性的传统体育文化，其主体性内涵和精神消解了，但是，相应的传统行为模式却正在被利用和运作着。在现代社会，人们借助于"传统行为模式"之壳，开始对传统进行设计[1]，这种"设计"并不是"把它视为某种给定的东西来接受，而是理解这种传统的功能和意义可能怎样而进行解释与选择"[2]。于是，在现代社会中，凉山州彝族传统体育文化被"重新解释"和"重新打造"，最终形成了一个祛除"主体性内涵"的被动躯体、一种被动的"符号"。作为被动的"符号"，彝族传统体育文化的体化实践越来越不依赖于"主体"的意志和目的。

---
[1] 孙亮亮，刘连发，史明娜. 纳西族东巴跳文化的现代消解[J]. 四川戏剧，2019（10）：122-125.
[2] 陈庆德. 人类学的理论预设与建构[M]. 北京：社会科学文献出版社，2016：193.

二、由自主性文化向被动性文化消解的现实呈现

（一）凉山州彝族传统体育文化内涵的模糊化

凉山州彝族族群在历史演进中所形成的具象体化实践，构成了独具特色的传统体育文化形态，这些传统体育文化形态承载着族群文化的内在蕴意和外延表征，成为彝族族群有别于他者的内涵性身体标志。同时，也是本族族群传递精神情感、展现内在气质的方式方法，通过这种特定的身体表达形式，将彝族地域性传统文化的内涵体现出来，并使族群对自身文化形成了"自觉"的"惯习"。

从文化构成结构看来，制度层面对文化内涵的保持具有较强的规范约束作用，这种规范已经和本族族群融为一体，成为群体共同遵守的传统依据，以此指导着他们的社会实践。因此，族群所表现出来的体化实践和行为习惯都是传统文化内化的呈现，由内化再到外化的过程正是彝族族群对本族文化责任承担的体现。在物质匮乏与生存艰难的时期，特殊的仪式和身体行为是彝族族群生存或生活的"技能"，并在教化中掌握了这些传统的身体实践符号，同时，主动掌握和传授身体实践也是他们的责任和使命。但是，随着时间推移和社会变迁，现在越来越多的群体认为，传统与现代存在较大的鸿沟，与当下可供选择的诸多大众文化形态相比，传统在当下已经很难发挥其价值与作用，由此，传统体育文化的吸引力越来越小，导致族群的传统体育文化教化功能越来越淡化。过去，族群是以"应该"和"不应该"的价值判断作为逻辑起点。如今，族群是将行为结果是否有利、是否能够享受作为价值判断，由此，致使凉山州彝族传统体育文化的内涵开始变得越来越模糊化。

在全球化进程的推进中，传统体育文化主体的彝族族群在此过程中还未能充分适应这种变化，曾经作为族群共同体情感寄托的传统体育文化内涵也逐渐消解，族群与"内涵的身体"关系越来越疏远，族群个体的主体地位及其所附带的责任也逐渐淡化。黑格尔曾以"散文时代"代替"诗的时代"来形容他所处时代发生的深刻文化变迁。由此，以"诗意"和"松散"来形容凉山州彝族传统体育文化所经历的由"自主文化符号"到"被动文化符号"的历史变迁较为贴切和形象。首先，带有"诗意"的凉山州彝族传统体育文化以身体承载着族群的观念、技艺、价值等内涵，身体表达的是人与人、人与自然、人与社会之间的关系，并在身体实践中升华了内在气质和精神面貌，促成了"意境"的身体形成。其次，"松散"性质的传统体育文化是以被动消解与消费为表征的，带有媚俗性和展演性，呈现的是一个"形式化"和"平面化"的身体表象。在传统体育文化主体内涵模糊的状态下，传统展演变成纯粹的"消费"和"表演"。在文化消费与表演中，彝族

第五章　凉山州彝族传统体育文化的主体性消解之呈现

族群及其创造和传递的传统体育文化的情感与价值逐渐疏远，文化传统内在的精神和思想被消解，受制于物质利益实现，最终具有"诗意"的传统体育文化符号转变为内涵模糊的文化形态。

（二）凉山州彝族传统体育文化发展的工业化

过度的工业化使经典的传统体育文化面临被改造的风险，致使传统文化与商业文化、大众文化等不再有明显的界限。传统的身体行为所承载的宏大叙事已经被滚滚而来的信息洪流冲击得支离破碎，彝族传统体育文化的线性叙事被"剪切与复制"所代替，过度的影像传播正在导致传统意义的断裂、现实感的丢失、幻象的盛行[1]。

德国思想家本雅明最早用"机械复制"来解释现代社会是一个与传统社会截然不同的时代，传统文化在当今可以通过大批量的复制来传播。凉山州彝族传统体育文化在工业化生产影响下，复制与流通的速度逐渐加快，致使传统文化从生成的领域中脱离出来，并形成了一系列"脱域"的符号。"这进程导致了传统的大崩溃——作为与现代危机对应的人类继往开来的传统的大崩溃，它们都与现代社会的群众运动密切相关……"[2]以现代工业化文化生产为表征的现代复制技术影响了彝族传统体育文化所固有的地域性、独特性内涵，并将其复制转变成为不同地域及群众都能接触到的大众文化形态。复制后的身体行为文化在强大技术逻辑和标准化生产线制作过程中，影响了传统身体所蕴含的风格和个性，并通过商品化和传播媒介，对大众造成了一种文化风暴式的压迫，以逼真的工业化身体文化形象来混淆着人们的视听判断，最终，以被动的工业化文化符号形态呈现在世人面前。

作为族群重要遗产的彝族传统体育文化，这是在历史中创造和积淀下来的传统文化资源，同时，也是与族群社会特点、经济生活、信仰仪式、风俗习惯息息相关的传统文化现象，是一种"活态人文遗产"[3]。彝族传统体育文化遗产具有地方性和族群性特点，是连接族群与地域的"无形纽带"，反映了群体最朴实的文化性格和生活状态。但是，在遗产工业生产中，火把节、磨尔秋、朵洛荷、苏尼舞等都开始了"身份认证"与遗产工业生产。一旦被纳入过度遗产工业开发行列，面临的可能将是一套流水线作业过程，此过程主要包括概念置换、机构认证、过

---

[1] 阿芒·马特拉，米歇尔·马特拉.传播学简史[M].孙五三，译.北京：中国人民大学出版社，2008：120.
[2] 董学文，荣伟.现代美学的新维度[M].北京：北京大学出版社，1990：175-176.
[3] 陈小蓉，陈斌宏，邓宏，等.我国体育非物质文化遗产资源数据库创建[J].北京体育大学学报，2017，40（10）：127-134.

时法、去地法、幸存法、艺术法、联想法、消毒法[1]。为了完成这套"遗产工业生产"，人们不惜花费大量人力、物力和财力。殊不知那些被不断认定和生产的传统体育文化，已失去了自主表达与表述的能力，它所承载的价值与内涵已逐渐消解，并表现出被动性发展的状态。

（三）凉山州彝族传统体育文化发展的消费化

过去，凉山州彝族地区受地理环境影响，物质生活相对匮乏，除了满足人们的生产生活消费需要之外，其他的消费形式相对受到限制。彼时，在消费领域占据主导地位的价值观念和道德规范是禁欲主义和理性消费主义，勤劳和节制欲望是传统社会个体遵循的重要准则[2]。然而，随着科技的进步和生产力的提升，社会物质和精神产品日益丰富，消费被标榜成为社会地位获得和人生价值实现的一种标志，随之而来的是消费欲望不断膨胀，最终冲击、破坏和消解着传统的价值体系。

在消费文化影响下，凉山州彝族族群的生活方式发生了重大变化，传统的规则逐渐消解，多样化的文化可以不断被选择。彝族传统体育文化的创造者对本族群文化的主动把控能力逐渐弱化，由此导致了具有传统内涵的文化符号进入消费市场，成为被大众所共享和消费的文化产品。在消费化影响下，当地开始着力打造一些可供旅游与消费的民俗节庆，并将蕴含族群文化特质的符号设计成为文化产品，为广大旅游群体提供了消费的机会。当下，在消费场域中不同的大众群体在异质性文化的吸引下，貌似都沉浸在传统体育文化所营造的"集体狂欢"中，以此体验和消费着不同文化所带来的刺激。但是，对族群而言，过度的"狂欢"使自己失去了自主性，不能被自己所控制；对参与者而言，这种体验是虚构的，他们所消费的符号是被过度设计和制造的消费品，吸引他们的只是这种仪式的新鲜感或者娱乐性，这种所谓的体验消费只是为了意义的齐备，而无法去感受真正的符号内涵。

当下，诸多"传统体育文化消费品"被批量地生产出来，各种传统舞蹈与传统习俗的工艺品、电视转播、网络视频比比皆是，并成为可以观赏和体验的文化商品。

2022年7月，笔者在西昌调研期间，被当地全力打造的系列文化旅游品牌所吸引。火把节成为重要的消费内容，其中的系列传统体育文化事项也成为宣传的重点，以此推进传统体育文化与旅游业的同步发展。一个商业广场的宣传文案

---

[1] 李春霞,彭兆荣.从滇越铁路看遗产的"遗产化"[J].云南民族大学学报（哲学社会科学版），2009，26（1）：29-34.
[2] 曾建平.消费方式生态化：从异化到回归[M].长沙：湖南师范大学出版社，2015：65-66.

至今令笔者记忆犹新：

又是一个把你青春点燃的七月，又是一个把你梦想点燃的七月。跳起你的舞蹈，奏起古老的音乐，××生活广场将带你走进七月的火把狂欢夜……这一次，你不需要去云南，只要来××生活广场，就可以感受激情、热烈、疯狂的火把节。今年的火把狂欢夜，贯穿"好玩、好吃、好看"的活动。别想了，赶紧来吧！尽情狂欢吧……

受疫情影响，虽然此次火把节未能如期举行，但是，报刊、电视及网络宣传却十分到位："想一睹'东方狂欢节'的盛况吗？想打着火把漫游或围着火堆跳达体舞吗？想亲自体验迷人的民族风情吗？想品尝让人难以忘怀的彝家美食吗？想……别想了，这个7月来西昌，以上所有一次性满足你！"（引自：澎湃新闻．它来了它来了2022中国·凉山火把节重磅回归［EB/OL］．（2022-07-06）［2023-02-14］．https：//www.thepaper.cn/newsDetail_forward_18908380．）据悉，当地还设置了火把节狂欢夜体验活动网上预约、网上参与体验等系列形式。

经过度生产、包装而形成的彝族传统体育文化遗产成为展示当地文化的代表性符号，增加了大众对该产品的需求，贴满传统体育文化图片的墙壁、布满文化遗存的展览馆、雕刻文化形象的广场都打造着蔚为壮观的"身体再现"景象。但殊不知，这些被消费的文化符号是从传统中游离出来的，脱离出日常生活，缺少了主体性价值理性，失去了自主性内涵，成为当今社会中被动的、消费的文化产品。这种看似自主的彝族传统体育文化恰恰是被动化的承载，因为消费者很难看清楚其背后蕴含的内涵与价值。

三、由自主性文化向被动性文化消解引发的问题

（一）传统体育文化的工具性增强

如果说具有自主性内涵的彝族传统体育文化表现出的是一种感性价值，那么作为被动性的彝族体育文化则表现出一种工具理性特征，在技术理性的过度干预下，传统体育文化摆脱了主体社会化的自然限制，致使其服从于技术的无限可能性。

由自主性文化向被动性文化消解，使传统体育文化的工具性增强。人类的技术发明在不断推进，技术甚至反过来实现着对人的压制，虽然我们借助于现代技术手段打破了传统地域空间的限制，使人们能关注到传统社会不能到达的边界，甚至能够借助场景模拟与仿真实现地域间群体文化的共时互动。但是，现代技术

的不合理应用也打破了诸多传统体育文化固有的界限与藩篱，使其呈现在公共视觉领域和聚光灯下，并实现了其作为展演品与消费品的价值，传统也成为重要的工具。诸多仪式性传统体育文化内容在现代技术的协助下发挥着工具性作用，在工具性发挥中身体行为的禁忌被打破，传统的边界逐渐消失。呈现在世人面前的是：由自主性文化向被动性文化消解，在工具性助推中不断地将传统体育文化制造成为产品，在消费中获取并实现着产业价值。

以技术手段制造的传统体育文化形态，其仿造和复制性特征使传统的形象本身发生了变化，并越来越呈现出工具理性特征。传统空间所展现的身体行为文化及其所属的文化环境独特性被机械地复制，在这个过程中，作为特定主体民族和与之相应的特定文化被"抽象化"，作为制造的传统符号架空了传统体育文化的内涵，最终的结果必然造成传统体育文化"意象"的抽空，并以工具理性进行填充，从而失去了主体的内涵，继而变成可以被无限复制的内容。既然以技术为手段生产各种被动的文化符号成为可能，那么，一旦传统体育文化相应的生存法则和价值理性与技术逻辑发生冲突时，技术则会以自身的力量消解前者的规则，进而会使传统体育文化相关的法则和价值理性就范于工具理性，最终造成传统体育文化的工具性增强。

（二）传统体育文化秩序与私域的打破

在被动性形成的控制与支配主体力量的影响下，彝族传统体育文化的秩序性特征遭到消解。产业化进程使诸多传统体育文化形态被特殊处理，并对"不合时宜"的内容进行删除，甚至为了满足不同的文化需求而将其固有的顺序打乱，甚至将其相关的禁忌打破，呈现的时间也根据具体需要随时组织进行，这使其自身所具有的自主性品格逐渐式微。以上的种种行为致使凉山州彝族传统体育文化的严肃性秩序逐渐改变，造成了传统的生成语境被打破，彝族传统体育文化在大众文化符号发展的潮流中，成为一项失去固有特征的模拟之物。

凉山州彝族传统体育文化形态的生成与特定的地域有着很强的相关性，特定的传统体育文化在特定的地域空间内有序地传承发展，我们可以称这是族群的"私域"，与之相对应的则是被动性文化符号的"公域"传播。全球化进程的加快及社会的变迁，促使了凉山州彝族传统体育文化富有秩序的"私域"逐渐消失，致使传统文化向"公域"流动，流动到"公域"的传统体育文化因被定位为"异文化"而引起"大众群体"的关注，这种"异文化"也被电视媒介、网络平台过度干预。此外，旅游业和文化产业的兴起也促使了族群生活"私域"空间消失，传统体育文化中的禁忌和神圣、族群的记忆和认同逐渐消解，场景与秩序的变化影响了传统体育文化所蕴含的主体内涵，改变了彝族传统体育文化的特有风格。

（三）传统体育文化内涵的遗忘

凉山州彝族传统文化精神层面体现了族群最真诚和最朴实的美好愿景，展现着族群的世界观、人生观、价值观，传承和塑造着族群的文化性格和文化意蕴，这在整个传统文化体系中占有主导地位。而体化的彝族传统体育文化则具有传统的象征意义，它以具象身体刻画着族群神圣的叙事，成为实践中"真实"的"讲述者"。然而，当内涵的身体被卷入全球化浪潮的那一刻，那些具有深层内涵、承载族群记忆的传统体育文化便开始被消解和遗忘。那些有身体实践的节庆仪式被新的事物所填充，原始的内涵因子开始被排挤，曾经"集体欢腾"的记忆景象逐渐模糊。由此，致使传统意义上的情感表达开始动摇，体化实践的身体变成体验式消费的对象；神圣的仪式庆典被设计成旅游消费的打卡景点；承载族群叙事的器物已被陈列在货物架，成为装饰的附属品或被观赏的艺术品。

受诸多因素的叠加影响，人们很难在现实生活中找到古老而又神秘的身体行为文化。随着老一辈长者远离社会生产生活核心及年老逝去，新一代成长起来的群体很少知晓传统体育文化深刻的内涵。随着外界对新奇的传统体育文化的关注，很多彝族族群重新回头审视这些宝贵的遗产，重新思考传统文化的传承。但是，如今我们看到的"繁荣"的身体行为文化不再是过去传统的模样。它们的地位已经大不如从前，过去的传统体育文化是彝族族群精神生活的重要组成部分，贯穿族群文化主线的是群体的虔诚与认同。同时，当下的传统体育文化实践不再是为了解决民众精神生活的需要，而主要是为了满足游客的好奇心理，缺少了那种传统信仰的情感基础。在过度的商业化运作过程中，凉山州彝族传统体育文化揭开了神秘的面纱，变成了可运作的文化产业，成为供游客观摩的表演，这貌似是在呈现过往、记录当下，实则是其内涵的失忆与遗忘。

第二节　神圣性文化到世俗性文化消解之呈现

凉山州彝族传统体育文化具有深刻的神圣性，族群以身体为载体表达着自己的"话语"与叙事，呈现着自己的生产生活场景，并成为维系族群关系、承载族群价值观念的神圣载体。由神圣性文化到世俗性文化消解的逻辑转换，致使了现代场景中世俗文化的形成。神圣性文化到世俗性文化的消解，具体表现在：文化发展的展演化、商品化、功利化。由神圣性文化向世俗性文化的消解引发了族群文化边界的模糊、传统体育文化的价值转变，也造成了凉山州彝族传统体育文化的主体性消解。

凉山州彝族传统体育文化的主体性消解与纾困研究

一、由神圣性文化到世俗性文化消解的逻辑转换

（一）凉山州彝族传统体育文化神圣性

"神"字属于形声会意字，左边的"示"字，如同祭台，表形；右边的"申"字表声，两相结合，表示供奉、祭奠的是身体之上的精神，或是超自然的神灵。"圣"，属形字，即善用耳、口，表示通达事理。"神圣"一词字意表示崇高、庄严不可亵渎，又泛指天神、神灵。基于文字的字面意义解析，认为具有"神圣"性的凉山州彝族传统体育文化与祭祀、信仰有关联。而实际上，彝族族群发展的初始阶段，其很多的身体行为文化形态也确实与祭祀仪式、宗教信仰等有着千丝万缕的联系。

人类仪式信仰的萌芽可以追溯到旧石器时代。由于当时人们生产生活方式较为低下，对自然现象和规律缺乏深度认知，并认为在现实世界之外还存在超然的神秘力量支配和主宰着自然和人类，远古的祖先以祭祀仪式取悦自己所建构的"神灵"。随着人类思维和生产力的不断提升，原始的仪式崇拜开始悄然变化，祖先、图腾、神灵的崇拜取代了自然崇拜。在这一历史阶段，古老的彝族族群创造了原始的身体行为文化符号，并以身体表达着祭祀与崇拜。由身体行为文化符号过渡并演化而来的彝族传统体育文化，也必将与族群的神圣仪式及信仰有着紧密的联系。在历史涤荡与存留中，在传统体育文化的演化与存续中，富含仪式性与信仰性的彝族传统体育文化，成为维系族群关系、承载族群价值观念的身体载体，也成为杜尔凯姆所言的"神圣事物"[1]。

（二）凉山州彝族传统体育文化世俗性转向

在特殊的自然和人文环境孕育下，经过漫长的历史发展，最终形成了具有神圣感的彝族传统体育文化符号。在仪式场域或重大节庆中，彝族传统体育文化符号以身体承载着庄严而富有内涵的表述，并在无形的神圣空间，通过现实有形的体化实践符号，表达着族群的"话语"与叙事，将群体的意志和命运演变为一场以身体为主线的剧情冲突。从根本上讲，所有的仪式都是为了满足人们的基本需求，帮助那些需要帮助的人[2]。在仪式与信仰中，富含神圣感的传统体育文化符号事项，最终目的是通过有组织、有秩序的体化实践活动转换，实现族群的集体认同，传达族群的美好意愿，在这个过程中也凝聚了群体的符号特色，映射出仪式的神圣性和身体行为的内涵性。

---

[1] 爱弥尔·涂尔干. 宗教生活的基本形式 [M]. 渠东, 汲喆, 译. 北京: 商务印书馆, 2011: 43.
[2] 马林诺夫斯基. 巫术与宗教的作用式 [M]. 金泽, 宋立道, 等译. 上海: 三联书店, 1995.

第五章 凉山州彝族传统体育文化的主体性消解之呈现

然而，过度的技术干预和市场化推进使现代社会中出现了与传统社会截然不同的状态，曾经标记彝族族群文化神圣感的差异性被逐渐抹平，表达着族群"话语"与叙事的体化实践越来越缺失内涵，不同文化间的相似性和趋同化越来越强，传统意义上的族群也逐渐演变成为"平均的人"，他们不再以族群或家庭为纽带，不再进行族群的"集体欢腾"，而是以社会组织为沟通的平台，呈现着世俗化的身体表达。过去那些为族群共同体所掌握的传统体育文化习俗与技能，有的消失在历史发展长河之中，而存续的则开始演变为共享的展演与消费的符号，进而使传统体育文化成为一种世俗化的表象。由此，也造成了彝族传统体育文化由神圣性向世俗性的消解。

彝族传统体育文化由神圣性向世俗性消解的逻辑转换，主要表现在文化的内涵、情感、价值上的改变。首先，凉山州彝族传统体育文化的产生与地域环境及族群自身有着紧密联系，符号承载着族群特有的生活方式、体化感悟、价值观念等，它对于维系族群稳定和认同有重要的作用。而传统体育文化世俗化的倾向，造成了传统的身体在开放性、流动性和组织化中"游荡"，世俗化的身体消解了族群的认同，以及身体自身的内涵。其次，彝族传统体育文化是族群情感的凝聚体，传统社会的宗教、文化、经济、政治等差异性造就了族群情感的个性化表达，而世俗化的传统体育文化有非人格化的普遍特征，它面对的是一个高度组织化和技术化的社会，在工具理性助推下具有同质性和标准化特征。最后，世俗化的传统体育文化反映的是"类物性"特征，身体在"物的包围"中越来越展现出其交换价值的特点，而神圣的传统体育文化以自身内在需求和认同作为合法依据，其呈现的内在价值意蕴是族群历史文化的积淀。由内涵价值向交换价值的转变，凸显了彝族传统体育文化神圣性向世俗性消解的逻辑转换。

（三）凉山州彝族传统体育文化世俗性发展

过去，彝族传统体育文化富含神圣内涵，并在历史发展中以原生态身体行为活动传递着神圣的叙事，而非生物学意义的身体呈现。但是，"社会复杂性不断消长，与之相伴随的是仪式向剧场的发展"[1]，在时代发展中，神圣也逐渐走向世俗。随着时间的推移，这些神圣的传统文化开始发生转变，时尚、利益、消费等因子慢慢渗透到传统之中，导致神圣的身体实践被改编、被设计，甚至为了满足大众的需求，神圣的身体表述方式被压缩和消解，成为世俗的身体表演。尼采提及"我们看到一群无意识的行动者，每个人都为其他人着了魔"，以此来表达他对传统的怀旧。凉山州彝族传统体育文化世俗性趋向，使具有神圣感的族群传统

---

[1] 杰弗里·查尔斯·亚历山大，侯园园.社会表演理论[J].社会，2015，35（3）：23.

凉山州彝族传统体育文化的主体性消解与纾困研究

体育文化文本被糅合，社会冲突与神圣冲突一道成为当代社会舞台上被凝视的符号。在此背景下，世俗化的身体不断被消费着，曾经身体刻写的神圣记忆成为世俗文化糅合再造的文本，在貌似神圣感的设计中，展现着身体内涵的空洞，并进行着"流动性"的传递，彝族传统体育文化世俗性倾向一览无余。

当前，诸多彝族传统体育文化的仪式性神圣感也被现实所削弱。借助现代科技工具理性，很多具有地域封闭性的彝族传统体育文化内容，在更为广泛的空间进行着流动，诸多的禁忌与秩序也被忽略，这在很大程度上打破了传统体育文化的仪式感与神圣性。由此，这些神圣的符号在现有的生产框架中根据技术的逻辑进行不断生产。曾经，彝族传统体育文化事项是族群生产生活的内涵凝聚，并成为族群重大节庆、重要仪式中不可或缺的神圣载体。但是，在批量生产与展示后，呈现的却是一个世俗化的身体表演，并在不断呈现中实现着交换价值的获取。被抽离内涵的文化失去了传统的内核，进而导致世俗的文化符号形成，这在很大程度上造成了彝族传统体育文化的世俗化发展，也消解了彝族传统体育文化的神圣感。

二、由神圣性文化向世俗性文化消解的现实呈现

（一）凉山州彝族传统体育文化发展的展演化

由神圣性文化向世俗性文化消解，较为明显地呈现在文化发展的展演化倾向。赫斯菲尔德认为，文化展演是"一个祛除了巫魅的世界的自我再现"。实际上，作为展演化的凉山州彝族传统体育文化，在宏大而壮观的展演场面背后，更多是一种世俗化的虚构，这种虚构凸显的视听与体验效应则无不渗透着人为手段。辛格认为，"文化展演"是一种展示交流，在交流过程中展示"封装"的文化信息。实际上，时空的打破使"身体"面临文化的冲击与转向，而文化展演性的转折使凉山州彝族传统体育文化的神圣性逐渐褪去，成为暴露于大众视野中的世俗文化。当下，凉山州彝族族群所存留下来的传统体育文化生存空间被不断压缩，"世俗化"的现代文化展演不断消解着神圣的传统，进而造成了符号的形式化表演、符号的旅游打造现象。通过"异质性"的身体文化符号展演使游客获得文化信息，这"不得不让人怀疑它们其实是一种伪装，而有理由问它们所要掩饰的到底是什么"[1]。

作为展演性身体行为文化符号的世俗消解，使具有神圣性内涵的凉山州彝族传统体育文化文本被糅合。与神圣的传统体育文化相比，现代社会的文化符号内

---

[1] 唐·汉德尔曼.仪式——壮观场面[J].国际社会科学杂志（中文版），1998（3）：96-110.

第五章 凉山州彝族传统体育文化的主体性消解之呈现

涵性逐渐缺失和被边缘化，对青少年一代而言，他们认为，神圣的凉山州彝族传统体育文化代表了遥远而陌生的过去，与当下自我发展需求不相称；对长者而言，他们尽管对传统体育文化感到亲切，但是，传统的景象离他们越来越远。作为神圣性的符号逐渐消解了，但相应的传统行为框架却正在被利用和运作着。人们借助神圣性文化的影响，试图再造一种可供展演的符号。于是，在再造中，凉山州彝族传统体育文化被重新"解释"和"重构"，最终形成了世俗化的"展演符号"。其体化实践越来越不依赖于"主体"的意志和目的，具体表现在：作为身体展演的凉山州彝族传统体育文化逐渐艺术化，形式大于内容，越来越世俗化。

（二）凉山州彝族传统体育文化发展的商品化

随着经济化与市场化进程的不断深入，民族地域旅游产业逐渐成为被关注的热点和打造的重点。人们对旅游消费的需求也不再局限于自然及人造景观，开始向异域及异文化沉浸式体验发展。在此背景下，少数民族地区传统文化旅游成为热点，对传统体育文化的商品化打造也成为旅游发展之需。由此，人们开始借助凉山州彝族传统体育文化的神圣性，将富有神圣内涵的传统体育文化作为再造模板，纳入程式化的再造过程中，经过一系列的设计与包装，不断地对其内涵形态进行再生产、再创造，以迎合现代人的审美与消费需求[1]，由此建立起了商品化的重复身体符号，并借助商品的特性来满足自我的需求，助推着传统体育文化的商品化形成，使传统成为"适应"现代人商品需求与消费需求的文化形态。

笔者在西昌调研期间，在某一大型餐饮店附近看到了传统身体展演。具有典型彝族传统文化特色的三块锅庄石引人注目，而毕摩出现在这种嘈杂的餐饮环境中，并在悠然自得地诵经更引起人们的好奇。在就餐过程中，毕摩主持的点火仪式及观众参与的火把节体验、舞蹈体验将这场演出推向了高潮。这些神圣性符号出现

商品化的传统符号展现

---

[1] 史明娜，孙亮亮. 川东北巴人体育文化记忆研究 [J]. 四川戏剧，2021（10）：163-165，172.

在商业环境,并呈现出过度商业化发展趋向,在很大程度上消解了其内涵,成为暴露于大众视野中的世俗文化。但是,对在场的观众而言,他们貌似不关心这些传统的神圣性,也不会去追溯其内涵和来历,更不会纠结于是否看到的是真实的传统还是商品化的传统。访谈中,一位游客认为"感觉到这火把节还是很有意思的,花钱来看还是值得"。对商家而言,他们直言:确实通过这种商品化的表演设计吸引到了广大游客,使他们在就餐的同时感受到了"传统的味道"。

当然,以上例子并非个案,诸多传统体育文化也面临着被商业化的趋向。凉山州彝族传统体育文化发展的商品化,使富有仪式性及神圣内涵的传统体育文化形态演变成为承载娱乐、表演、商贸、交流等为一体的文化形式。过度商品化的传统体育文化形态也开始与传统的神圣价值、内涵、观念相疏远,它借助"传统的神圣感"来重构、诠释甚至臆造"传统",并与传统所代表的神圣、内涵、意象、认同的表意模式相对立。这些过度商品化的符号在一定时期内,虽能够引起现代人的兴趣与追捧,短期内也可能为当地经济发展带来成效。但是,这种发展是暂时的、不持续的。过度商品化的文化符号展现了现代社会背景下,传统所面对的各种复杂的社会与文化关系,也隐约呈现出现代人的精神文化缺失与精神文化焦虑。

(三)凉山州彝族传统体育文化发展的功利化

具有神圣性的凉山州彝族传统体育文化蕴含着族群的精神特征,并通过自然环境、社会环境的孕育和模塑,成为彰显彝族社会秩序和族群智慧的重要体现。这本属于乡土化的彝族传统体育文化具有偏远性、封闭性特征,彰显着地域和族群的特殊性。符号在生成与发展中仅为彝族族群所有和所用,具有非功利性的特质。但是,随着全球化进程的推进,以凉山州彝族传统体育文化为代表的诸多传统文化符号开始受到影响,人们也开始试图运用其异文化特质,打造工具性文化产品,由此致使传统体育文化从偏远的地域"边缘"走向功利化的舞台"中心"。在大力推进文化产业的过程中,由于资本过度地介入与干涉,一些再造的文化传统遮蔽了现实生活,产生了功利化倾向,由此发生了价值和身份的转变。

吉拉布拖县是远近闻名的"火把节之乡"。布拖县南部的拖觉镇,每年会举办朵洛荷表演,而朵洛荷是当地知名的传统体育文化。舞蹈时,当地人会穿着华丽的民族服装,在宽阔的草地上打着黄伞,围成一圈,踩着细碎而富有韵味的舞步,进行着富含仪式性的表达。身体的每个动作背后,都隐喻着神秘性和神圣感,体现出当地族群的非凡智慧,这个风俗也已延续上千年。然而,笔者在调研中发现,很多村民认为现在关注朵洛荷的人越来越多,同时,现在的这些传统文化事

项也越来越和以前不一样，为了便于展演、观赏，在不断地改变着。近年来，朵洛荷场域中过度糅合了诸多功利化因子，诸多背包客、摄像镜头将身体聚焦，使朵洛荷处于"中心位置"，

被凝视与聚焦的朵洛荷

被不断地凝视，打破了传统体育文化的仪式感与神圣性，并打造着工具性文化产品。

旅游化、遗产化是推动传统体育文化功利化的重要因素。传统而富有神圣内涵的体育文化符号原本是彝族族群重要的身体文化标识，如今被打造成沉浸式体验的旅游符号。符号成为实现功利化的重要工具，那些传统体育文化中所展现的"自然、和谐、认同"被"功利、荣誉、消费"所替代。当下，我们不难看到诸多传统体育文化符号在被广泛推销与宣传，各种民族传统舞蹈和民族传统习俗的展现层出不穷，那些被誉为传统体育文化的系列符号已经成为当地的消费文化。这些看似是神圣性文化，实则是走向世俗性文化的功利化表演，其脱离了彝族人民的情感表达，远离了族群神圣的历史文化叙事。

三、由神圣性文化向世俗性文化消解引发的问题

（一）族群文化边界的模糊

凉山州彝族传统体育文化生成并传递于特殊的人文环境之中，身体的呈现与血缘群体有着较为清晰的关联脉络。那些在神圣仪式中所表现出来的身体行为文化，都可以视为族群认同的重要形式，成为区别"自己"和"他者"的重要依据。因此，在特定的神圣仪式空间中，凉山州彝族族群以体化实践表现的传统体育文化意象，展现着族群内部互动和群体间的边界，共享着神圣的"集体欢腾"，形成了巨大的文化聚合力量。但是，在由神圣性文化向世俗性文化消解中，引发了族群文化边界的模糊。

一方面，互联网、数字电视等深度影响，造成了身体行为在虚拟空间上演，变得越来越虚拟化和带有商业色彩。这种虚拟化的传统体育文化脱离了文化生成

的人文自然环境与清晰的血缘脉络，在虚拟空间借助图片、文字、音频和视频等信息符号实现着传递与传播。由此，造成了族群文化边界很难再像以前那样清晰。人们在制造和体验这种虚拟文化的过程中，实质上很难真正地理解传统背后的深刻内涵和意蕴，也很难区分"自己"和"他者"，因为这与"本地生活在场"没有多少关联。互联网虚拟空间代替了特定的神圣仪式空间，虚拟的图像消解着凉山州彝族传统体育文化"本地生活在场的有效性"，边界消解的彝族传统体育文化日渐成为共享而普泛化的世俗文化。

另一方面，世俗化倾向使人们过度关注传统符号的"协调""美感""效果"，而将其固有的顺序打乱，将其相关的禁忌打破，开展的时间也根据展演需要随时组织，这造成了凉山州彝族传统体育文化边界的模糊，导致其自身所具有的秩序性文化品格丧失。在大众文化符号发展的潮流中成为一项失去固有特征的模拟之物，其自身独特的身份及标识的边界开始变得越来越模糊。实际上，不仅是凉山州彝族传统体育文化，其他的地域性传统文化也面临文化边界模糊的问题，在商品化、市场化这一大规模生产场，传统文化被不断以标准化生产，生产后通过传统的"光晕效应"，增加了产出文化商品的象征性，而商品的生产很少关注传统的边界性，纯粹是为满足文化消费而产出，与其所具有的神圣感早已"相疏远""相背离"。所以，凉山州彝族传统体育文化由神圣性向世俗性消解，使彝族族群传统体育文化边界不再明显，造成传统所代表的内涵不再鲜明，传统所承载的价值不再显现。

（二）传统体育文化的价值转变

凉山州彝族族群所创造并传承的传统体育文化是一个象征的体系，其所隐喻的内涵和价值是彝族人民编织的"意义之网"，他们用自己的身体实践讲述着群体的历史，呈现着社会生产生活的宏大叙事，这些看似寻常的身体行为"惯习"，已经融入族群生活环境和社会秩序当中。然而，在市场推进中，诸多彝族传统体育文化被纳入文化工业生产并实现着商品的销售，追求利润的交换价值似乎成了文化产品的首要目的，而其内在的文化价值和意蕴被人们所忽视。在资本逻辑支配下，传统的"交换价值"不断被凸显和消费。在"文化产品"消费中，作为文化主体的人也在不断麻痹自我中失去自己。为了实现地域性传统体育文化最大的经济效益，发挥其最佳的交换价值，人们不断进行度量与评估。当前，凉山州彝族族群社会的一些传统体育文化已然开始远离文化自身产生的原因和目的，所形成的眼花缭乱的文化产品非但没有丰富的生命过程，反而使它们逐渐与文化生成的主体相背离，甚至逐渐形成了超生命体而与自身相背离。那些本应该有着内在主体价值的传统体育文化开始越来越按照实际的经济效益来发展。

第五章　凉山州彝族传统体育文化的主体性消解之呈现

受市场主导和交换价值的影响，诸多特色的彝族传统体育文化变得越来越标准化和单一化，当传统体育文化成为"流水线"上被制作的文化商品时，便披上了马克思所言的"拜物教"外衣，进而背离了传统文化主体性的本质，成为失去了文化个性，以统一的风格、统一的标准进行模式化生产[1]。当这种商业性的价值规范跃居主要地位时，彝族传统体育文化中那些朴素的宇宙观、传统的伦理性和深刻的认同感也就逐渐退居幕后甚至消解了。由此，造成了文化的反思空间被不断压缩，并遵循经济利益最大化规则，这对传统价值规范的冲击较大。资本逻辑在传统文化中的推行将传统相应的规则、程式和禁忌都打破，并使传统受众最大化。最终，导致彝族传统体育文化的价值发生转变，身体符号由神圣走向世俗。

第三节　记忆性文化到失忆性文化消解之呈现

凉山州彝族传统体育文化以身体为载体，承载着彝族族群的深刻记忆，凝聚了族群的历史文化叙事。然而，随着现代性的推进及人文地域环境的变迁，出现了彝族传统体育文化由记忆性到失忆性的消解。在文化消解的逻辑转换中，凉山州彝族传统体育文化的发展越来越表现出数据化、遗产工业化、再造化趋向。记忆性的传统体育文化符号内涵逐渐丢失，形成了文化的同质化倾向。此外，从记忆性文化向失忆性文化转变，还使文化承载的身体处于游离状态，造成了文化主体的自我认同焦虑，进而使彝族传统体育文化的主体性面临消解。

一、由记忆性文化向失忆性文化消解的逻辑转换

（一）凉山州彝族传统体育文化的记忆性

凉山州彝族传统体育文化承载着彝族族群的文化记忆，这种记忆投射在具象社会中就是文化的实践保留和传承，它是彝族族群现实生产生活的高度浓缩，叙述并展现着特定时空中族群内的互动欢腾。凉山州彝族传统体育文化的记忆性主要通过语言、文字和体化实践予以表达。

首先，语言的产生是构筑传统体育文化记忆性的基础，语言的交流促进了身体文化的传承，并能够以语言的形式直接传达更多的体化信息。当前，凉山州彝族族群通过口述而保留下的诸多与传统体育文化相关的神话、场景、技能等，也成为再现族群过往历史记忆的重要形式。其次，彝族文字的出现是构筑当地传统

---

[1] 孙亮亮.史明娜.西南少数民族传统体育文化符号的异化研究[M].北京：人民体育出版社，2020：50-51.

体育文化记忆的推力。当古老的彝族象形文字被发明时，族群对记忆的保留开始不再受到外部社会环境的影响，文字刻写、符号记载都成为人们记录过去的有效手段。古老的象形彝族文字中蕴含了很多彝族族群生产生活实践的场景，其中还不乏一些与传统身体行为相联系的文字符号。这些文字记载着古老的传统体育文化实践景象，有的甚至直接展现了群体的身体行为，描绘着过去身体所承载的宏大叙事。最后，族群体化实践是构筑彝族传统体育文化记忆的前提。体化实践是彝族族群信仰和仪式感的承载，建构着属于族群的价值体系，他们以规定性的身体动作实现对过去的追忆，进而变成规律性的"集体欢腾"，在"集体欢腾"中的每个体化动作都刻写着族群记忆的"惯习"。

（二）凉山州彝族传统体育文化失忆性转向

在社会高速发展的背景下，诸多传统文化事项不断被选择、被保留，但同时也在不断被遗忘。每种文化都在发展中探索如何适应时代发展，如何实现自身的延续与传递。凉山州彝族传统体育文化在历史发展进程中，也在经历着不断被保留和遗忘，它的遗忘包括"内涵的遗忘"和"文本的遗忘"。内涵是文本构成的基础，也是文化记忆传递的核心内容。但现在看来，貌似"文化文本记忆"大都还存在，但是内涵却在逐步丢失。在全球化与城市化助推下，人们貌似丢失了传统体育文化核心的东西，导致内涵被遗忘。同时，人们为了填充内心的渴求和满足于自身对传统的追忆，努力去制造保存了传统体育文化的文本，并在对再造传统的体验中实现着精神满足。然而，这些"文化文本记忆"却是被制造、被设计的，看似是在记忆过去，实则是一种遗忘。

在科技快速发展的背景下，记忆和保存不再过度依靠人脑，现代化的存储与保存成为重要的记忆手段，康纳顿将其称为"刻写实践"，并定义为：用来存储和检索信息的现代手段，包含印刷、百科全书、索引、照片、录音带、计算机等，作为捕捉和保存信息的手段[1]。为了使彝族传统体育文化符号便于保存，人们将其制作成了电子图像与视频等予以存储，并试图能够一劳永逸地记忆这些传统体育文化事项。诚然，这些被刻写的实践实现了长期保存，也貌似能够留住传统的记忆，但是，其记忆的载体已经脱离了主体的彝族族群，脱离了其生存与生产的具象人文地域环境，成了数据堆砌的虚拟影像。由实践的身体记忆到虚拟的数据记忆，必然造成传统体育文化由记忆性文化向失忆性文化的消解转换。

---

[1] 保罗·康纳顿.社会如何记忆[M].纳日碧力戈，译.上海：上海人民出版社，2000：1.

(三)凉山州彝族传统体育文化失忆性发展

全球化助推形成的现代性发展,给整个社会带来了空前的劳动力解放,由此,消费主义与享乐主义也逐步形成。受共享与消费环境的影响,诸多彝族传统文化记忆被现代发展浪潮冲刷,记忆的痕迹渐渐模糊。西美尔作为大众社会和文化的批判先驱,曾经反思了新的生产技术如何催生消费主义,以及探讨了"现代人"被大堆文化产品包围[1]。现代进程的全球席卷,使各民族的传统文化地域空间被打破,文化间的交流与传递成为常态,同时,这也造成了文化的再生产,以此满足着不同群体的文化消费需求。现实的科学技术和可观的指数增长对传统体育文化的冲击是不容小觑的,强势文化的势力在不断扩张,个体心灵与地域性传统文化的距离越来越疏远,然而在疏远的鸿沟间,却被繁杂的现代文化所填充,最终建立了一个可以量化的、经济关系融洽的、外在的和非人的失忆性文化形态。

作为传统记忆符号的凉山州彝族传统体育文化,它是跨越时间与空间的历史延续,呈现着过去、现在与将来三个时态。然而,当凉山州彝族传统体育文化脱离了传统的人文与自然生存土壤,被制作成与"现代"一致的"文化产品"时,内涵的记忆则面临消解的逻辑性转换。在文化产品制造过程中,我们过于关注其"现在"空间的价值,而忽视了其"过去"的历史时态衔接,传统体育文化记忆必然会失去自我、失去未来,进而演化成为主体性迷失的文化产品。被制造的文化产品则利用了传统记忆符号的感召力、认同力,以及人们对"异文化"的向往,进行着文化传统与记忆的再生产。当下,作为记忆符号的凉山州彝族传统体育文化,其"价值意义"有了工具性烙印,当技术主义与社会再生产相结合,进而实现着文化产品消费的时候,传统的记忆符号便不可避免地产生了失忆。

二、由记忆性文化向失忆性文化消解的现实呈现

(一)凉山州彝族传统体育文化发展的数据化

凉山州彝族传统体育文化作为族群的"集体记忆",其传承和记忆的方式依赖于具体性的身体实践。然而,当前凉山州彝族传统体育文化的发展越来越呈现出数据化特征,貌似很好地保存了相关数据信息,也实现了数据信息的全面把控,但是实际上这是对传统体育文化的消解,也必然将造成文化的失忆。

首先,不知从何时开始,人们越来越害怕遗忘,为了不遗忘那些富有内涵的传统体育文化,人们努力尝试使用现代数据与信息技术进行保存,试图克服人类

---

[1] 阿兰·斯威伍德. 文化理论与现代性问题[M]. 黄世权,桂琳,译. 北京:中国人民大学出版社,2013:92-98.

凉山州彝族传统体育文化的主体性消解与纾困研究

社会变迁造成的遗忘。实际上，遗忘也并非是记忆的对立，在阿莱达·阿斯曼看来，遗忘可以被看作是记忆的另一种形式。然而，恰恰越是努力地去以数据化的形式记忆，越会造成传统体育文化的失忆。凉山州彝族传统体育文化自生成以来，身体就是族群记忆保存的重要载体，这种记忆的方式不仅体现在生物性的身体层面，而且还体现在社会性的身体层面。但是，现在普及化的数字与信息技术存储保存，致使体化实践记忆逐渐退化，所积淀而成的体化实践记忆与叙事，成为互联网与计算机运行的数据化符号，传统的符号逐渐脱离了身体，成为可反复存储与提取的数据化影像，传统体育文化的传承越来越不依靠传承人，体化实践文化记忆的代际传承被打破。由此，记忆越来越成为数据化的信息流，那些古老的体化实践文化叙事和神秘的隐喻，在数据存储的记忆时代里将不知不觉地消解，取而代之的则是被计算出的一种貌似实现着强大记忆的失忆状态。

其次，遗产化的数据信息提取与保存也造成了传统体育文化的失忆。无论是非物质文化遗产还是物质文化遗产，都是对过往的一种怀念，当人们选择一项或几项日常生产生活中的传统体育文化作为"非物质文化遗产"给予保护与传承时，那么，其他与之共存的传统体育文化则可能会被忽略或遗忘，民俗学家称这个选择的过程为"遗产化"。遗产化实际上也是非物质文化遗产从"本质遗产"成为"认知遗产"的过程，在"遗产化"选择的过程中，需要按照申报制度进行数据与信息的采集与保存，这就需要对一些残缺的文化片段进行梳理与建构，并且删除一些不符合要求的内容。最终，经过数据与信息的确认、立档、研究、保存、保护、宣传、弘扬等多个环节、流程和步骤，我们所看到的这些文化记忆形态，如若处理不当，则会成为脱离了生活的、形式化的失忆身体符号。

（二）凉山州彝族传统体育文化的遗产工业化

联合国教科文组织将"非物质文化遗产"定义为：各社区、群体，有时是个人，视为其文化遗产组成部分的各种社会实践、观念表述、表现形式、知识、技能，以及相关的工具、实物、手工艺品和文化场所[1]。非物质文化遗产保护的推进，在很大程度上保存并促进了彝族传统体育文化的发展。但是，当前传统体育文化面临遗产过度工业化趋向。所谓遗产工业是指以一套标准化、数量化、技术化、模式化、法规化、行政化的流水线作业，以操作程序相似或相同的手段对待遗产[2]。彝族传统体育文化遗产的过度工业化倾向，使所存续的一些体育非物质文化遗产留下了遗产工业的"标准化"痕迹，也导致具有身体记忆内涵的符号

---

[1] 什么是非物质文化遗产[EB/OL].（2022-01-21）[2022-12-18].http: //news.sohu.com/a/518126668_121123759.
[2] 彭兆荣.遗产政治学：现代语境中的表述与被表述关系[J].云南民族大学学报（哲学社会科学版），2008（2）：5-14.

第五章 凉山州彝族传统体育文化的主体性消解之呈现

面临标准化生产的失忆状态。例如，笔者在西昌调研期间，深刻地感受到当地对火把节文化的遗产打造，围绕火文化开发了系列旅游景区，景区中随处能够观摩到非遗景象。此外，围绕火文化也宣传包装着系列非遗身体符号呈现，在过度的工业开发中，其成为一种标准化的消费工具、视觉文化产业，逐渐失去了其本身所具有的记忆性、内涵性。

遗产工业化中的火文化与身体符号宣传呈现

从本质上讲，遗产工业运用了非物质文化遗产本身的神秘性、吸引力、感召力等特点，打造了标准化的文化产品，而神秘性、吸引力、感召力等特点又是现代旅游的重要构成。于是，在后现代生活中，彝族传统体育文化所具有的深刻"记忆"被不断打造与消解，当以彝族传统体育文化为代表的系列非物质文化遗产被注入"遗产制造技术"的成分，便会面临传统体育文化内涵消解的风险。现代遗产工业在生产具有记忆性内涵的彝族传统体育文化的过程中，以彝族传统体育文化为代表的符号，也不可避免地面临由记忆性向失忆性消解的现实转变。特别是在加工过程中，遗产工业赋予传统文化一系列大众消费与共享的内容，并对其进行过度阐释、解读与误读，进而，将其打造成了以记忆过去、传统怀念为主题的共享文化。人们沉溺于自己设计的文化生产工业之中，看似是在怀念并记忆着过去，实则是在消费伪传统，改变传统的记忆与历史。

（三）凉山州彝族传统体育文化发展的再造化

凉山州彝族传统体育文化承载了族群生产生活的身体记忆，在历史的积淀中，这些传统体育文化符号成为族群的"惯习"，刻写在了身体之中并成为具象的文化记忆。但是，当这种具象的记忆遭遇现代巨大变迁之时，被现代性所控制的人则开始借助传统的外壳，运用不同的形式与手段，制造着适应现代大众化需求的身体符号，以此建立起"再造的身体记忆"，满足现代人的文化共享与消费需求。在传统文化发展的再造化过程中，凉山州彝族传统体育文化亦成为传统再造的重要对象，人们将富有内涵的传统体育文化作为再造模板，将其从生产与发展环境中脱离出来，并置于再造的逻辑框架中，不断地对其内涵形态进行改造与编辑，以迎合现代人的记忆回忆需求[1]。最终，造成凉山州彝族传统体育文化发展脱离了原本特定的记忆内涵体系，成为"适应"现代人消费与共享需求的文化记忆形态。凉山州彝族传统体育文化发展的再造化推进，使富有内涵性记忆的身体文化演变成为承载大众需求的符号，由此，也消解着传统的记忆内涵与形式。

再造的凉山州彝族传统体育文化也开始与传统的记忆价值、内涵、观念相疏远，它借助传统的记忆来重构、诠释甚至臆造"传统"，并与传统记忆符号所代表的神圣、内涵、意象、认同的表意模式相对立。实际上，再造后的凉山州彝族传统体育文化是一种失忆体化实践，它只是被设计成貌似族群记忆的文化形态，出现在大众视野，虽然在一定程度上满足了大众群体对文化消费或共享的需求，但是这种发展是以消解传统文化的记忆内涵与身体内在价值为代价的，其意蕴已经在再造过程中被磨平。这种再造的记忆形式就像霍布斯鲍姆所说的那样：确实是被发明、构建和确立的"传统"，并且这种"传统"是在某一短暂的、可确定的年代，以一种难以辨认的方式迅速出现的[2]。凉山州彝族传统体育文化曾是具有"内涵""惯习"的"集体记忆"，而在现代化社会进程中，则面临着记忆的消解，并在"再造文化记忆"助推过程中建立新的记忆起点。

三、从记忆性文化向失忆性文化消解引发的问题

（一）自我认同焦虑

自我认同是族群成员对自己所属群体的认知和情感依附，其体现着族群的共同认可感。自我认同的形成除了与语言、宗教、种族等"共同纽带"有着密切关系，还与社会群体之间的资源共享有着联系。"共同纽带"区分着"我族"与"他族"的关系，积淀着族群自身认同的边界和族群的集体记忆。而资源的共享实现着个体或族群的切实利益，是构建或维系群体认同体系的重要基础。凉山州彝族传统体育文化所具有的历史积淀性、身体资源共享性，使其顺其自然地成为族群认同的重要载体。但是，由于记忆性文化向失忆性文化消解，以身体实践为载体的传统体育文化在认同发挥方面受到影响。失忆的文化丢失了传统的独特性和内涵性，由此造成了符号身份的模糊。曾经作为族群共同进行的仪式性传统，现在很难再将人们聚焦在一起，实现共同的"集体欢腾"。而传统体育文化的失忆也造成了族群个体在时代发展中的认同焦虑，并将族群变成了如大卫·利斯曼所言

---

[1] 史明娜，孙亮亮.川东北巴人体育文化记忆研究[J].四川戏剧，2021（10）：163-165，172.
[2] 霍布斯鲍姆，兰格.传统的发明[M].顾杭，庞冠群，译.北京：译林出版社，2008：1.

的"孤独的人群"。

从记忆性文化向失忆性文化消解引发了自我认同焦虑。认同的焦虑意味着"我"的事实与"我"自身的界定不符。凉山州彝族传统体育文化曾经以体化实践、口述刻写等作为文化记忆保存和传承的手段，并在富有文化积淀的人文地理环境中发挥着群体认同功能。但是，随着现代生产生活节奏的加快，传统地域空间的族群文化开始以一种共享、虚拟的手段替换内涵的记忆，同时，族群间的沟通交流形式也从实践的体化手段变成了虚拟化、流动性的"交流"。从传统到虚拟的转变使记忆性文化向失忆性文化消解，也造成了个体归属感的缺失，使其产生了情感焦虑。凉山州彝族传统体育文化符号是族群传统记忆的载体，所构建的是一个"规范、有序、团结、亲睦"的族群共同体，而如今形成的虚拟化的交流形式使相应的仪式、情感都被省略和遗忘了。

（二）文化同质化趋向

当前，凉山州彝族传统体育文化由族群内部的"集体记忆"分享，逐渐成为社会大众的"再造记忆"共享，一些传统的记忆符号被视为地方的"文化资本"，如火把节、彝族年等，人们在力图将这些地域特色的传统文化符号设计成为开放的、"一体化"的"文化资源"，努力将其打造成一系列代表性的文化产业，以凸显文化资源的开发成效。诚然，这在一定程度上促进了传统文化交流，推进了地域性经济发展。但是，也应关注到文化记忆再造共享造成的族群记忆消解。在记忆共享中，特色的记忆远离了族群、脱离了地域，由此造成的失忆会助推族群文化的同质化趋向。凉山州彝族传统体育文化是具有地域和民族特色的文化符号，也是具有丰富内涵的文化符号，如果因为过度产业化打造而造成同质化，则可能会使其内在价值消失，造成集体记忆消解，最后可能会得不偿失。

当前，我们应该反思凉山州彝族传统体育文化从记忆性向失忆性的消解，以及由此引发的族群文化同质化趋向。作为内涵性的传统体育文化记忆，其主要是借助于身体展现所要表述的异质性"特色内容"。但是，在文化同质化推进下的失忆性传统体育文化，其形式发生着不断变化和再造，其风格经历着不断演变和设计，道具、服装、灯光、音乐等各种形式化手段映衬着传统体育文化本身。在对各种"形式"内容打造之下，一些传统体育文化仿佛看上去华丽而丰满，但其异质性内涵却变得越来越缺乏。异质性的"特色内容"是凉山州彝族传统体育文化区别于他者的内核，而诸多彝族传统体育文化的"形式"在不断地被设计和包装而实现更新，"形式"的不断变化必然会导致传统的主体性超逻辑改变，进而造成"内容"的同质化倾向。如今，我们不难发现，诸多传统体育文化符号在不同"文化展演"中表现出风格的统一性，文化同质化趋向较为明显。

第四节　意象性文化到再造性文化消解之呈现

凉山州彝族传统体育文化以体化实践渗透着"意象"的表达，身体背后呈现着族群浓郁的历史文化。然而，现代场景中再造的传统体育文化却在很大程度上消解了"表意"的真实价值，弱化了身体实践的情感表达。由传统意象到现代再造的过程，似乎更像是"文化贬值"过程。在此过程中，彝族传统体育文化符号内在的"所指"逐渐弱化，取而代之的是再造性符号化的强化，由此压缩了能指与所指之间的张力。作为再造的彝族传统体育文化符号，其实也是一种"像"，但这是一种"被制造"出来的"像"，是"象"的复制品。由意象性文化到再造性文化的逻辑转换，使符号"所指"的"意"已被消解。从超俗到媚俗、意象距离感消失、工业化痕迹等方面，呈现了意象性文化到再造性文化消解的现实，并由此引发了系列问题。

一、由意象性文化到再造性文化消解的逻辑转换

（一）凉山州彝族传统体育文化的意象性

意象是中国文化特有的范畴，很早就出现于中国古典哲学、美学与文学中。"意象"中的"象"是超越了现象事物的本身，融入了主体丰富的感性生活和情感，是主体不断凝聚内涵来构筑表述的形式，也是一种艺术的表意范式[1]。其实，作为意象性文化的彝族传统体育符号实质上就是关于凉山州彝族"集体记忆"的延续，是代表着彝族族群生产生活的身体实践，凝聚着彝族人的智慧和文化，具有固定的、独特的文化含义和丰富深远的历史内涵。在仪式中，古老的彝族族群将朴素哲学观和世界观融入身体中，并以此来表达主体对自然或祖先的情感，所呈现出来的是一种超常态、象征意义的"集体狂欢"场景，蕴含了族群文化认同和现实感悟。因此，对凉山州彝族传统体育文化的认识，不能单纯地局限在身体行为的表象，而应该超出我们身体的表象，探索身体之中所蕴含的意象。

例如，凉山州彝族传统体育文化事项中的摔跤、赛马、斗牛、朵洛荷、达体舞等，从表面看是一种身体的锻炼，而实际上，作为传统的体化实践，它承载着族群的象征与意义，所表现出来的是一种朴实的族群生活方式，这种方式又被赋予了神圣的使命，是彝族族群精神寄托的意象性表达，从某种层面上看，作为意象的传统体育文化事项体现了凉山州彝族传统体育文化内涵的独特性，隐喻了彝

---

[1] 王妍，程婧婷.从意象到仿像：象数思维视域下艺术表意范式变革探析[J].文艺评论，2010（5）：51-54.

族族群与祖先、自然、社会的深层联系。

(二)凉山州彝族传统体育文化再造性转向

古老的彝族族群在漫长的历史进程中,经过不断孕育,形成了丰富多样、富有民族特色的传统体育文化形态。那些在仪式中呈现出的彝族传统体育文化符号,实际是彝族族群以身体实践所表现出来的带有隐喻含义的"意象",这是在特定的"神圣空间"的"所指"。其蕴含了族群集体的愿望和寄托,是一种淳朴的族群思想表达。然而,随着现代社会进程加快,很多彝族传统体育文化符号开始远离生产生活空间,被不断再造着。再造的传统体育文化符号,所呈现出来的场景可能场面更为壮观、参与的人员更多、活动仪式更为有序,但是在"大众狂欢"之余不禁会让人思考,传统体育文化符号的意义还有多少,意象性的内涵是否存在。其实,凉山州彝族传统体育文化符号从最初的意象性文化发展到再造性文化,其实质就是代表彝族族群"主体性"的传统开始淡化与消解。

笔者在菲各村火把场调研期间,对一位长者的访谈内容至今印象深刻。他曾不断提及"火把节是我们这里最隆重的节庆","赛马、跳舞、唱歌都是为了表达我的感情",但是,他后来又觉得"现在火把节没有以前热闹了","现在的火把节举行的也和以前不一样了""感觉很多的人都来看,没有以前自在"。调研期间,一位传统体育文化研究同行也认为,在现代的高速发展中,当地的火把节主题内容也发生着悄然变化,逐渐成为一种大众共享的、再造的过度"狂欢",以此吸引着人们对再造文化的消费。

笔者于菲各村火把场与受访者合影

由意象性文化向再造性文化消解的逻辑转换中,虽然人们传承和保留了传统体育文化中的部分形式和内容,但是身体所要表达的意象性内涵却被淡化。例如,节庆中的摔跤、斗牛、赛马等一些彝族传统体育事项原本是一种传统的文化记忆,一种族群的世界观表达。但是,现在这些摔跤、赛马的参与者是否还能通过体化的实践表述过去的历史?是否还能通过身体的行动感悟传统的意象?如果说意象的传统体育文化表现出的是一种感性的价值,那么再造性文化的逻辑转换则表现出一种工具理性特征。传统体育文化在这个转换中摆脱了主体社会化的自然限制,脱离了作为主体的族群尺度，它以技术原则作为生产手段，服从于文化再造与再生产的无限可能性。

（三）凉山州彝族传统体育文化再造性发展

全球化和城市化的深度推进，在很大程度上助推了传统体育文化产业化趋向，由此，传统面临着转变为再造性文化符号的风险。这种再造后的文化符号，逐渐被消解成为"当前性""消费性""娱乐性"的表象。同时，作为表象的再造符号脱离了传统本身，身体行为脱离了生活的图景，并且对传统生活的各方面都消解和模拟着，形成了一种看似"真实"的场景。对于地处偏远的凉山州彝族地区来说，其原生性的族群传统体育文化是承载意象性内涵的符号，并且这种意象性镌刻在每位族群个体的身体之中。然而，再造性的传统体育文化符号逐渐失去了它的"意象性内涵"与"记忆"功能，并以一种全新的再造形态出现在舞台、商场或者出现在电子媒介之中。

再造性的彝族传统体育文化是对意象性文化符号的背离。当前，凉山州彝族传统体育文化符号再造造成了文化符号"失真"，导致身体行为意象内涵缺失。符号的能指与所指之间空间的缩小，致使彝族传统体育文化意义的生成空间被挤压成一个平面，呈现出"平面化取代深度"的趋向。最终，意象性的身体不可避免地消解成为与自身相背离的再造身体形态。所以，再造的传统体育文化符号开始被重新认定，成为一种文化资源、旅游资源或者文化商品。当再造的传统再次出现在人们视野中时，它原来所具有的意象性内涵逐渐消解，取而代之的是与之相左的意义贬值的再造文化符号。这些再造的符号与传统意象是不相符的，是一种模拟与仿像。因此，作为再造性的彝族传统体育文化符号，不但失去了它意象性的内涵，还造成了人们在文化符号消费中的"虚假性"体验。同时，被重塑、被设计、被生产的再造性传统，其意象性文化内涵被架空，也致使其失去了族群文化的主体性意义。

二、由意象性文化到再造性文化消解的现实呈现

（一）从"超俗"趋向"媚俗"

凉山州彝族传统体育文化呈现的是一种"表意"的传统身体行为，其生成依据于现实并超越现实。身体所表达的"意"是彝族族群对生存世界的情感体现，既有对社会、自然的现实情感，也有对图腾、神灵的超俗情感，所以，也是彝族族群通过体化实践将主体的意象延伸到深层的行为。而再造的传统体育文化则是对物象的复制或模拟，最终不是对超越世俗的表"意"呈现，而是现实世俗文化

第五章　凉山州彝族传统体育文化的主体性消解之呈现

共享的目标。传统文化应提供的是内涵与意象的传递，它能使族群个体找到自己所在时空的位置，明白其作为族群中个体的作用，并通过生活的轨迹和符号来理解他的人性[1]。作为再造的彝族传统体育文化已经离开主体应有的"位置"，缺少了主体身体所附载的生产生活印迹，走出了超越俗世的"神圣空间"。曾经的能指与所指被深度压缩，超俗的"意"被消解，致其成为媚俗的再造符号。

当前，审视凉山州彝族传统体育文化的意象性内涵，我们能感受到表"意"的传统意象面临消解的状况。与此同时，也能看到诸多"华丽"的再造符号被生产，旅游景点、商业酒店、文化展馆甚至是村寨中的传统体育文化符号都被精心设计着。对于这些传统体育文化的再造者而言，他们利用了视觉消费的交换价值，实现着再造符号的价值转换，以此满足大众群体对异文化的好奇。这些带有"媚俗"倾向的传统体育文化，通过形式的包装和内容的设计，形成了再造的"传统"，既迎合着传统的再现，又增强了视觉消费效果，进而吸引了大批的大众消费群体，以此实现着商业化利益。对此，我们不得不进行反思，也需要正视文化的再造与媚俗倾向。曾经彝族传统体育文化是族群"表意"的方式，是在特殊时空中完成的意象性身体表述，是超越世俗的内涵文化交流，如今则成了迎合世俗的"艳俗"符号。

（二）彝族传统体育文化意象距离感消失

作为意象的彝族传统体育文化符号，所表达的"意"主要是通过仪式、身体、器物等方面共同完成的。在仪式中，身体的实践活动是我们肉眼中的"象"。对于参与主体的彝族族群而言，他们是在所处的表意仪式空间内，完成了主体（彝族人）与客体（仪式对象）的近距离交流，交流的内容是整个仪式活动内容所想表达的"意"。在历时性和共时性交互的"神圣空间"内，主体的身体行为在实践中显现出来，与久远的过往相对接，陈述着过往的意象性积淀，此时的身体已不再属于自己，而是融入社会历史的表述之中，身体只是社会支配的"体"现[2]。所以，凉山州彝族传统体育文的意象既是身体行为本身的深层内涵，又是作为主体的观者对对象的"投射"[3]。

而作为再造的彝族传统体育文化，它已经不再属于彝族族群的固有文化。由于仪式中身体文化的"所指"和"能指"被同一化，主体与客体的交流变得越来越空洞，呈现出的景象就是一种距离感消失的视觉文化产品。同时，平面化的娱乐化内容越来越消解着意象的身体，真正的主体和客体的距离越来越遥远。在

---
[1] 让·拉特利尔.科学和技术对文化的挑战[M].吕乃基，王卓君，林啸宇，译.北京：商务印书馆，1997：144.
[2] 杨儒宾.中国古代思想中的气论与身体观[M].台北：巨流图书公司，1997：216.
[3] 孙亮亮，史明娜.西南少数民族传统体育文化符号的异化研究[M].北京：人民体育出版社，2020：159.

传统生活中，意象性的文化符号是彝族族群将内心情感寄托于超越现实的"象"，而体化实践则是族群在"意象性时空"中实现精神层面的感悟。再造的传统体育文化意象距离感消失，成为为现实需求而设计制造的、脱离了族群记忆的"仿像"。再造的传统体育文化"仿像"与意象性的身体距离越来越远，它们按照重新修订的现代技术逻辑框架进行机械化的模仿。视觉的欲望支配着现实主体对再造"传统"的接纳和认可，在很大程度上抑制了主体的能动性，也使参与主体不再具备"意象"的心理和精神体悟，主体和对象的距离也逐渐疏远。

（三）彝族传统体育文化工业化痕迹愈加明显

凉山州彝族传统体育文化的最大特点就是"地域性"，是一种地缘区域与族群生产的乡土文化符号，反映了彝族族群朴素的地域文化风格和生产生活状态。但是，在全球化的深度推进中，原本局限于凉山州地区的彝族传统体育文化经过被选择，而纳入了大众文化产品标准化和程式化生产中，形成了阿多诺和霍克海默所言"文化工业"附属物。在工业化生产中，彝族传统体育文化曾经代表族群的"集体记忆"已经被瓦解，所呈现出来的具有表意的主体性身体行为开始增添各种"附加内容"，身体文化框架被重新解读和建构，仪式中的身体不再承载内涵与意蕴等意象性的表征，取而代之的是工业特征明显的再造性传统文化符号。

彝族传统体育文化的工业化痕迹主要表现在以下三个方面。第一，传统体育文化开始呈现普遍的商品特征。作为凉山州彝族传统体育文化的主体，彝族族群失去了自身文化的独有价值追求，失去了对"象"的把握，忽视了对"意"的解读，进而使传统体育文化的主体性内涵和隐喻越来越模糊，使传统成为工业化流程中批量生产的产品。第二，传统体育文化的大众化明显。意象性的传统体育文化符号是不可复制的，具有其独特的族群性、地域性和历史性，由此形成了意象性的内涵。但是，当前经过再造的"传统"，其文化个性似乎普遍丧失，摔跤、赛马、荡秋千等彝族传统体育文化成为旅游体验的大众文化产品。各地都模仿、再造了相似的工业产品，虽然也都在努力诠释和设计独特的符号，但是，这些符号所呈现出来的工业化痕迹较为明显，已经失去了文化的意象性内涵。第三，传统体育文化的消费化明显。再造的传统体育文化的服务对象不再是彝族族群，而是倾向于消费的大众群体。为了使传统体育文化的消费性增强，人们在文化的工业化再造中不断实现着文化的精准设计，在消费中也呈现出了文化的工业化内容。

三、由意象性文化到再造性文化消解引发的问题

（一）现代技术不断控制

技术的更迭是一个时代的象征。每次技术革命都是进入现代化的新起点，使人类社会生活生产发生巨变，以现代数字与信息技术为标志的工具使用也在很大程度上助推彝族传统社会发生变革。现代技术是一把双刃剑，在促进传统文化发展的同时，也影响了传统文化的内涵发挥。当表意的彝族传统体育文化中的"意"被"现代技术"抽离之后，文化内涵会逐渐消失，然而在现代技术的不断影响下，这些再造的传统又在被不断地填充着现代的内容，并通过流程化的生产线，制造出一批又一批的"文化产品"。当这些"产品"呈现在大众视野面前时，表面上看是与传统文化相差无几，其身体实践的表演都与传统类似，但事实上这些身体表演是被现代技术所控制的展演。现代技术操控下的彝族传统体育文化，开始追求实用和功利，曾经所具有的民族性、人文性、表意性的文化色彩逐渐褪去，取而代之的是整齐划一的文化表演、千篇一律的文化商品和绚丽夺目的数字影像，那些隐喻和象征被依托现代技术再造的文化商品占据。特别是当前互联网数字技术的广泛应用，在促进传统体育文化广泛传播的同时，也在深度改变着彝族传统体育文化的意象性内涵，意象性的传统体育文化面临着被重新定义。

（二）视觉化消费倾向明显

在以图像呈现为特征的社会中，消费行为不再局限于传统的以交换行为展开的直接购物[1]，视觉的导向直接影响着当代消费行为的倾向。一方面，各式各样的视觉形象制造成为消费的对象；另一方面，消费者的消费行为会受到各类商品图形化的影响。因此，在消费社会中，对于图像的生产往往重于载体的内涵本身。凉山州彝族传统体育文化是当地族群生产生活的凝练，在历史演进中积淀了意象性的内涵，并以身体实践作为载体实现具象表达，在有序的格局中完成身体呈现。然而，受视觉化导向作用影响，人们开始越来越关注异文化的视觉冲击效果，并将其作为视觉消费的重要再造文化产品。作为具有典型代表性的凉山州彝族传统体育文化符号，由于其文化的地域独特性，也必然面临视觉化消费的倾向。当神圣、表意的传统体育文化逐渐离开"原始土壤"，被制作成简单、娱乐的视觉图像文化，那些曾经意象性、内涵性的文化传统也必然面临主体性消解。

---

[1] 陆扬. 文化研究概论[M]. 上海：复旦大学出版社，2008：139.

第六章 凉山州彝族传统体育文化的主体性消解之溯源

第一节 场域空间的挤压

凉山州彝族传统体育文化积淀了彝族族群最深沉的精神追求，是彝族族群浓郁历史文化在时代发展中的具象展现。彝族传统体育文化从生成到发展都离不开传统的乡土场域空间，这种特殊的场域空间为文化的生成提供了浓郁的人文生态环境，并依托于这个场域空间发展成为最具地域文化特色的符号。然而，在总体社会向个体社会转型、城市化进程深度推进、全球化浪潮助推中，这个特殊的场域空间受到了挤压，并影响了凉山州彝族传统体育文化的传承，造成了传统文化主体性的消解。

一、总体社会向个体社会转型

党的十一届三中全会以来，改革开放的进一步推进促进了凉山州彝族地区的自治空间逐渐加大，村落社会结构的不断完善和治理能力的不断提升助推了社会组织结构的完善。而家庭联产承包责任制的实施，推进了经济结构的转型，在社会发展大方向影响下，计划经济向市场经济的转变，加速了总体社会向个体社会的转型。总体社会向个体社会转型发展，一方面，为凉山州彝族传统体育文化的传承发展提供了更为丰富的社会资源，并为文化的传播和推广提供了更为广阔的平台；另一方面，也影响了凉山州彝族传统体育文化主体性发展的场域空间，尤为突出地表现为村寨家族文化的场域空间变小与传统社会结构的场域空间式微，影响了凉山州彝族传统体育文化主体性的发挥。

首先，村寨家族文化的场域空间变小，影响了凉山州彝族传统体育文化主体性的发挥。传统的彝族社会主要以血缘关系、村寨村落、家族族系形成的总体社会维持发展，由此形成了一致性的思想和行为模式，进而构筑了彝族传统体育文化的乡土地域存续体系。所以，彝族村寨家族文化所形成的根深蒂固合力，对传

第六章 凉山州彝族传统体育文化的主体性消解之溯源

统体育文化的生成、传递、发展具有较大的影响。然而，个体社会的兴起，影响了凉山州彝族传统体育文化生成、传承的场域空间。个体化进程的推进，打破了传统体育文化生成和生存的场域空间。个体权利意识的加强、个体追求的经济提升、人口流动的加速等，对传统的血缘关系、村寨村落、家族族系的空间生产产生了较大影响。在传统社会，地域文化的封闭性在一定程度上能够保障传统体育文化的生成。然而，总体社会向个体社会的转型，改变了过去那种平衡的状态，打破了传统体育文化主体性延续的场域空间。

凉山州彝族族群具有深厚的文化积淀，在历史发展进程中形成了浓郁的家族文化氛围，成为族群文化的重要组成部分。几千年的发展中，彝族族群逐渐以血缘关系作为纽带、以地域群体作为人际网、以村寨聚落作为生活方式，村寨家族成为个体和家庭的依托，也成为共同体成员接受教育和生活生存的依靠。由此，孕育出了带有家族、族群文化特征的传统体育文化，这种家族和族群观对于彝族传统体育文化主体性的发挥具有重要的作用。同时，其浓厚的封闭性特点也致使其传播带有局限性，不可避免地体现出了地域性、独有性的生活印记，因此，当家族或地域文化式微时，也将影响与波及传统体育文化主体性的发挥。总体社会向个体社会转型推进，造成了社会流动的加速，突破了传统的地缘空间与生活空间，助推了人口的流动，由此使传统体育文化传承受到影响，主体价值观念的改变模糊了传统体育文化认知，以上这些状况是时代发展中必然要面对的，也是需要我们去思考和解决的问题。从理论上讲，要使彝族传统体育文化的主体性得到良好的发挥，就需要保持其内在秩序性，在新的环境中须对人和精神等核心要素进行保护。然而，村寨家族文化弱化导致的彝族传统体育文化空间压缩，使彝族传统体育文化在当下产生诸多"不适应"的状态。

其次，传统社会结构的场域空间式微，影响了凉山州彝族传统体育文化主体性的发挥。在传统社会，彝族族群中的个人与社会、家庭具有高度的统一性，在血缘关系基础上形成了较为完备的伦理制度。彝族传统体育文化传承以家庭本位、血缘关系、地域习俗为依托，其传承与发展具有一定的地域性和封闭性特征。传统社会结构的特征也在一些传统体育文化事项中具有明显的表现，诸多仪式性传统体育文化的仪式程序所体现的行为规范，通过身体行为实践的倡导与遵守，逐步成为彝族个体内心的自觉和潜意识规范，这在很大程度上维护了传统体育文化传承的稳定。同时，在社会变迁、自然环境恶劣的状态下，彝族传统体育文化则扮演了凝聚族群力量、团结族群自强的重要角色。

然而，在全球化深度推进中，传统社会结构的空间场域已经被打破，凉山州彝族诸多传统文化事项的传承手段也逐渐增多，传统体育文化的艺术化、竞技化、展演化等促进了其广泛流动与交流。个体的追求与发展也逐步开始远离原有集体和血缘社会的束缚，不再受传统的控制和制约。以上问题的出现，必然影响彝族传统体育文化生成与发展的传统场域空间。或者更贴切地讲，在总体社会向个体社会转型的过程中，个体受社会发展的影响而脱离了"总体社会"的制约，进而导致"总体社会"空间场域的解体，个体游离出了传统的空间而融入了"他者"的空间中，并在新的空间中形成了新的价值观念和新的价值标准。对于凉山州彝族传统体育文化的传承者而言，他们远离了原有的场域空间，以及原有的地域关系和亲缘关系，其文化的主体性发挥必然将面临消解的状态，并且个体的传统体育文化实践与主体性发挥的意识也将日益淡化。这无疑会对凉山州彝族传统体育文化主体性的发挥产生消解影响。

二、资本逻辑的深入影响

作为人类创造的物质与精神财富的各种社会经济资源的总和，资本以其自身的特点不断实现着将物质甚至是精神世界的一切进行资本化，进而加快了经济价值的扩张与增值。资本的这种力量日渐成为不以人的意志为转移的逻辑，我们可将其理解为形成了所谓的"资本逻辑"。在全球化不断深入推进的过程中，资本也实现了全球的流动，并以其自身的逻辑不断地进行扩张。在市场化经济快速发展中，资本逻辑必然与地域性传统文化产生联系，这也使凉山州彝族传统体育文化必然与资本逻辑相遇交流，由此，传统体育文化的内容、形态、机制等开始发生变化。

资本逻辑与彝族传统体育文化的相遇交流，具有重要意义。一方面，推动了彝族传统体育文化内在价值的引领作用，特别是在时代发展背景下，促进了地域性传统体育文化的变迁与演进。在资本的逻辑助推下，人们提炼了诸多传统体育文化的元素进行开发，实现了广泛宣传与推广，以助推传统体育文化新形态的价值发挥。同时，资本逻辑的助推还实现了传统体育文化内在价值的外在实现，使传统生产获得了更为广泛的认可，也使自身的传承发展有了充足的经济基础。另一方面，还推动了彝族传统体育文化的时代变迁与演进。在资本逻辑助推产业化发展的同时，也使彝族传统体育文化的形态发生了重要变化。诚然，彝族传统体育文化自身也具备在历史发展进程中创新发展的特质，但是，资本逻辑推进所导致的传统体育文化形态变化与过去有很大的区别，这种变化以资本市场的运作为根本，这在很大程度上造成了传统体育文化的生产方式发生变革，并形成了文化的再生产与异化发展状态，同时，还使作为文化主体的人有了更多可供选择的选项。消费娱乐与感官刺激的文化再生产产品压缩了传统的存续空间，而传统又在资本逻辑中不断被制造，成为消费与感官的对象，以此实现着文化的再造。

资本逻辑生产助推了社会文化消费的日益浮躁。在此状态下，诸多传统体育

第六章　凉山州彝族传统体育文化的主体性消解之溯源

文化由"地域性族群的精神需求"外化成为"商业化形态消费",导致传统体育文化的创造性和文化个性日益消解。凉山州彝族传统体育文化主体性承载的是族群精神文化和物质文化凝聚,也是文化自身的内涵传递与传承。然而,受市场主导和交换价值的影响,诸多特色的彝族传统体育文化变得越来越标准化和单一化,当传统体育文化成为"流水线"上被制作的文化商品时,便披上了马克思所言的"拜物教"外衣,成为失去了文化个性、以统一的风格、统一的标准进行模式化生产[1]。被制作的这些所谓的"文化产品"在社会消费水平不断提升中,越来越成为消费的对象并表现出他为性特征。资本逻辑助推形成的"文化产品",其逻辑是以商品交换为基础的,呈现的是一种非自主性的商业性,而不是指向作为传统体育文化主体的价值与内涵。在资本逻辑支配下不断凸显和消费着传统的"交换价值",在"文化产品"消费中,作为文化主体的人也逐渐失去了自我。

资本逻辑在助推加快凉山州彝族传统体育文化世俗化的同时,也导致了作为文化主体的人的精神世界焦虑。在资本的裹挟下,诸多传统体育文化形态被物质化和产品化。作为文化主体的人,越努力去消费越会感觉到精神的空虚,因为,这些被消费的文化产品不再具有深刻的内涵,而只是作为交换价值呈现出来。人们试图去获取精神资源的行为也被操作成为一种受资本逻辑控制的消费行为。曾经文化主体对文化内涵与意义的价值追求正在被资本逻辑所消解,文化的身份认同不再是一个可以遵循的线性历史过程。舞台与商业中所扮演的"角色"抛弃了过去,也不指向未来,而是仅限于消费当下,认同仅是临时性的架构。凉山州彝族传统体育文化的世俗化发展,消解了传统内在的精神意蕴与价值意蕴,也必然会致使人的精神空虚。在现代的资本运作中,彝族传统体育文化逐渐呈现出娱乐化、媚俗化现象,这种现象也在重塑着文化主体的消费倾向,将文化主体引向了"物质享受""身体刺激""视觉聚焦",那种曾经坚实的精神根基和主体性呈现变得越来越模糊。最终,"我"与传统体育文化的关系变得陌生化,个人在体化的实践生活中无法找到那种归属感,由此造成了自我与文化间关系的疏远,主动失去了作为主体体现"自己"的文化特质与文化认同。

三、交通与传媒的深入影响

首先,现代化进程的推进促使了交通工具的重大变革。汽车、火车等远距离交通工具的出现,一方面使人们的出行更加便捷,促进了地域间的沟通与交流;另一方面在一定程度上使传统地域界限更为开放,并由此改变了彝族族群生活的结构状态,以前几百甚至几千公里的路程显得不再那么遥远,现代交通工具的广

---

[1] 孙亮亮.史明娜.西南少数民族传统体育文化符号的异化研究[M].北京:人民体育出版社,2020:50-51.

凉山州彝族传统体育文化的主体性消解与纾困研究

泛使用使空间变得日益扁平化和压缩化。在过去，彝族传统体育文化生成的社会是一个形象而生动的具象乡土社会。乡土社会中呈现的是一个熟人网络，而时空压缩后的地域社会变得越来越开放，人们能够轻而易举地借助先进技术工具跨越不同地域生产与生活。具象的乡土社会在现代化进程中变得越来越模糊，曾经那种相互熟悉的熟人社会变得越来越开放，也越来越陌生，那些最具地域文化特色的彝族传统体育文化主体性日渐消解。并且，这种个体的地域跨域呈现出的是一个抽象的、陌生的社会，人们的思维方式也由具象变得抽象，作为文化主体的人的思维也面临被消解的风险。

其次，现代化进程的推进促使了传播媒介的重大变革。传播媒介的变革比汽车、火车等交通工具更为深刻地压缩了文化的场域空间。例如，现代生活中借助手机、电视等，使信息能够超越交通工具在空间内更快地流动，从而形成了有别于传统的时空感；而以互联网为代表的数字媒介超越了电子媒介，使信息在空间内更快地流动，互联网网速从十兆、百兆至千兆不断提速，为信息更快流动提供了可能。对于个体而言，传统的时空面临着被重新构建与定义，那些富含文化积淀的彝族传统体育事项在压缩的时空中，更容易跨越地域、跨越族群、跨越其他设置。当前，在凉山州彝族地区互联网等数字媒介已成为族群个体沟通交流、日常生产生活的重要工具，在很大程度上促进了地域经济的发展，丰富了人们的文化生活。但是，它将个体连接起来的同时，也助推了时空的"扁平化"，深度影响着凉山州彝族传统体育文化主体性发挥的场域空间。

再次，现代化推进的传播媒介变革拓宽了视觉文化场域空间，也影响了凉山州彝族传统体育文化主体性的发展。审视彝族传统体育文化的视觉文化转向，我们认为，再造的仿像身体逐渐兴起，而意象身体逐渐开始消解。面对影像电子信息、互联网数字技术和大众传媒形成的视觉文化，人们需要更加缜密地辨别和分析视觉影像文化与传统体育文化，才能看到作为意象的传统体育文化在现代影像文化潮流中发生的变化。虽不能说传统体育文化已经消失，但是，彝族传统体育文化主体性发展的空间逐渐被压缩却是不争的事实。尽管一些偏远的少数民族地区还在进行着传统的身体行为表述，但是，以影像文化为代表的大众文化市场新格局已深度介入，凉山州彝族传统体育文化主体性呈现已经逐渐受到挤压和消解。

最后，交通与传媒的深入推进导致了强势文化冲击。交通与传媒的深刻变革不仅促使了经济商品、社会资本的全球流动，而且也加速了各地域文化的互动交流。在这个过程中，作为乡土文化的凉山州彝族传统体育也在不断与外来文化进行交流与对话。但是，全球化所裹挟的强势文化在交流与对话中处于强势位置，其日渐冲击着偏远地区的传统文化，影响着当地族群的生产生活方式，造成了文化交流对话的不对等状态，这在很大程度上导致了文化发展场域空间的制约态势。

第六章　凉山州彝族传统体育文化的主体性消解之溯源

当全球化进程导致强势文化冲击压缩传统体育文化发展空间之时，凉山州彝族传统体育文化的主体性便面临被压制的状态，由此，将造成文化特色与内涵的丢失，以及文化底蕴与价值的消解。

第二节　生存环境的变迁

传统的地域文化环境孕育并生成了凉山州彝族族群的共通情感取向，并由此形成了族群共有的行为规范和共享的风俗习惯。然而，在以传统文化再生产为目标的旅游化深度推进中、在以传统文化的信息流动为特征的虚拟化广泛普及中、在以新的生活方式与价值观念为导向的城市化发展中，孕育与生成传统体育文化的生存环境面临着变迁的趋势，由此，助推了凉山州彝族传统体育文化的变迁，造成了凉山州彝族传统体育文化的主体性消解。

一、旅游化环境的推进

随着现代旅游业的高速发展，打造具有民族文化风情的旅游空间、旅游体验、旅游产品成为必然之需。旅游者对异域传统文化符号的探寻与体验等需求，助推了凉山州彝族传统体育文化的主体性消解。彝族传统体育文化因有其独特的魅力，成为向外界展示自我文化底蕴与文化特色的重要手段，并在文化交流中扮演着重要的民族文化符号角色。通过身体的实践与呈现，也成为人们最直接和最高效地理解族群文化的方式。符号化的身体是文化得以被感知、传播和传承的前提，也是彝族族群在历史发展进程中的内涵积淀表现。但是，这种带有符号化特征的彝族传统体育文化，当因旅游的需要而过于凸显其符号化，在旅游场域中特意强化其符号特征而迎合旅游者心理需求时，其文化本身所具有的内涵便发生了变化，那些试图为旅游者打造的特殊空间表象，以及那些试图为观者创造良好旅游体验的特殊身体表演，成为消解传统的推手。

当前，随着社会经济的发展和对文化需求的增加，人们越来越热衷于追求过往最淳朴的传统。以传统为底色的乡土与地域特色文化旅游越来越成为人们关注的焦点，人们希望在旅游中了解地域民族文化传统，探索不同族群的生产生活与历史。在此背景下，许多尚未被开发的偏远地区逐渐被打造成旅游景点，许多尚未被挖掘的传统体育文化符号被打造成旅游展演符号。当前，诸多凉山州彝族传统体育文化被开发成旅游产品，凉山州的诸多地区也成为旅游的热点。诚然，"文旅融合"是时代发展之需，也是促进文化传承的重要手段。但是传统体育文化助力旅游发展的前提是保持传统的"底色"，留住传统的"基因"。然而，为了迎合市场的需求，一些传统体育文化被重新定位与设计，诸多脱离了传统"底色"的

凉山州彝族传统体育文化的主体性消解与纾困研究

传统体育旅游产业已建立起来。旅游化进程助推了彝族传统体育文化中身体形态、客观形态和制度形态的改变,进而对传统体育文化主体性的发挥产生了消解影响。

首先,旅游化环境助推了彝族传统体育文化身体形态的改变。以彝族传统体育文化的体化实践形式为代表的身体形态,是传统文化的重要载体和表现形式。彝族族群以能歌善舞、骁勇刚毅著称,他们在历史发展中创造了诸多的舞蹈形式,也习得了骑马、射箭等传统文化事项,这些都体现了族群粗犷豪放的性格。然而,基于旅游化的需求,诸多旅游景区、景点甚至一些餐饮场所,为了吸引游客注意而创造了"别具特色"的体验,将诸多传统体育项目搬上了"表演舞台",通过这种方式来吸引更多的游客,同时,也不断满足着观者好奇的"猎奇"心理。此外,部分景区或场所还会专门打造大型表演,对一些传统体育文化事项进行设计,并通过专人表演呈现给游客,从而获得相应的经济效益。在旅游化进程助推中,彝族族群的身体形态在文化再生产中产生了变化,身体实践的主体在不断发生着变化,身体所呈现的宏大叙事逐渐隐去,身体主体性的发挥也在经历着不断消解。

其次,旅游化环境助推了彝族传统体育文化客观形态的改变。这些客观形态改变集中表现在地域环境空间文化生成的器物层面。从大的方面来讲,它包括文化生成地域空间的所有物态结构;从小的方面来讲,它包括一花一草一木。为了使旅游化进程加快,文化生成的诸多客观形态在不断发生着改变,一些村寨打造了适合旅游发展的表演场与物态空间,甚至是一些传统体育文化展演的道具服饰都发生了变化。众所周知,凉山州彝族传统体育文化生成是以族群共同的物态自然环境为基础,并统一于族群共同的生产生活方式之中的。在体化的实践中,族群以身体操演展现了对地域根深蒂固的共通情感取向,这种根深蒂固的情感取向呈现出对地域客观形态的深刻感知。因为客观形态环境的影响,他们可能很早就会骑马、射箭、摔跤、舞蹈等,同时,这些传统体育行为可能是他们生活中必须掌握的生存本领,身体在此客观形态环境中具有了很强的解说力,体化实践超越了其自身,直接指向族群的生产生活、喜怒哀乐、悲欢离合。然而,旅游化推进造成的客观形态改变,使这些都发生了深刻的变化,作为文化因子生成的"客观形态"变迁,也影响了文化的表达和文化主体性的发挥。

最后,旅游化环境助推了彝族传统体育文化制度形态的改变。地域文化的制度形态是地域族群在历史发展进程中形成的约定俗成的一致性看法或做法,其蕴含了族群的文化积淀,体现了族群的规定性思维,也展现了族群的历史传统。个体在共同的框架下进行传统体育文化实践,这种共同框架下呈现的传统体育文化行为,具有群体公认的权威性,犹如是刻写的规定制度和规约,这不仅具有教化的职能,还具有强制使个体遵从的力量。在旅游化过度推进中,文化与旅游交融在一起,为了适应旅游者的需求而使制度形态不断发生着变迁。当前,凉山州彝

第六章 凉山州彝族传统体育文化的主体性消解之溯源

族传统体育文化受制度性改变影响，它在旅游场域的标准化生产框架内，经设定的程序生产制作出了适应现代的文化产品。从本质上讲，这些经"设定程序"生产的过程是商业性的，与传统意义上的程序和规定性有着很大的区别。传统意义上，诸多的传统体育文化事项开展都有时间上与仪式上的规定性，甚至有人员参与上的规定性。旅游场域中被制造的"设定程序"，它运用了传统体育文化本身的乡土性、传统性、神圣性等特点打造了具有共同标准的文化产品，而乡土性、传统性等特点又是旅游业中较为重视的内容。所以，当前诸多的传统体育文化被灌注了"旅游化产品"的痕迹，造成了彝族传统体育文化所承载的文化内涵与其自身相背离，并使其文化主体性地位产生了消解。

二、城市化环境的推进

从人口学意义上讲，城市化推进了人口由村落到城市的流动；从地理学意义上讲，城市化进程推进了村落地域到城市进程的转变；从社会学意义上讲，城市化推进了由乡土生活到城市生活的方式转变；从经济学意义上讲，城市化还推进了村落经济到城市经济的转变。当下，城市化进程作为一种新的生活方式、新的价值观念、新的经济模式、新的文化系统，它在深层上推进了传统社会的变迁。以下将分别解析城市化对凉山州彝族传统体育文化的文化环境、传承者、文化体系、价值本位造成的影响。

第一，城市化对凉山州彝族传统体育文化的文化环境造成了影响。凉山州彝族传统体育文化具有特殊的文化性格，其蕴含着乡土文化环境的特殊因子，由此，形成了自身主体性发展的内在逻辑，成为与当地人文生态环境相适应的文化符号，并呈现着乡土文化历史发展的深厚积淀。但是，城市化进程的过度推进打破了凉山州彝族传统体育文化生成、发展的传统环境空间，过去那种具有鲜明地域民族文化特色的街道、建筑、图案等文化信息越来越少，曾经在特殊文化环境中所孕育的特色生活方式、精神风貌逐渐淡出人们的视野。在传统的文化环境中生成与发展的彝族传统体育文化，受城市化过度推进的影响，其富含主体性性格特征的意蕴也变得越来越标准化、工具化和商业化。同时，传统空间的环境变迁向新的格局发展，这种新的格局也日渐消解着传统体育文化所蕴含的主体性内涵与记忆，致使传统逐渐远离了自己的"母体"，自身的文化情感也逐渐丧失。殊不知，传统的文化环境是彝族传统体育文化的根，其中蕴含的具象物质、抽象精神、形象活动等，都凝聚了时代历史的文化积淀，是文化主体性生成和发挥最重要的元素，也是文化主体性内涵与价值的重要构成。因此，城市化推进中的空间压缩与打破，丢失的是文化生成与生存的根本语境。

第二，城市化对凉山州彝族传统体育文化传承者造成了影响。城市化的深度

凉山州彝族传统体育文化的主体性消解与纾困研究

推进在一定程度上促进了地域生产力的发展,但是,在城市化进程中也吸引了大量的村落劳动力进城务工,这在一定程度上造成了青壮年文化传承者的流失,进而导致了传统村落的空壳现象。作为传统体育文化重要传承者的青壮年缺失,凸显了文化活动主体的缺位。同时,随着一些年龄较大的传统体育文化传习者逝去,很难再实现身体实践技能的传续,这也将影响传统体育文化的传承与文化主体性的发挥。当诸多传统体育文化传承者到城市务工后,他们分布在不同的城市空间、不同的社区区域,平时又受工作安排较满的限制,很难聚集在一起,造成他们缺乏参与研习传统体育文化的动力。城市化所带来的商业化趋向使诸多传统体育文化传承者失去了余暇时间,那些富含传统生活内涵的传统身体习俗、传统娱乐形式正在悄然远去。同时,现有的传承人生存发展空间也在逐步缩小,城市化导致工业化代替手工业、现代生活方式代替传统生活方式、现代科技代替传统生活等,这些都使传统体育文化事项失去了仪式感,而仪式感的缺失也必然会影响传统体育文化主体性的发挥,于是,传承人组织的那些体化活动在"城市化的人"看来,也就不再富含意义。

第三,城市化对凉山州彝族传统体育文化的文化体系造成了影响。传统的彝族社会是一个富含乡土意蕴的社会,祖辈在此生存生活,积淀着浓郁的家园文化,逐渐形成了具有地域民族特色的村寨文化,汇集成了特色的地域文化体系,彰显着族群的文化性格,体现着族群的文化面貌,并由此孕育出了特色的彝族传统体育文化标识。然而,城市化进程的过度推进,致使传统的地域社会文化、经济、教育等宏观层面,以及人际关系、节庆仪式、身体实践等微观层面产生了较大的变迁。由此,也助推了彝族传统体育文化的变迁,那些具有传统地域文化特质的因子逐步被现代化所替代,那些富含地域文化历史的基因逐步被娱乐化所替代。互联网等现代技术的出现正在改变着传统的交流沟通方式,传统体育实践方式所依托的身体展现与体验,现在逐渐被电脑、手机等"虚拟"空间所代替,这在很大程度上造成了"仿像"的产生,彝族传统体育文化的主体性变得越来越具有不确定性。

第四,城市化对凉山州彝族传统体育文化的价值本位造成了影响。城市化进程的深度助推,在很大程度上造成了凉山州彝族传统体育文化的价值本位疏离与缺失。价值本位是呈现彝族传统体育文化的主导内容,是文化主体性存在之基。但是,随着地域空间的打破、商品化逻辑带来的物化价值影响、工具理性精神挤压,传统体育文化的富含地域价值特色的内涵开始消解。城市化进程中人的选择空间、选择内容也越来越多,甚至造成了人的眼花缭乱。当传统的空间意象无处可寻之时,根植于其中的传统体育文化的无形价值也会消失。当下,彝族传统体育文化在城市化进程中表现出不同的价值诉求与审美变化,这种变化在很大程度

第六章　凉山州彝族传统体育文化的主体性消解之溯源

上导致其价值内涵和情感理念的变迁，这种转型也使其面临着艰难与被动的选择。这种艰难与被动源于城市化进程的深层推进，在助推凉山州彝族传统体育文化的城市化趋向过程中，必然会造成价值本位的影响。

三、虚拟化环境的推进

虚拟化技术从特殊领域向大众群体广泛普及与推进过程中，打破了传统领域的界限，创造了一个无界限、无中心的技术互联，促使了社会领域的泛化和群体界限的融合。虚拟技术被置于无中心管理和无核心操控的情形之下，其影响力以无法阻逆的一体化趋势融入各行各业的、无边界的社会化、平等化共生群体之中。虚拟化信息技术彻底外化为任意社会个体灵活运用和自由操作的媒介工具，社会伦理的规范原则难以在任何技术运用者手中自觉规避。虚拟技术还使技术权威的中心化地位丧失，使主体个性化行为越来越具有不可控性，也使主体生存有了自在性。主体的虚拟行为难以在约束弱化的虚拟社会中自觉按照固化的社会标准获得集体认同，甚至于连所谓的现实社会的整体性利益关联，都已在虚拟社会的特质中被碎化为网络终端无数个体的自由连接。

虚拟化环境的形成创造了"祛魅"的空间。在虚拟化环境中，凉山州彝族传统体育文化的主体性意义、价值、魅力等因素，变得越来越客观化、物理化、机械化。曾经文化符号所蕴含的那种神秘感、神圣感、魅力感在虚拟化空间消解了。在以数字符号建构的虚拟空间，作为技术主体的权威核心群，以科技的革命性和新的生活方式思考，并凌驾于现实生活中最富含地域特色的传统体育文化之上。本雅明用"机械复制"来解释现代社会文化批量复制与传统社会文化内涵截然不同，当下，文化复制与流通的加快，使我们看到或听到的虚拟文化越来越多，但是它们蕴含的意义却越来越少，急剧膨胀的虚拟文化符号排挤着传统而富含意蕴的文化符号，一个虚拟化的仿像时代似乎已经到来。在全民互联网普及时代，互联网的魅力对全球趋于信息化文明的各个地域人群而言更是无与伦比。它所引发的思考包括"民族性特征的存续可能性""民族文化之间的平等性与开放性的兼容""不同文明之间是否能够平等对话""人的生存尺度是否能够包容虚拟化带来的影响"等问题。由此，需要人们探索如何实现信息技术与人类精神的对话，进行返魅性思考，培育和创新新的价值理念。

在虚拟化环境的影响下，彝族传统体育文化虚拟传输时，将先进行信息化处理，然后再远距离地虚拟传输，并呈现出超越过去诸多限制与封闭的特征。在考察凉山州彝族传统体育文化主体性状况期间，我们看到本应该属于特定地域的传统体育文化事项，却以大众文化符号的形态在互联网、数字电视等虚拟空间上演，并变得越来越虚拟化和带有商业色彩。这种被呈现的虚拟化传统体育文化运用了多样化的技术手段，以图片、文字、音频和视频等信息符号，从直观上形成了虚拟共生的心理和感性体验，进而使传统体育文化虚拟成为精彩纷呈的影像世界，并呈现着"仿像"的特征。人们在体验这种虚拟文化时，表面上全方位地享受了虚拟文化的各种形式，实质上却很难真正地理解传统背后的深刻内涵和意蕴。这种与"本地生活在场"没有多少相关性的"空壳化"虚拟文化形态，以越来越快的速度消解着凉山州彝族传统体育文化"本地生活在场有效性"。边界消解的彝族传统体育文化日渐成为虚拟的文化、共享的文化、普泛化的文化，其源有的本地实在性、地域性、实践性和区分"他""我"的边界性特征逐渐消失。

从信息内容上看，虚拟信息源于现实生活实践的加工和提取。从存在形式上看，虚拟的方式是对现实生活模式的模拟和复制。虚拟文化的性格特征同样会在现实文化中反映，虚拟世界的语言习惯和行为风格也同样可能在现实的传统体育文化身上得以体现。尤其是文化主体的情感体验，更易于混淆虚拟与现实的界限。因此，界定虚拟的内涵和外延，无法仅从网络形式上得到客观而合理的判断。但是，就虚拟空间与现实空间相比较而言，二者最直观的本质区别还不仅是现实空间的真实可触与虚拟空间对现实空间的模拟虚构等表面上的差异，还包括文化主体在虚拟空间与现实空间的生存状态感知体验等本质不同。电视及互联网中越来越多的传统体育文化虚拟形象呈现，形成了一种所谓的"信息媒介内爆"，致使我们的视觉感官应接不暇，在频道的不断切换、网页的不断更替中，我们的思想和精神被图像与信息洪流所不断冲击，造成了我们失去了传统意义上应具有的那种反思精神，"我思故我在"的主体不复存在[1]。如今，我们在电视及互联网等媒介中，看到的虚拟图像化的彝族传统体育文化并没有不真实感，甚至在3D等虚拟技术的辅助下，人们的体验还有一种"超现实"感，在这种虚拟体验中，生产着人们对传统文化的"经验"，而实际上这种"超现实"是对意象文化符号的遮掩，最终，可能会消解与取代实际的传统体育文化。

第三节　社会发展单向度

科学技术的广泛使用助推了经济的快速发展，人类社会的物质财富得到了极大满足，人们的生活水平也有了根本性提升。但是，在马尔库塞看来，这是一种病态的症状，隐藏着危机与风险，由此加速了单向度社会形成。在单向度社会中，政治、语言、文化等都呈现出单向度发展的趋势。社会发展单向度的推进，也在很大程度上造成了凉山州彝族传统体育文化的商品化、仿像化、大众化、压抑化

---

[1]杨双.从"意象"到"仿像"——谈审美主体境遇的转变[J].保定学院学报，2008（3）：78-80.

第六章　凉山州彝族传统体育文化的主体性消解之溯源

趋向，进而致使文化的主体性面临消解的态势，这集中体现为诸多彝族传统体育文化的发展状态失序、仪式性被现实削弱、真实需要被压制、媒介传播被强化。

一、单向度社会的形成

科学技术越来越理性化的推进，形成了理性的社会发展状态。受技术理性的影响，人们在理性社会中过度追求物质满足，并安然自得地享受这些"虚假需要"，逐渐丧失了对自身及社会的发展反思。由此，形成了单向度的社会及单向度的人。单向度的实质，实际上就是在技术理性状态下导致人或社会缺少了否定性思想维度的状态。在这种状态下，人们对社会现状越来越认可而缺少了对现实的批判；在这种状态下，人们对既定生活越来越认可而缺少了理想的追求；在这种状态下，人或事物的共性越来越趋同而个性越来越消弭。单向度揭示了失去否定性和批判性，失去人的自主性和创造性，而只局限于机械性和物质性的思维和生活方式[1]。马尔库塞认为，单向度社会的形成，集中体现于政治、经济、文化等各个方面，由此形成了全方位的单向度，并使社会发生着重大变化。

首先，政治的单向度发展。其主要体现为政治领域的一体化发展趋向。科学技术很大程度上降低了劳动者的人数和劳动强度，诸多繁重的工作越来越被机械化、智能化所代替，劳动者的劳动态度受劳动特点和劳动工具的影响较大，并越来越顺从于科技发展带来的便利。由此，发达工业社会中的政治单向度发展呈现出一体化的动向。第一，呈现出管理层与社会层的一体化。管理层借助于科学技术的工具性特征，强化了对社会经济、文化、教育等各个领域发展的干预调整，由此实现了管理层与社会的一体化。第二，呈现出个体与社会的一体化。在高度的科学技术影响下，个体被社会的技术影响所同化，并在生产生活中打上了现代技术化的烙印，逐渐形成了过度依赖技术化的思想。第三，个体与个体的一体化。科学技术助推实现了工作流程的精细化分工，流水线的作业导致了人与人关系的疏远，这种需要配合完成的工作貌似是协作关系的提升，但是，这在很大程度上磨平了人与人、群体与群体的差异性，进而表现出区别越来越小的一体化倾向。第四，人的思想与行为的一体化。不同的族群、不同区域的人，甚至是区域内的不同群体，其具有以个体行为表达自我并反思自我的区别性特征。然而，在机械化和智能化生产过程中，人的思想与行为逐渐趋于一致性，并缺少了自己的个性与特点。

其次，语言的单向度发展。马尔库塞认为，单向度语言有助于"同一和统一"，能够实现"操作性"和"封闭性"，由此，"塑造了单向度行为表达自身的交流领

---

[1] 张璐莹. 马尔库塞"单向度人"理论的建设性后现代反思[D]. 哈尔滨：哈尔滨工业大学，2014.

域"[1]。在技术理性的助推下,语言成为社会的控制工具。大众传媒宣传采用流程化和固定化的语言对大众群体进行宣传引导,宣传语言告诉我们需要什么,并让个体不假思索地确定这就是权威言论和自我需要。这些单向度语言形成了具有一致性的操作流程。第一,基于"本质与功能"之维看,语言的功能取代了其本质,并过于凸显了其操作性,造成了语言对现存秩序的认同。第二,基于"内容与形式"之维看,语言的形式运用取代了内容之本,由此,失去了语言的反思与批判,导致了现代秩序的固化。第三,基于"概念与形象"之维看,形象化的语言操作代替了概念的意蕴,致使人们很难在概念反思中批判,而过度沉浸在了繁杂的形象设计中,造成了语言自身失去否定与超越。

最后,文化的单向度发展。在传统社会生产生活中,文化是人类社会认识和把握世界的重要方式,所以,文化与社会生产生活息息相关,文化自身发展具有反思与批判能力。但是,技术理性打破了这种富有深刻思考的文化发展状态,致使文化被现实所侵染和消解。曾经,我们所创造和传承的文化传统来源于社会并高于社会生活,而在技术社会中,传统的否定性和创造性被消解,失去了对现实社会的反思与超越。这种对文化消解的特有手段,是在承认文化传统价值的基础上,运用特有的技术与科学手段,将其纳入现有的设计框架中,然后根据技术的逻辑进行批量生产与展示,由此,实现了文化的同化并消解了其富含思考力的维度。

文化的单向度发展助推了"文化工业"的生产,并借助技术理性不断批量生产着文化产品,通过话语媒介实现着文化的传播与推广,由此,实现了文化的大规模生产,形成了销售体系。文化的单向度发展还助推了"肯定文化"的生成,它通过给予人们"文化工业"生产的文化产品,来满足虚假的需要,并使人们沉浸在这虚假的精神世界不能自拔。"文化工业生产"和"肯定文化"的生成使富有内涵的彝族传统文化成为单向维度的"大众文化",这种由文化单向度发展形成的世俗文化,对传统文化主体内涵发挥有着明显的消极作用。一是大众文化呈现出了商品化趋向,由此丧失了作为本真文化的创造性,使文化的商品化性质日趋明显;二是大众文化呈现出统一性趋向,由此丧失了作为本真文化的特色个性,批量地制造生产使其越来越没有差别;三是大众文化呈现出了批判性缺失趋向,由此使文化的消费者沉浸在了虚假满足之中,造成了一种文化消费的错觉;四是大众文化呈现出压迫人的趋向,作为人创造的文化,经历文化工业批量生产,反过来成为控制和压迫人的对象,最终使人的主体性内涵丧失了意义。

---

[1] 马尔库塞.单向度的人[M].刘继,译.上海:上海译文出版社,2008:69.

二、社会发展单向度的推进

第一，社会发展单向度促使了彝族传统体育文化的商品化形成。单向度文化给大众带来的愉悦感并不是个体内心的感悟，而是源自文化商品化的市场交换体验。在市场中，诸多彝族传统体育文化被纳入文化工业生产并实现着商品的销售，追求利润的交换价值似乎成了文化产品的首要价值，而其内在的文化价值和意蕴被人们所忽视。因此，社会发展单向度促使彝族传统体育文化经济价值被过度凸显，影响了文化的其他价值内涵。当这种商业性的价值规范跃居主要地位时，彝族传统体育文化中蕴含的朴素宇宙观、传统的伦理性和深刻的认同感也就逐渐退居幕后。在单向度社会发展中，文化的反思空间被不断压缩，遵循经济利益最大化的规则，这对传统价值规范的冲击较大。单向度社会的资本增值规律在传统文化中的推行，将传统体育文化原来相应的规则、程式和禁忌打破，使传统文化受众最大化，以资本最大增值获取为目标。最终，造成了彝族传统体育文化主体性边界限制的消解，形成了传统文化的商品化趋向。

第二，社会发展单向度促使了彝族传统体育文化的仿像化形成。凉山州彝族传统体育文化体现了主体和对象、人与自然、人与社会深刻的内在联系，蕴含着浓郁的主体性精神内核。在社会单向度发展中，传统体育文化的传承与发展越来越不依靠客观现实的物质世界，而是按照技术的理性逻辑生产自己，借助技术理性不断批量生产文化产品，这必然造成作为主体的主观意志与客观世界相割裂、符号与现实相疏远，最终形成仿像的文化。仿像的彝族传统体育文化以技术化手段将连同身体一起的整个社会符号化，以符号构成了一个与现实世界并行的虚拟世界，呈现于人们面前的传统体育文化形态不再是传统意义上"真实"的客观存在，失去了传统意义上应具有的那种反思精神，传统的主体性不复存在[1]。影像中的彝族传统体育文化形态成为"超现实"的符号，感觉比真实还要真实，导致人们把这些形象当作真实并以生活逻辑来对待。

第三，社会发展单向度促使了彝族传统体育文化的大众化形成。彝族传统体育文化与地域传统社会生产紧密相连，源于特定族群的生活方式、价值观念、宇宙观念等，它以自身内在需求和认同作为合法依据，成为族群情感的重要凝聚，对维系族群稳定和认同有重要的作用。社会发展单向度促使了彝族传统体育文化的大众化趋向，造成曾经那种具有深刻内涵的传统，成为"平均大众"共享的娱乐活动与身体技能。大众化趋势推进使传统"游离"出地域生活空间，曾经那种"在场"的现实感变得越来越模糊。大众化趋势推进使传统符号浸染了非人格化的普

---

[1] 孙亮亮，史明娜. 西南少数民族传统体育文化符号的异化研究[M]. 北京：人民体育出版社，2020：151-152.

遍特征，它面对的是一个高度组织化和技术化的社会，现代化的交通与通信手段等削平了文化的差异，造成了彝族传统体育文化的同质性和标准化。随着大众化趋势的加强，曾经具有深刻价值内涵的彝族传统体育文化，在不断程式化和标准化的生产中，其主体性内涵则越来越淡化。

第四，社会发展单向度促使了彝族传统体育文化的世俗化形成。当前，社会将关注点集中在了技术的进步与发展上，而较少关注技术理性造成的影响，更少关注技术的人文价值与精神意义的回归。所以，诸多传统体育文化面对的是如何在技术合理性中被设计和被再造。彝族传统体育文化在过去根植于地域文化社会之中，描绘着族群过往的历史和对未来的展望，以此不断实现着自我反思与传承。而当前社会发展的单向度使彝族传统体育文化的世俗化越来越明显，首先，传统体育文化在技术理性干预下失去了反思与批判的功能，作为传统体育文化生产与传承主体的人也在文化中很难感受其积淀、展望其未来，传统文化激励与教化的作用逐渐式微，失去了文化的族群慰藉功能；其次，在单向度社会中，传统体育文化的世俗化使人们越来越相信现实存在即为合理，单向度社会生产的文化商品反过来正在压制着传统体育文化主体性的发挥，由此，也会造成文化主体性的消解趋向。

三、社会发展单向度的影响

传统社会空间的"技""艺"是有同源性的。传统技术的使用主要是为物质生活和精神生活服务的，其隐含了更深层次的精神内涵，它们服务于神话、仪式等符号世界的隐喻，所以，技术的使用在形而上的符号世界被赋予了秩序和意义，并以此为传统的艺术服务。然而，当前技术理性的影响越来越大，打破了传统空间技艺的和谐状态。

科学技术的单向度推进，造成诸多富有深刻思考的彝族传统体育文化发展状态失序，致使传统体育文化被现实所侵染和消解。过去那些为族群内部人所掌握的习俗与技能、文化与传统，在单向度发展中开始演变为大众的体验与狂欢，进而使传统体育文化成为一种共享的世俗文化。如果我们将作为传统文化符号的彝族传统体育定位为民族精神文化与物质文化的精髓，那么，作为大众文化的身体展现则可以称为"没有灵魂"的表演，传统体育文化的肌体在商品化和市场化侵蚀下，伴随媒介广告消费不断渗入人们的生活，实现了对个体全方位的包围。流行的、时尚的、世俗的大众文化消费受到热捧，人们对文化消费的需求已经从"需求"变成"欲求"，传统在当下面临着发展的失序。

在科学技术的单向度推进中，诸多彝族传统体育文化的仪式性被现实削弱。诸多私密的彝族传统体育文化内容，在运用特有的技术与科学手段进行数据处理

第六章　凉山州彝族传统体育文化的主体性消解之溯源

后,被形象地模拟上演。在数据流中,身体行为的禁忌被打破,并将其纳入现有的设计框架中,根据技术的逻辑进行不断复制,致使传统的边界逐渐消失。在批量生产与展示后,呈现在世人面前的是:文化工业不断地将传统体育文化制造成为仿像,在图像呈现中获取产业价值。而接受仿像的大众则在强烈的"异文化"吸引下,消费着这些被公开表演的符号,致使传统体育文化主体性被抽离而与自身相疏远。这在很大程度上影响了彝族传统体育文化主体性发展,也消解了传统体育文化富含思考力的主体性维度。

在科学技术的单向度推进中,诸多彝族传统体育文化的真实需要被压制。曾经,彝族传统体育文化事项是族群生产生活的内涵凝聚,成为族群重大节庆、重要仪式中必不可少的实践及精神需求。然而,当前我们身处繁杂的"物的包围"之中,这不是为满足人的基本生产生活需要,不是为了满足群体的深层精神需求,而是为了满足"必需品之外的物质"需求,这种"必需品之外的物质"需求正如同是约翰·沙斯克所言的"虚假需求"。虚假的需求已然成为一种欲求,它脱离了基本生存需要,不是为了现实中的实用,而是为了意义的齐备,这使欲望得到了彻底解放,消费和享乐成为正当的生活方式并得到了广泛传播。其中,带有地域文化色彩的彝族传统体育文化成为虚假需求的重要目标,也正是通过这种虚假需求的满足,在铺天盖地的宣传与推销中,同化了人们对文化的深刻反思,使作为文化主体的人不自觉地被奴役,也使作为具有主体性内涵的文化不自觉地被消解。

在科学技术的单向度推进中,诸多彝族传统体育文化的媒介传播被强化。现代大众传播媒介的过度宣传,使人们沉浸在设计的美好生活之中,实际上却失去了反思与批判精神。被制造的传媒文化、消费文化,在传播时实际上已经打上了媒介传播的烙印。作为媒介传播,其丰富了人们的余暇生活,特别是在互联网媒介广泛普及的情况下,全世界各地的人都可以在网络空间分享地域传统文化。在此背景下,凉山州彝族传统体育文化也成为被分享的内容,同时,当地的族群也在共享着其他地域空间的文化内容。大众媒介结合现代互联网科技手段实现了传统体育文化的跨空间传播,从而突破了地域空间的限制,这在很大程度上丰富了人们对外部世界文化的认识,同时,也在潜移默化地传播着文化消费,并在无形中传播着文化的商品价值。当下,彝族传统体育文化的媒介传播被强化,人们对身体文化的呈现不再必须借助于体化实践,而只需屏幕中的图像流便能够获得,从此意义上讲,电子与数字传媒正在构建着现实的传统体育文化世界。此时,媒介传播还在以其特有的方式表征着现实,当镜头聚焦于彝族族群民俗节庆及身体狂欢时,给观者留下的是一个宏大的舞台场景,而在场景的背后却在重构着貌似真实的现实,这在很大程度上使人们难以分清"哪是舞台,哪是生活",甚至使人们难以分清"哪是演员,哪是真人"。

第四节 现代性导致断裂

关于现代性的理论有颇多论述,不同的学者对现代性进行了多元的阐释,使现代性研究逐渐被重点关注并由此兴起。不管如何,现代性代表了一种变动和对传统的挣脱,呈现着一种不同往昔的断裂,它跳出了传统的社会秩序并发生着深刻变革。在凉山州彝族传统体育文化主体性推进的历史进程中,其受现代性发展的影响而断裂,影响了族群的信仰体系与价值观念变化,造成了族群的心态失落与身体异化,进而导致了凉山州彝族传统体育文化的主体性消解。

一、现代性的兴起

在社会学与人类学研究领域,关于现代性的研究是一个较为热点的话题。现代性的内涵与意义较为复杂,难以准确把控与界定。哈贝马斯认为,现代性最初只是一个宗教学领域的概念,而后逐步开始扩展到文化学和社会学领域。作为一个较为宽泛和宏观的概念,现代性意味着人类在社会诸多领域的重大变化,甚至是全面的理性化建构与推进。从历史发展的视角看,现代性无疑是一个与时间相关联的历时性概念,它与过往的"传统性"相区别而获得了自身的意义,象征了一个与过往相区分、具有新意义的历史时期的到来。

基于现代性的探索,齐美尔首先对现代性问题进行了深度研究。他认为,现代性的本质主要呈现在心理层面,也就是需要根据我们内在的生活反映,来体验和解释我们所面对的社会问题。所以,他主要侧重于探索主体的人在现代社会环境磨炼中对其自身人格锤炼所产生的影响。韦伯与齐美尔关注的视角不同,他从"理性主义"视角出发,认为现代性与社会理性有较强的相关性,正是现代性观念的深入推进致使作为主体的人的世界观改变,也导致"目的—工具理性"的日益强化。韦伯对现代性研究较为突出的贡献就是揭示了理性地位的问题,即理性最终并没有带来预想的自由,却导致了非理性力量对主体的人的控制。然而,当社会科学中的功能主义把韦伯的现代性理论进一步加工为一种方法时,现代性就成为一个技术性过程,由此,社会的各个领域也受到了这一技术过程的影响。

其实,不管学者对现代性的解析如何,可以肯定的是现代性兴起促使了社会形态的深刻变迁,而具体到文化领域则是文化的现代性推进与影响。从积极的方面看,现代性在实现人类可能性方面的功能远远超出了以往的历史时期,也给人类社会带来了诸多的物质和精神文化财富。但是,与此同时,现代性带来的还有各种挑战与危机,吉登斯明确反对以乐观的态度对待现代性的相关问题。

第六章　凉山州彝族传统体育文化的主体性消解之溯源

吉登斯不认为现代性是历史随着某一既定的发展框架进行的自身演进与进化的结果。相反，他认为现代性集中呈现为非延续性和断裂性，进化论在很大程度上掩盖了现代性的断裂感。虽然有时候传统和现代有一定的延续，但是，从根本上讲，现代性带来的生活形态以我们不能想象的方式，把我们抛离了所有可知的社会秩序轨道。在吉登斯看来，现代性或现代社会的所谓秩序问题，实际上是"时空伸延"的问题。在传统社会，时空具有统一性，构成日常生产生活基础的时间总是与空间位置联系在一起，所有的文化都有其计算时间的方法。然而，现代性进程中机械钟的发明打破了传统的时空观，将时间从空间中分离出来，成为具有决定性的意义事件。

现代性可以说是一种双重现象，现代社会制度的发展及在全世界范围内的扩张，为人类创造了无数享受生活的机会。但是，现代性的负面影响也显得尤为明显，我们甚至有理由怀疑，现代性带来的利益是否超过了其负面效应。韦伯对此持悲观态度，他认为现代世界是一个自相矛盾的世界，物质的进步往往必须以个体的创造性和自主性被扼杀为代价来换。现代性的负面影响使它成为一个高风险的对象。吉登斯则用"巨型怪兽"来形容现代性的特征。而鲍曼则将现代性看作是时间历史开始的标志。在鲍曼看来，现代性不仅改变了对时间等抽象事物的感受，而且，对具体的事物感受也发生着巨大的变化。他认为这一状况的发生与资本和劳动力的结构特征变化密切相关。现在，资本可以很轻巧地旅行，它可以在任何地方停留，劳动力却仍然像以前那样不便于流动，以前固定住劳动力的地方已经失去了它的坚固性。

基于历史发展的视角，我们可以将现代性分成两个阶段。首先，18世纪启蒙运动是启蒙现代性形成并不断发展的开端。在这一阶段，理性原则成为启蒙现代性发展的核心思想，人们运用方法论分析、还原整体现象，以理性设计重建方法。现代性反对传统从原理、原则出发探索事实经过，而主张从事实经过上升到理性来解析问题，宣扬个人主义、功利主义，对社会的理性发展持肯定态度。在启蒙现代性推进中，追求精确、统一的数学方法、实现工具理性的生活方式开始贯穿于这个历史阶段。实际上，启蒙运动推进中的现代性不仅倾向于科学运动，还在文化领域对文化的颠覆和文化的关系产生了重大影响。其次，基于启蒙精神影响，黑格尔认为，理性不仅具有判断能力，而且具有反思能力，由此，发展成为批判的现代性。批判现代性是基于社会发展现状的一种反映：一方面，这是基于社会现实的变迁和文化嬗变打破了旧有的秩序，人们对社会的发展状况处于迷惑的思考之中；另一方面，信仰的陨落，使人的思想意识产生了危机，信仰的无处安放造成了文化上的巨大脱节。在批判现代性影响下，传统的文化规范和文化秩序受到很大影响，文化的价值及其主体性发挥也面临很大困境。

二、现代性的断裂

诚如吉登斯所言,在现代性深入推进的过程中,我们一直将其看成是进化论影响的结果,在传统进化论的影响下,未能足够关注其断裂性。抛开传统进化论创造的历史总体性形式和组织变革的统一性原则,我们应该认识到确实存在一种可以被人们认识并加以概括的断裂感。

在凉山州彝族传统体育文化主体性推进的历史进程中,受现代性发展的影响,其传统文化生成的地域社会发生着重要变迁。这种巨大的变迁呈现出由传统到现代的断裂特点。首先,这种变迁速度超越了以往的变迁速度,现代化交通工具的普遍使用、现代通信工具及互联网的广泛普及等,都深刻地体现着这种变迁速度已经深入社会生活的各个领域,传统体育文化领域的变化也是显而易见的。例如,在火把节展演场中,人们的服饰、展演器具、场地布置等,都无不表现出这种深刻的影响。其次,在变迁的范围上也体现着断裂。现代性的推进已影响到了各个偏远角落,其打破了传统的地域空间和时间藩篱,传统社会所遵循的秩序和族群共同体的朴素宇宙观、价值观,被现代性的潮流所影响,即便是在最偏远地区的族群共同体,其传统体育文化也在现代进程中呈现出主体性消解的倾向。最后,现代社会的发展特点必然出现断裂。现代社会的组织形式呈现了当前的社会发展特点,这些看似是以往社会历史的延续,但是又表现出新的特点。例如,城市化进程的加快看似是在同一地域空间的更新与扩建,但是现代城市发展特征与以往的地域社会发展有着很大差别,其摆脱了以往的社会发展秩序模式,打破了传统意义上的时空观与交流方式,呈现出具有变革性的特征。在此背景下,彝族传统体育文化的主体性会受到消解的影响。

以时空分离为特点的现代性促使了偏远地域社会生活精确时空分离机制的形成。在传统社会空间,凉山州彝族族群的时间与空间观念是融为一体的,这是彝族族群在传统社会生存模式和生活状态的具象呈现,体现了族群的生活范式与生活感受。然而,历史的发展致使了环境的变迁,人们的时空观也在不断发生着变化。在传统社会,人们的时空观融为一体,以自己的理解感悟时空,用自己的方法确定时空,但是,现代时间工具的发明与广泛使用,助推了时间虚空化的形成,这在很大程度上为控制时间,以及促使空间的虚空化奠定了基础。

在传统社会,彝族族群生活的空间是具象的、实体的空间,其生活的空间维度以"在场"为重要特征。例如,彝族传统体育文化的重要仪式,须为"在场"仪式空间的体化实践。身体的在场成为仪式进行的重要标志,身体的在场也实现了传统空间的内涵填充。所以,受地域规定性和限定性的制约,空间与时间具有一致性,传统的彝族族群时空观都是与具体的时间和空间联系在一起的,实现了

第六章　凉山州彝族传统体育文化的主体性消解之溯源

人的在场，也使文化本身的主体性能够得以充分发挥。然而，现代性的深度推进在很大程度上造成了过去族群社会活动的空间逐渐从传统的地域中脱离出来，与过去"在场"相反的是出现了"缺场"。首先，作为传统体育文化主体的人"脱离"了传统空间场域，实现了远距离的流动；其次，传统体育文化自身"脱离"了传统空间场域，实现了远距离的展演，形成了展演性文化。现代性所依托的现代科学技术不断改进与发展，特别是现代化交通工具的改进、互联网通信的日新月异，在很大程度上拓展了人的生产生活空间，同时也造成了地域性空间的族群及其生存空间、传统器物相疏远，由此，影响了地域社会空间的个体生活，以及地域社会空间的传统体育文化主体性。

时空的分离是"脱域"过程得以实现的前提。现代性导致彝族传统地域空间被不断压缩，致使跨越空间的成本和阻力不断减小，于是，诸多传统体育文化主体及传统体育文化形态从原来的时空中"脱域"，传递到了更为广阔的地域空间中。现代性推进还打破了彝族传统体育文化那种循环往复式的时间状态，形成了一种具有断裂感的线性时间，时间变得越来越快，曾经那种稳定的、不变的时间离我们越来越远。这就意味着原来那种乡土性的、面对面的熟人社会关系从束缚的地域互动关系中分离出来，原来以带有族群标识的传统体育文化实践区分"他"与"我"、实现集体认同的手段可能消解，又可能被一种新的方式所代替，进而导致其文化主体性的消解。彝族传统体育文化的脱域使"传统"的界限逐渐模糊，传统成为一种共享的、可复制的文化，进而出现大批量地标准化生产，传统体育文化成为舞台文化展演的工具，并借助技术理性工具实现了远距离地脱域传输，原来所具有的深刻意蕴和主体性内涵逐渐被抽离，并呈现出超越过去诸多限制与封闭的特征。

三、现代性的影响

现代性打破了凉山州彝族传统的地域文化藩篱，使传统社会所遵循的文化秩序和族群共同体的朴素宇宙观、价值观在现代性浪潮中不断被冲击，曾经彝族族群共同体所形成的传统体育文化信仰，在现代进程中呈现出不断消解的状态。现代性所形成的断裂感很大程度上影响了彝族族群的信仰体系与价值观念等，也使作为传统体育文化主体的人产生了较大的失落感。

第一，现代性形成的断裂感影响了族群的信仰体系。彝族族群以身体为媒介所呈现的传统体育文化世界，是一个全面而有序的世界。在族群构建的集体欢腾场域中，凝聚着群体的思辨和信仰，在这个传统空间中没有偶发性的事件，从理论上说，一切都是可以理解的，一切都会被族群所崇拜和深信，身体实践在信仰的支撑中而显得富含深刻意义。然而，理性的信仰将族群的身体拉出了传统的信仰体系之外，并将其禁锢于物质世界，那种富含精神层面的意蕴也被物质化。而随着现代性技术统治文化的兴起，彝族传统体育文化曾经所承载的宏大叙事与蕴含的信仰也开始逐渐消弭。诚然，现代技术的确为我们日常生活和工作带来了便利，在很大程度上提升了人的生产生活质量，但也造成了信息的混乱和物质的繁杂。受汹涌而来的信息冲击，传统体育文化领域产生了令人叹为观止的变化，这些技术并没有给人们带来如同传统社会时期的井然有序的生活，人们每天难以应对数字信息的洪流；技术的提升也确实带来丰富的物质财富，但也将人抛进了物质海洋中不能自拔。由此，人们也慢慢丢失了理性，传统的信仰也很难坚守，文化主体性也必然面临着消解。

第二，现代性形成的断裂感影响了族群的价值观念。在传统的体化实践中，彝族族群的价值观念是有序统一的，族群为了实现自己的目的，创立了蕴含共同体特征的传统体育文化符号，内化了这些身体符号的文化价值观念，使其成为族群自身的重要组成部分和文化标识。这些重要的文化符号通过身体的实践与操演，以特有的形式将传统文化的价值体现出来，使人们产生了对该文化直观、生动、深刻的理解和感悟。在共同的身体实践中，共同的身体行为认知、生活习俗和思想观念形成了文化自我价值的有序呈现，由此巩固了民族的聚合力。然而，现代性形成的断裂感将族群拉回了世俗世界，在理性价值观念的指导下，族群虽实现了物质上的丰厚体验，但也冲击和压迫了富含意蕴的价值内涵，进而给人们带来了空虚感和物化压迫性体验。

第三，现代性形成的断裂感造成了族群的自身背离。现代性的断裂在很大程度上助推了工具理性主义的形成，致使人们在努力地计算着经济手段的最优化。为了实现地域性传统体育文化最大的经济效益、发挥其最佳的交换价值，人们不断进行着度量。当前，彝族族群社会的一些传统体育文化遗忘了文化自身产生的原因和目的，所形成的眼花缭乱的文化产品非但没有丰富的生命过程，反而逐渐与创立它的主体相背离，甚至逐渐形成了超生命体而与自身相背离。那些本应该有着内在价值内涵的传统体育文化，越来越开始按照实际的经济效益来决定价值。传统与现代文化的距离变得越来越远，人们在文化的价值选择上也越来越表现出工具理性特点，并在不断压迫着人自己与自身相背离。

第四，现代性形成的断裂感造成了族群的心态失落。科学技术的迅猛发展使人类社会展现出了前所未有的能力，也前所未有地改变了人们的生活方式。族群的情感、情绪、风格、意象等深刻的含义都在不断变化，诸多族群的文化传统也在被客观化、度量化和规模化地生产着。在技术理性的影响下，人们遗忘了传统的人文精神，在机器的轰鸣声及文化的消费与共享中，文化主体失去了自我。技术理性以其无所不能的能力影响着凉山州彝族族群，同时，人类社

第六章　凉山州彝族传统体育文化的主体性消解之溯源

会在技术理性的影响下也显现出了自身的渺小。人们试图将个体理性和自我主体从中解脱出来，以实现自我的解放，但是，在理性主义迂回中仍无力推进人的主体地位。现代性助推的人的外在化、世俗化，使族群的失落感明显，逐渐变成了单向度的社会之物。

凉山州彝族传统体育文化的主体性纾困设想

第七章 CHAPTER 07

第一节 提高文化自觉，实现文化主体性纾困

基于西方文化的强烈冲击背景，针对现代中国人是向西方文化认同，还是维持原有的文化认同的问题[1]，费孝通先生提出了"文化自觉"一词，他洞察了整个人类社会面临的巨大文化转型，完善了"文化自觉"理论。其主要指涉"生活在一定文化中的人，对自己的文化有自知之明，即明白它的来历、形成过程、特色和发展趋向，从而增强自身文化转型的能力，并获得在新的时代条件下进行文化选择的能力和地位"[2]。在凉山州彝族传统体育文化的主体性纾困探索过程中，基于文化主体性分析认为，只有生活在凉山州地域的彝族族群关心、明晰自己的传统，知道其发展方向，才能在社会转型中保持其文化本质，在文化实践中经过反省进而实现创造性发展。那么，具体如何提高文化自觉，实现文化主体性纾困？以下将从清醒认识、明晰内涵、熟知历史、把握发展四个方面展开论述，以此助推凉山州彝族传统体育文化主体性在新时代背景下实现较好发展。

一、清醒认识

凉山州彝族传统体育文化是在长期历史积淀中生成的地域性传统文化，诸多的彝族传统体育文化符号，如彝族摔跤、赛马、火把节、达体舞等，都具有较高的传承价值和强大生命力。但是，这些传统文化符号孕育并产生于特殊的地域空间，当其受到场域空间挤压、生存环境变迁、社会发展单向度、现代性断裂等因素影响时，容易导致文化内涵的破坏和文化主体性消解。同时，在西方竞技体育文化的冲击下，在社会结构不断转型发展、城市化步伐加快、价值观念多元化、经济全球化和生态环境不断变迁的情况下，这些特色的彝族传统体育文化符号，

---

[1] 费孝通.费孝通论文化与文化自觉[M].2版.北京：群言出版社，2007：386.
[2] 费孝通.文化与文化自觉[M].北京：群言出版社，2016：403.

第七章　凉山州彝族传统体育文化的主体性纾困设想

正面临着消弭的境遇[1]。凉山州彝族传统体育文化是彝族族群精神财富的重要组成，面对现代主体性消解的状况，理应清醒地认识与思考，对其民俗价值、历史价值、社会价值、科学价值、艺术价值等进行梳理和挖掘，认清彝族传统体育文化主体性发展存在的问题，才能更好地推进其传承与发展。

当前，面对凉山州彝族传统体育文化主体性消解，应清醒认识以下三点。第一，彝族传统体育文化理论研究的滞后性使部分文化符号内涵挖掘不够，且在研究过程中对彝族传统体育文化传播、传统活动场所、历史发展问题等关注度不足。通过总结分析发现，现有研究成果比较集中于某种项目的介绍或基础性资料梳理，较少关注文化功能、文化的跨学科分析。因此，应在加强彝族传统体育文化基础研究的同时，提升跨学科研究的探索挖掘能力，为其发展提供必要的多学科理论支持。第二，要对彝族传统体育文化发展有自知之明，充分认识文化的发展、了解文化的价值，进一步加强对彝族地域优秀传统体育文化的挖掘整理，保护彝族传统文化的特色因子，使其成为新时代促进族群不断奋勇向前的内驱力。第三，在场域空间挤压、旅游化、城市化、商品化等影响下，彝族传统体育文化主体性发挥确实遇到了一定消解的状况。但是，我们也应清醒地看待这些问题，努力避免文化的过度开发，保障传统文化的本质因子不变，在清醒认识彝族传统体育文化的基础上，实现文化的自觉保护，以及文化主体性的充分发挥。

二、明晰内涵

凉山州彝族族群长期生活在西南地区川滇交界的山地区域，特殊的人文地理环境使彝族先民练就了跑、跳、投、射、搏斗等基本运动技能，原始的生产生活方式助推了彝族传统体育文化的铸型。随着生活基本运动技能的传递和一代代彝族先民的经验总结，这些基本技能逐渐演化成最初的传统体育文化雏形。例如，投掷石子打击猎物，是一种简单的狩猎方式，后来逐渐演变成用绳子做成牧鞭投掷石子，用以狩猎或放牧，后来又演变为传统体育文化项目。在彝族历史发展与变迁中，诸多传统体育事项因缺少文化内涵的挖掘而发展滞后。因此，如何对凉山州彝族传统体育深层文化内涵进行梳理和挖掘，成为实现文化传承、促进现代传播发展的重要因素。

人类文明发展史证明，一个民族或国家要使自己的文化在漫长的历史发展中生生不息，必须明晰本民族的文化内涵，熟知本民族的文化精髓和内核，否则，极有可能发生文化变异或被其他文化所同化[2]。那么，站在历史发展的今天，针对当前凉山州彝族传统体育文化主体性消解的问题，我们应如何明晰其内涵，以

---

[1] 王海军.河北省民族传统体育非物质文化遗产保护与传承研究[M].长春：吉林大学出版社，2020：8-9.
[2] 王海军.河北省民族传统体育非物质文化遗产保护与传承研究[M].长春：吉林大学出版社，2020：51.

凉山州彝族传统体育文化的主体性消解与纾困研究

实现文化自觉发展呢？

首先，应明晰其民族性。彝族传统体育文化是在长期的生产生活中孕育而成的，具有鲜明的族群印记，并与其他民族传统体育文化特点有较为明显的区别，可以说这是彝族族群的重要文化标识。诚如费孝通先生所言，一个民族总要强调一些有别于其他民族的风俗习惯、生活方式上的特点，赋予强烈的感情，把它升华为代表本民族的标志。彝族传统体育文化则成为彝族族群的重要身体标志。例如，彝族火把节、赛马等传统体育文化项目所表现出的民族情感和文化特征，成为本民族鲜明的身体文化特色。

其次，应明晰其地域性。彝族传统体育文化亦属西南山地文化，是长期生活在这里的彝族族群生产生活的智慧积淀，与地域环境有着密切的关联，亦可以说当地地域人文自然环境造就了彝族传统体育文化的地域特色，并赋予了其鲜明的文化主体性色彩。通过传统体育文化事项的开展，能够使人们联想到彝族地域文化的特点，也能鲜明地呈现出彝族传统文化的特色。因此，在时代发展中，应重视地域性文化内涵的表达，突出彝族传统体育文化地域性身体文化标识。

最后，应明晰其认同性。彝族传统体育文化的体化实践实现着族群身份的认定，并回答了"我们是谁"的深层问题，以此促进了族群的团结与和谐。所以，应充分发挥彝族传统体育文化的认同性。亨廷顿曾指出：不同民族的人们常以对他们来说最有意义的事物来回答"我们是谁"。凉山州彝族传统体育文化作为"最有意义的事物"，既是族群文化认同的重要结果，又是族群文化认同的重要内容和手段，以体化实践展现的历史记忆使族群共同实现着对过往的追溯，能够使族群内的个体关系紧密相连并形成群体的认同理据，用以维系族群的和谐统一[1]。

三、熟知历史

凉山州彝族传统体育文化与彝族人民的生产生活习俗、族群仪式信仰等息息相关，身体的实践成为折射彝族社会历史的一面镜子。费孝通先生曾提及，文化自觉是人对文化有"自知之明"，明白它的来历与形成过程，同时，文化自觉是一个艰巨的过程，只有在认识自己的文化，理解所触及的文化，才有条件在多元文化世界中确立自己的位置。对彝族传统体育文化的自我熟知，须成为凉山州彝族族群文化认知的重要方面，应探索自我身体实践中蕴含的历史与重大叙事，以此能够清楚族群发展的历程。此外，深厚的历史文化积淀还是一个民族话语权展现的重要依据，若对自己民族历史缺乏足够的认识，那么，在全球化推进中的文化较量上，就容易处于弱势地位，进而受到较大冲击而形变。

---

[1] 孙亮亮，史明娜. 西南少数民族传统体育文化符号的异化研究 [M]. 北京：人民体育出版社，2020：108.

第七章　凉山州彝族传统体育文化的主体性纾困设想

对于凉山州彝族传统体育文化主体性的纾困而言，熟知历史发展脉络的重要性不言而喻。但是彝族传统体育文化事项众多，对传统传承的探索需要社会各界共同的努力，才能全面地推进彝族传统体育文化的发展。面对彝族传统体育文化的主体性消解状态，我们应该忠于过去、面向未来，熟知其生成、发展、变迁中的历史转化，将其纳入民族风俗、生产劳动及地域生活中去思考，探索与弘扬地域民族优秀文化的深厚积淀，在实现传统体育文化传承发展的基础上，努力扩大文化的影响力，增强族群的凝聚力，以此实现彝族传统体育文化自觉，并促进文化主体性的发挥。另外，熟知自身文化历史也需要在文化传承发展中，引入符合新时代精神的现代内涵性文化元素，以实现传统体育文化自身的现代适应与创新，进而在熟知历史、保存内核、创新发展中实现彝族传统体育文化的自觉发展，以此促进文化主体性的回归。

如今，站在历史发展的重要节点上，我们更应该熟知历史、把握历史，以实现传统体育文化服务于人民群众美好生活的目标。无论我们的传统体育文化如何发展，无论文化如何在时代发展中创新，只要我们坚定文化的内核与精髓不变，牢记文化服务和满足于族群的初心，坚守满足人民群众日益增长的精神追求，彝族传统体育文化主体性就能实现正常发挥。所以，对凉山州彝族传统体育文化的主体性纾困探索，必须坚持以群众的文化需求为根本价值导向，确定作为文化创造的人的主体地位。在时代发展的推进中，凉山州彝族社会须实现经济与文化的协调、平衡、和谐发展，着力抑制技术的工具理性和价值理性失衡状态，完善传统体育文化发展的机制与体制，实现传统体育文化治理的合理化，以此满足人民群众对精神世界的个性化、多样化和差异化追求。

四、把握发展

凉山州彝族传统体育文化的发展与传承备受社会各界关注。21世纪初，我们开始反思并越来越重视传统文化的保护与传承，这时又恰逢社会经济的发展转型期，诸多因素影响着彝族传统体育文化的传承与发展。在新时代传统文化繁荣发展背景下，思考彝族传统体育文化发展机遇，把握彝族传统体育文化发展规律，进而实现彝族传统体育文化主体性纾困，成为较为重要的事项。为此，应做到以下五点。

第一，应全方位理解文化自觉理念。文化自觉并非墨守成规，而是要在继承传统体育文化的基础上，根据时代的发展要求实现创造性转化和创新性发展。在创新发展中，实现彝族传统体育文化的适应性。同时，在新时代发展进程中，促进传统体育文化的传承与发展，完成传统文化在新时代中的主体地位发挥。所以，凉山州彝族传统体育文化的文化自觉须与时代发展同步，在历史变迁中把握发展规律，发挥优秀传统文化的内在价值，进而实现历史文化传统在当下的转型创新发展，满足人民对美好生活的精神向往，增进新时代背景下彝族人民的文化认同。

第二，应做好凉山州彝族体育非物质文化遗产的保护工作。非物质文化遗产是一个国家或民族重要的历史文化标志，随着非物质文化遗产挖掘、整理力度的增大，诸多彝族传统体育文化成为当地的非物质文化遗产。当地在非物质文化遗产申报过程中，应积极挖掘传统体育文化的价值内涵，助推各村寨、乡镇、县域等不同层次的传统体育文化保护工作。在非物质文化遗产的保护方面，应避免遗产化造成的不良后果，杜绝机械式的表格申报，须着力推进当地彝族传统体育文化的传承与发展。此外，传承中须进一步实现保护的落地，进一步满足族群的传统文化需求，助推彝族传统体育文化的非遗保护科学化，做好新时期非物质文化发展的文化导向、政治导向、经济导向、教育导向等。

第三，在适度开发中推进传统文化的传承。旅游及文化产业对传统体育文化发展的影响不可避免，如何在保留传统文化内涵与价值不变的前提下，探索凉山州彝族传统体育文化的适度开发成为必然选择。例如，当地已把彝族火把节打造成为国内外知名的传统文化盛宴，每年都会吸引大量的游客慕名而至，相关的旅游及产业的发展思路较为明确，在开发过程中注重文化因子的保存，符合彝族传统体育文化现代的传承发展模式。在政策方面，《关于加快发展体育产业促进体育消费的若干意见》《关于实施中华优秀传统文化传承发展工程的意见》等指导性文件的发布，为更好地推进凉山州彝族传统体育文化产业发展奠定了重要的基础。把握彝族传统体育文化的发展路径，在适度开发中保障传统体育文化的传承，能更好地增强凉山州彝族传统体育文化的文化自觉，也能保障彝族传统体育文化主体性地位稳定发展。

第四，在市场化发展中自觉重视文化的内在作用。凉山州彝族传统体育文化是彝族族群精神的载体，也是族群灵魂的身体展现，它是一个民族共同体凝聚力和创造力的重要源泉。近年来，过度的市场化导向致使传统体育文化暂时出现了一些问题，由于过度追求传统体育文化的经济效益，忽视了文化的内在价值，造成了文化主体性的消解。因此，当下须重新审视彝族传统体育文化在社会经济发展中的地位与作用，缓解传统体育文化过度市场化导致的一系列问题，在传统体育文化保护与市场经济发展中间找到一个平衡点，加强文化内在作用的挖掘与发挥，处理好二者的关系，这既促进了地域性经济发展，也实现了文化促进社会团结、维系族群凝聚的价值发挥。

第五，在凉山州彝族传统体育文化主体性消解的境遇下，应把握正确的发展方向。强势文化固然压缩了传统的场域空间，造成了传统体育文化暂时的弱化，但是，在新时代发展背景下，我们应以社会主义核心价值观为引领，把握正确的文化发展方向，坚信彝族传统体育文化主体性发挥是实现彝族族群迈入新时代的重要精神力量；坚信彝族传统体育文化的强大精神力量是对外文化交流与融合中的重要自信来源。坚守正确的发展方向，应确立与巩固族群民族的自我意识，在深刻理解历史的基础上对其有清醒的判断，在时代发展中努力保障传统体育文化的主体性内涵表达。

第二节　加强文化自省，实现文化主体性纾困

"自省"的词义为自行省察和自我反省，是通过自我意识来省察自己言行的过程，在儒家学说中占有重要的地位，《论语·学而》中便记录了"吾日三省吾身"的名言，强调人需要自我反省。面对新的时代发展背景，传统体育文化的发展同样需要进行自省。当前，凉山州彝族传统体育文化在传承中遇到了系列问题，在此背景下，文化的内涵须进一步提升，文化的主体性地位须适时强化。在此状况下，也须实现文化的自我反省，要打破过去陈旧的思想，结合实践对彝族传统体育文化进行反思，在对传统体育文化的理性批判中，去其糟粕、取其精华，以实现传承发展；在比较、对照、分析中实现理性借鉴；在创造中形成新的价值观与新的方法论，使其成为人民群众所认同的先进传统体育文化体系。文化反思与适时调整是新时代彝族传统体育文化主体性发展的必然要求，文化自省是强化传统体育文化主体性觉醒的必由之路。

一、自我反省

凉山州彝族传统体育文化的主体性纾困须实现文化的自我反省。文化的主体性实现同人的主体性实现类似，需要在传承中激活传统体育文化内部所蕴含的批判机制，使其具备反思批判的能力，通过不断的反思批判，提升传统体育文化的内涵，实现传统体育文化的优化。通过自我反省能够保持传统体育文化的生命力和创造力，进而在传统体育文化建设中实现其主体性的充分发挥。

在凉山州彝族传统体育文化的自我反省中，须正确认识其面临的系列文化主体性困境。例如，彝族传统体育文化由自主性文化到被动性文化的消解、由神圣性文化到世俗性文化的消解、由记忆性文化到失忆性文化的消解、由意象性文化到仿像性文化的消解等。面对这些问题，首先，应深入思考彝族族群传统体育文化的来源与历史、价值与定位、目标与方向，审视文化传承与传递是为了什么、体现着什么、实现着什么，在对文化传统的诘问中，能够展现文化的深层本质与深层追求。其次，应深入思考传统体育文化发展中产生此问题的根源所在，在反省中审视社会转型、市场化推进、环境变迁、现代性助推对文化造成的深刻影响，

凉山州彝族传统体育文化的主体性消解与纾困研究

以此探索如何在文化主体性消解中实现纾困。最后，在时代发展背景下，传统体育文化自身也须思考如何在发展中适应新的环境，在新的环境中充分发挥自身的价值，同时，也努力保存自身的优秀文化因子，以此减少内涵与意蕴的损耗。

在凉山州彝族传统体育文化的自我反省中，须反观自照和审慎自省自己的文化。诚然，彝族传统体育文化具有深刻的内涵，呈现着传统的自主性、神圣性、记忆性、意象性。体化实践过程中形成的共通情感取向代表了彝族族群对传统体育文化的主体性情绪体验，隐含着族群对待历史、自然和社会的朴素宇宙观和价值观，并内化成为族群生存和发展的情感特征，呈现出彝族族群特有的文化性格，还为我们提供了以身体形象展现、叙述、演绎过往历史的可能。但是，在多元化文化发展背景下，也不能显得过于"文化自大"，本民族传统体育文化优越论的观点应予以摒弃，完全故步自封和封闭本民族传统文化交流的做法也应予以放弃。那种以本民族族群传统文化为中心、唯我独尊的做法已经不适应现代社会文化的交流与传播，这将脱离时代的发展进程与文化的发展潮流，最后将导致传统体育文化的发展活力受限，造成自身难以适应社会而停滞不前。

在彝族传统体育文化反观自照和审慎自省时，还应注意"文化异化"问题。齐美尔曾提到"我把文化理解成一种对灵魂的改进，这种改进不像由宗教产生的深刻性，或是道德纯洁性、原初创造性那样，可以直接在灵魂内部完成。它是间接完成的，经由物种的智慧成就其历史的产物：知识、生活方式、艺术、国家、一个人的职业与生活经历——这一切构成了文化之路，主体的精神通过这条路使自身进入一种更高级更进步的状态"[1]。所以，主体从自身出发创造了属于自己的传统体育文化，传统体育文化又返回族群身上，这个过程感化了外在于我们的自然，成就了历史的产物。然而，在现代社会场景中，传统文化脱离了其自身，开始遵循外部被设计和外界强势文化的影响，试图表现出异己的东西，文化由此脱离了人、脱离了文化自身产生的原因和目的，成为一种异己的力量，在数量上不断扩展与增长，最终造成了文化异化问题。文化异化导致文化价值认知的缺失，使文化的主体性地位被不断消解。针对文化异化问题，需要我们进一步反观自照和审慎自省，提升对自身文化内涵的客观理解，完善文化传承的成熟发展机制，进一步提升文化自省的能力。此外，在对待外部文化时，应汲取其精华，借鉴其先进之处，进而实现自身的发展。

二、理性批判

经济基础决定上层建筑，而作为思想文化的上层建筑又有其相对独立性，这

---

[1] 侯冬梅.齐美尔生命哲学思想研究［D］.哈尔滨：黑龙江大学，2012：98.

第七章 凉山州彝族传统体育文化的主体性纾困设想

种相对独立性表现在发展中有自身的历史继承特征。中华人民共和国成立以来，我们坚持马克思主义与中国传统文化实际相结合，打破了传统文化故步自封与过度西化的陈旧思想。我们坚持结合传统文化的发展实际，在探索中实现传统文化的批判与继承。

在时代发展进程中，对凉山州彝族传统体育文化主体性发展的理性批判，不能一味地追求现代发展而抛弃传统的文化精髓与精华，也不能始终保持一成不变而与现代社会发展脱节。理性批判是对彝族传统体育文化主体性发展的哲学思辨，它既吸收精华，促进社会的发展，又去其糟粕，防止阻碍进步。在凉山州彝族传统体育文化现代发展进程中，理性批判是对文化主体性的尊重和文化价值的保留。传统体育文化不是静态的物质形态，因此，必然会出现继承文化遗产过程中的再创造。在回顾过去、把握现在和展望未来的发展道路上，理性批判可为凉山州彝族传统体育文化主体性发展提供更加科学、合理的发展引导。

首先，对凉山州彝族传统体育文化主体性发展的理性批判，应批判地继承其文化精华。凉山州彝族传统体育文化是族群文化的历史积淀和精神财富，也是彝族传统文化发展传承的重要内容，其能够绵延发展至今，自有文化精华作支撑，这些文化精华能为当下所用，也能发挥时代价值。例如，在彝族传统体育文化中所展现的不屈不挠精神、自强不息精神等，都是蕴含于身体实践中的精华所在，对社会经济、教育、文化事业具有重要的推进作用，能够成为社会发展的重要思想精神源泉。凉山州彝族族群在体化实践中所展现的积极适应环境、努力生存斗争、保持族群安定等优良品质，也在很大程度上证明了彝族传统体育文化所蕴含的精华因子，呈现了彝族人民群众的优良品质与性格。

批判地继承彝族传统体育文化的精华，就必须与"全盘西化"划清界限。因为，这种观点直接否定了彝族传统体育文化的主体性内涵与价值，认为传统没有文化精华可取，应全面接受西方的文化。这种观点没有认清中华优秀传统文化的面貌，没有认识到彝族传统体育文化绵延数千年而不断，也很难看到彝族传统体育文化因子已浸透彝族族群的骨子里，成为彝族族群共同体的文化标识。所以，这也不是想放弃就能放弃的。相反，诸多西方文化在传入彝族地域社会时，非但没有同化当地的文化，反而被当地传统文化合理运用，成为地域传统体育文化创新发展的因子。

一些鼓吹西方文化的人认为，我们的诸多传统文化不能适应时代的发展，并且把西方文化标榜成完美的文化，在他们的眼里，可能现代化只有一种模式，只有接受了西方的文化才能实现现代化。然而，有很多有远见的社会学家、历史学家，甚至是政治学家认为，在未来的发展中，中华优秀传统文化将呈现特有的魅力，将发挥特有的时代价值，将会对世界产生深远的影响。当前，已有很多国内外学者尝试从中华优秀传统文化中寻找西方文化所不能解决的问题的方案。例如，彝族传统体育文化中所呈现的和谐关系以及天、地、人的关联等，这些都很好地促成了人与社会、人与环境的融洽。在全球化深入推进的过程中，面对多元文化融合与交流的现状，彝族传统体育文化应该持更为开放与包容的态度，对待文化间的交流与合作，在积极吸收他者文化精华的过程中，确定自己的文化定位与追求，坚定自己的文化身份与认同，在不断发展中继承传统体育文化的精髓。

其次，对凉山州彝族传统体育文化主体性发展的理性批判，应批判地剔除其文化糟粕。在给予文化精华充分肯定的同时，也应理性地看待传统体育文化。诸多彝族传统体育文化在历史发展进程中，受封建思想的影响，其中可能附带了一些与时代社会发展格格不入、与现代社会发展不相称的因子，如宗法制、因循守旧，以及其他迷信活动，这些都在很大程度上阻碍了传统体育文化自身的发展，同时，也阻碍了彝族地区社会相关领域的发展。对于这些糟粕的内容，须予以剔除和抛弃。对彝族传统体育文化的发展理性批判，我们既要看到其优秀、有价值的一面，同时，也要看到其糟粕、不适应现代发展的另一面。

在批判地剔除彝族传统体育文化糟粕的过程中，我们应警惕"文化本位主义"的影响，即文化本位主义者坚持认为，我们的传统文化优于外来的西方文化。毛泽东曾指出："中国历史遗留给我们的东西中有很多好东西，这是千真万确的。然而我们中国有些人却崇拜旧的过时的思想，这些思想对于我们今天的中国不仅不适用而且有害。这样的东西必须抛弃。"[1]首先，我们看到一些文化本位主义者不能清晰地看到传统文化中所存在的糟粕，还沉浸在"崇拜旧的过时的思想"之中，在文化交流中仍固执地坚持"以我为中心"的文化本位主义，不能够平等地进行文化交流与交往。其次，他们认识到了传统文化的民族性特征，也认识到了社会的发展离不开传统文化的支撑，但是，却又忽视了传统文化的时代性特征，没有认识到"这些思想对于我们今天的中国不仅不适用而且有害"，没有认识到地域传统文化需要创造性转换才能促进地域社会的发展。

三、借鉴创造

文化的传承与发展规律使我们认识到，在全球化发展进程中，凉山州彝族传统体育文化的发展不能"闭门造车"，须在文化的交流中不断借鉴和吸收其他文化的精髓，通过汲取其他文化的先进之处，不断丰富自身的发展。时代的发展使我们进一步认识到文化借鉴的重要性，任何文化的发展不可能与世隔绝。历史的

---

[1] 毛泽东. 毛泽东文集：第三卷[M]. 北京：人民出版社，1996：191.

第七章　凉山州彝族传统体育文化的主体性纾困设想

发展已经证明，越是积极主动地借鉴其他文化的优势，就越能弥补自身文化的不足，越能使自己的文化发展强大；越是对外来文化持包容开放的态度，以宽容的胸怀接纳外来文化的优点，就越能体现出自身文化的自信，也越能展现出自身文化的强大。在文化的交流中，不断取长补短，能丰富彝族传统体育文化的内涵，在兼容并蓄中，可奠定彝族传统体育文化的主体性地位，呈现出文化特有的时代风格。所以，应该辩证地看待凉山州彝族传统体育文化的长处与短处，在文化的借鉴与交流中摒弃以自我为中心的文化优越论，既能在自身的基础上借鉴其他文化中的优秀因子，又能在比较中吸取其他文化的精髓，最终，确定凉山州彝族传统体育文化自身的主体性地位，在文化自省中达到文化自信与自强。

另外，在文化的借鉴过程中，须做到充分分析其他文化的内容，辨析其文化的优点与价值，在"他""我"的文化比较中找出适合自己文化主体性发挥的精华或最优因子，通过鉴别这一文化因子对自身产生的作用及对自身文化的影响，最终辩证地取舍所要借鉴的内容，进而实现自身文化的优化发展。在文化借鉴过程中，须保障自身文化的主体性地位，不能影响自身文化的主体意识，如果盲目地借鉴，热衷于将他者文化作为最高追求，那么这种借鉴必然是去主体性的、去内涵性的，必然会造成自身文化的去思想化、去价值化，最终，也必然会导致自身文化在历史发展进程中消失。所以，文化借鉴应该以"我"为主，不能丢掉自我的文化品质，在坚守自我文化性格中实现有目的地借鉴，在比较、对照、分析的基础上进行理性判断与辩证取舍，在充分认识自身文化的基础上确定自己需要什么、获得什么，最终达到什么。

在凉山州彝族传统体育文化主体性自省过程中，还应关注文化的创造。在这里，所谓彝族传统体育文化的创造，主要指文化自身的创造实力，也就是文化在精神层面上的生产力，即创造新思想与价值的能力，这对彝族传统体育文化主体性地位有重要的支撑作用。实际上，彝族传统体育文化自省的目标也是为了实现文化创造，文化的创造能深度反映彝族族群的开拓进取精神，也能在一定程度上反映族群文化创造历史的意愿和能力，更能体现出彝族族群将社会生产生活转化成为文化价值与文化内涵的能力。在新时代弘扬优秀传统文化的背景下，凉山州彝族传统体育文化的创造须结合族群生活的时代背景和社会场景，还应把握好历史变迁与转换后的差异性改变。创造并能够保持优秀的传统文化因子不丢失、顺应时代发展的传统文化不媚俗，最终，形成一种新的价值观与新的方法论，使其成为人民群众所认同的先进传统体育文化体系。

另外，在凉山州彝族传统体育文化创造过程中，还须着力提升其文化话语。面对当前互联网及其他通信技术的快速普及与发展，应着力思考对现代技术的文化塑造，以此提升精神文化与人文价值，自觉自为地约束和引导技术行为，使现代技术回归人文，服务于地域传统文化的目的、理想和价值追求[1]。现代通信手段在给地域性传统体育文化发展带来系列冲击的同时，也对彝族传统体育文化的广泛传播、破除传承困境提供了较好的启示，所以，须进一步发挥互联网及其他通信技术的积极作用，借助新的传播平台，以创造性的思路推进彝族传统体育文化的传播与内在价值的实现。随着互联网的普及，人们都开始广泛地参与文化传播与创造，使传统文化的传承与创造体现出了新特点。在新时代发展进程中，彝族传统体育文化主体性的发挥，不仅要让族群拥有文化自觉与文化自省的自我意识，还要让他们掌握优化传统体育文化内涵、创新传统体育文化话语的能力，以此，进一步巩固彝族传统体育文化的主体性地位。

四、保持清醒

从宏观角度讲，在不断推进的全球化进程中与不断深化的现代性氛围中，凉山州彝族传统体育文化的主体性地位虽然遭受了一定的消解，但是，它在漫长的历史进程中仍然结出了丰硕的果实。彝族传统体育文化经历了诸多考验，在工具理性及功利化影响下消解了传统的价值内涵，然而，它仍具备文化自省的能力。在传统文化或传统体育文化主体性内核面临过度消解的风险时，族群必然会审时度势地做出回应和自我调整。同时，在面对"何种文化才能实现族群精神层面的优化""何种文化才能体现族群共同体的主体地位""何种文化才能维持族群意识形态领域的良性运转""何种文化才能重塑社会心态"等系列本质问题的诘问时，能保持凉山州彝族传统体育文化主体性发挥的清醒。

反思资本逻辑的深入、旅游化环境推进、城市化进程推进、现代性影响、社会发展单向度等系列问题，审视彝族传统体育文化的主体性消解所形成的被动性文化、世俗性文化、失忆性文化、仿像性文化，在很大程度上凸显了文化的利己主义和工具理性色彩。诚然，彝族地域社会物质生活的提升是现代社会发展中责无旁贷的使命和目标，但是，彝族族群传统体育文化主体性地位的呈现和发挥，不能以损害彝族族群对美好生活的追求与向往为代价，只谈传统文化的精神追求，而忽视社会经济的发展是不现实的。但同时，我们也应认识到人与动物的本质区别在于人能够彰显其主体价值，所以，人的选择不仅是出于自身的功利性，还应该思考实现自我价值的意义所在。针对以上出现的系列问题，在彝族传统体育文化主体性纾困过程中，要客观、冷静地看待遇到的困难与问题，要反思异文化营造的错觉，避免误把其经济优势视为价值呈现。在文化自省中，保持清醒的目的就在于拨开文化主体性消解现象的本质，揭露彝族传统体育文化潜在的现代性精

---

[1] 王伯鲁.技术化时代的文化重塑[M].北京：光明日报出版社，2014：176.

神危机。在彝族传统体育文化主体性现代发展进程中，要注重人民生活水平的提升，实现文化的经济功能与效益，防止损害当地人民群体的生活质量与生存环境。同时，也要深刻地关切传统体育文化主体性作用的发挥，实现文化核心价值观的价值规范和引导，解决族群精神和信仰上的困惑，满足族群的精神生活需求。最终，在技术工具理性和文化价值发挥中间实现较好的平衡。

从微观角度讲，地域文化的形成是地域族群历史的积淀。凉山州彝族传统体育文化在传承传递中，事关族群的传统文化继承，也事关族群的文化认同，还事关族群的凝聚力发挥。彝族传统体育文化的发展动向都直接或间接地对族群群体和个体产生着影响。从凉山州彝族传统体育文化的主体性消解体验中，可以看出在一系列影响下，文化主体性"由主动性文化到被动性文化的消解""由神圣性文化到世俗性文化的消解""由记忆性文化到失忆性文化的消解""由意象性文化到仿像性文化的消解"。对此，具有历史厚重感的凉山州彝族族群也必然会保持清醒、适时调整。通过能动地追求高情感、高理性、高人性与传统体育文化发展的协调，既能努力地实现传统体育文化的继承发展，又能自觉引导和驾驭不断扩张的理性，进而实现技术、传媒、全球化等对促进彝族传统体育文化发展的作用。

当下，在凉山州彝族传统体育文化发展中，最深刻的问题就是人的主体性与自觉性问题。所以，在文化自省过程中，作为传统体育文化主体的彝族族群应保持清醒。首先，应强化凉山州彝族人民的自我意识，要让其认识到自己是传统体育文化的创造者，而不是被动的、被影响的文化展演者和舞台扮演者。此外，还要使其相信自身有能力实现传统体育文化主体性的纾困。其次，要强化主体的批判意识。主体需要不断地反思传统文化发展的相关问题，在反思扬弃中揭示主体的实践本性，进而不断按照主体的精神重塑文化世界和人本身。最后，凉山州彝族族群要具有超越意识。超越自我是人的自由自觉活动，它来自人类内在的自由本性冲动，只有在自我超越的路径上，人的本质力量才能得到体现[1]。超越在当下意味着摆脱文化主体性消解对族群及文化的束缚，以群体的本质力量重塑传统体育文化的主体性意识。

第三节 坚定文化自信，实现文化主体性纾困

文化自信的本质是一种价值观导向，是道路自信、理论自信、制度自信的必然结果与目标所在[2]。在中华民族多元一体的格局中，凉山州彝族族群是中华

---

[1] 张莉华.文化异化的症状及其超越取向——基于历史唯物主义的视角[J].社会科学家，2012（11）：147-150.
[2] 全面理解文化自信的现实意义[EB/OL].（2016-07-19）[2022-12-28].www.sohu.com/a/106497952_257321.

民族的重要组成，坚定彝族传统文化自信，对维护中国特色社会主义道路有着重要意义。2016年5月17日，习近平总书记在哲学社会科学工作座谈会上曾讲："站立在960万平方公里的广袤土地上，吸吮着中华民族漫长奋斗积累的文化养分……要坚定中国特色社会主义道路自信、理论自信、制度自信，说到底是要坚定文化自信。"作为中华优秀传统文化的重要组成，凉山州彝族传统体育文化的文化自信发展，对营造浓郁的传统体育文化氛围，展现传统体育文化底蕴与实力，推进民族传统体育文化可持续发展，具有重要的实践意义和时代价值。基于此，以实现文化主体性纾困为目标，在提升凉山州彝族传统体育文化自信方面，应做到以下四点。

一、肯定自我

文化是民族与国家繁荣富强的重要支撑，近年来，各国对传统文化的关注与保护力度显著提升，文化的传播速度与影响力也有显著的提高和增强，坚定文化自信具有重要的时代意义。2017年10月，习近平总书记在党的十九大报告中曾指出："文化是一个国家、一个民族的灵魂。文化兴国运兴，文化强民族强。没有高度的文化自信，没有文化的繁荣兴盛，就没有中华民族伟大复兴。"2022年10月，党的二十大报告中也指出："推进文化自信自强，铸就社会主义文化新辉煌。"在文化强国建设的背景下，文化自信是更基础、更广泛、更深厚的自信，是对文化价值的充分肯定和积极践行，也是保持文化生命力的重要动力。凉山州彝族传统体育文化是中华优秀传统文化的重要组成，它蕴含着族群的文化积淀，呈现着族群的文化性格，面对当今世界多元文化体系共存的状况，无论对文化自身还是文化持有者而言，在坚定文化自信中肯定自我，在实践中实现传统体育文化的理性自觉和自信，有助于凉山州彝族传统体育文化主体性价值的发挥。

凉山州彝族传统体育文化资源丰富，在悠久的历史积淀中蕴含了彝族族群独特的文化特质，无论是传统上的延续，还是现代的发展，都呈现给世人独特的审美体验和视觉冲击，具有较高的文化价值与内涵意蕴。彝族传统体育文化的文化价值与内涵意蕴，在与时俱进中支撑了族群的文化自信，这份自信将成为肯定自我文化的原动力，以此能够在深层次上实现文化主体性的发挥。在清晰地认识自我与肯定自我的前提下，审视彝族传统体育文化主体性的消解境遇，能够从本质上思考并对文化主体性纾困进行探索，进而助推文化自信的形成。

在新时代背景下，如何做到肯定自我？首先，应充分开展彝族传统体育文化的整理与资料挖掘工作，收集相关的文化史料和口述史材料，使民众在全面认识传统内涵的基础上肯定自我，进而推动彝族传统体育文化的繁荣发展。其次，肯定自我还须加深对彝族传统体育文化历史发展进程的认识，在把握文化发展规律

第七章　凉山州彝族传统体育文化的主体性纾困设想

的基础上正确对待文化发展中面临的问题，坚持推进传统体育文化的可持续发展。最后，肯定自我也是实现民族文化发展的责任担当，在当今国际社会的竞争中，文化软实力的竞争越来越重要，各民族传统文化富含凝聚力和创造力因子，成为中华民族文化软实力呈现的重要组成，其凝聚力和创造力越来越成为综合国力竞争的重要因素之一。要在肯定自我的实践中推动中华民族传统文化的大发展大繁荣，在肯定自我的实践中实现彝族传统体育文化的创造与创新，以此让群众共享传统文化发展成果，进而实现文化惠民、文化为民[1]。

文化自信是民族共识的"向心力"，在文化自信的推进中肯定自我、肯定自己的传统体育文化主体性价值，高度认可与肯定本民族的传统体育文化，以此，推动凉山州彝族传统体育文化繁荣发展。在凉山州彝族传统体育文化发展的过程中，肯定自我是文化自信的重要表达形式，对做好传统体育文化的时代发展、自觉抵制"西化"、实现文化的传承等具有重要的作用。同时，肯定自我也应表现出既坚定文化自信又具备开放包容的心态，对彝族传统体育文化的创新发展和自信传承具有重要现实意义。

二、坚定信心

凉山州彝族传统体育文化蕴含着历久弥新的思想智慧和文化精髓，其文化主体性的时代发挥和文化的时代传承并非是传承"复古"的文化，而是在时代发展与传承中开拓创新、适应社会的发展，成为新时代优秀传统文化弘扬的重要内容。我们应该坚信彝族传统体育文化具备走向未来、繁荣发展的成长品质。在新时代发展进程中，我们要促进彝族传统体育文化主体性发挥，坚定地相信彝族传统体育文化具有面向未来发展的特质，能够实现自身的繁荣兴盛与传承发展。同时，我们应坚信彝族族群所创造的传统体育文化中蕴含了不畏艰难、开拓创新的精神品质，其蕴含的这些思想品质能够作为迎接挑战、解决问题、处理矛盾的重要支撑。通过传统体育文化品质的浸染和文化主体性价值发挥，坚信能够解决自身存在的一些问题，也坚信能够解决当前社会遇到的一些文化难题。在文化自信中坚定彝族传统体育文化发展的信心，须通过文化的主体性发挥确立族群文化的自我意识，在面对传统体育文化发展中遇到的系列问题时，能够坚定自己的文化立场，保持自己的文化品质，在继承和发扬优秀传统文化的基础上，立足时代发展的实际，在中华民族多元一体格局中呈现自身的发展特色，在全球化的文化交流与融合中呈现中华民族优秀传统文化的底蕴，以此彰显自身文化的进步性、包容性和创造性。

---

[1] 曾鹰，曾丹东，曾天雄.从文化自省、文化自觉到文化自信[EB/OL]．（2017-04-22）[2022-12-18]．https://hnrb.voc.com.cn/article/201704220726583689003.html.

▶ 凉山州彝族传统体育文化的主体性消解与纾困研究

　　凉山州彝族传统体育文化是彝族族群思维方式的具体呈现，在彝族传统的体化实践文化中，我们能够看到族群的生产生活方式和人文价值取向。几千年的文化积淀形成的富含地域特色的传统体育文化影响着群体的生产、生活与交流，并在集体的互动中构建着具有社会意义的实践形式，成为族群精神显现和凝聚的纽带。因此，对自身的传统体育文化应该坚定信心，在新时代发展中，应形成广泛的文化共识，须以社会主义核心价值观为导向，坚信优秀传统文化价值能够在新时代赋予新意义、呈现新发展、实现新目标。对自身传统体育文化坚定信心，还须认清自我在文化复兴中所需承担的责任。坚定自我文化的信心能够助推彝族族群认清自己的文化内涵，牢记族群在历史发展进程中的艰难曲折，这些都铭刻在了身体的体化实践中，不断在回望与反复的实践中强化着族群的记忆，时刻提醒民族的自我意识，在坚定自我中实现文化的传承发展。

　　诚然，在坚定信心的过程中，也不能回避彝族传统体育文化发展中遇到的困难。当下，凉山州彝族传统体育文化主体性面临着消解、式微等诸多困境。针对这些问题，传统体育文化的发展应打破传统封闭式的方式，坚定文化发展的正确方向，以此促使传统走出困境，进而实现可持续发展。以现代体育文化影响为例，长期以来，传统体育文化受现代体育文化的影响较为明显，NBA、跆拳道、瑜伽等在地域空间广泛传播，这些体育项目深受年轻一代喜爱，成为其生活中的主流体育文化，由此，也致使传统体育文化受众群体减少。基于此，须审视传统内涵因子在现代场域如何激活，如何将传统体育的文化自信契合新时代文化发展，以此助推传统体育文化保护意识和族群文化认同感的提升。同时，随着时代发展，人们也已经逐渐认识到传统体育文化对国家和民族的重要价值，传统体育文化中蕴含的时代发展因子，也使人们传承和发扬本土文化的信心有了较大的提升。近年来，在彝族民众和各族人民的共同努力下，传统体育文化发展形势良好，在此基础上，应更加坚定发展的信心，努力传承并发扬优秀传统体育文化的内涵与价值。

三、展现魅力

　　全球化的深入推进和文化的多元化发展，一方面，给凉山州彝族传统体育文化的主体性发展带来严峻挑战；另一方面，也给彝族传统体育文化的发展提供了机遇。之所以说提供了较好的机遇，在于其为传统体育文化展现自我魅力提供了重要条件。凉山州彝族传统体育文化是彝族族群文化的优质名片，在对外的文化交流中彰显了彝族文化的特色。在新时代背景下，针对彝族传统体育文化主体性发挥，可通过"文化间性"确认以凸显彝族传统体育文化的主体性特色，在对外文化交流过程中，本着承认差异性与多元共存的观念，实现文化平等、理解、包容的交流。当然，这种文化间的融通交往并非放弃自己的特点，这时恰恰要展现自身的文化魅力，在对自我高度的自信中追求文化主体间的交往，在保障自身文化魅力充分展现的状态下，实现文化多元化对话。彝族传统体育文化的吸引力、影响力和感召力也让其更有信心塑造主体性地位，在更为广阔的平台呈现自身的文化魅力。

凉山州彝族传统体育文化中凝聚着族群的生产生活叙事，记录着族群历史的发展进程，是族群以身体呈现历史文化的实践写照，因此，蕴含着较为浓郁的文化魅力。在多元文化融通对话不断增强的背景下，在文化传承与文化大繁荣背景中，以彝族传统体育文化为代表的传统文化承担了更高的历史使命，特别是在应对人类社会面临的各种挑战状况下，传统很难再退回到过去封闭自守与故步自封的状态。所以，在此历史发展的重要节点上，可充分展现彝族传统体育文化的自我魅力，在开放与包容中体现我们的文化态度，在交流与融合中展现我们的文化底蕴，通过文化主体性培养打造特色文化品牌，以呈现传统体育文化的先进性和创造力，承担起传统文化在新时代发展中的使命与担当。

同时，还可以尝试性地打造凉山州彝族传统体育文化特色小镇，在新农村建设中打造具有地域文化特色的传统体育文化村寨。一方面，可实现传统体育文化的完整形态保存，不至于使其脱离了传统地域文化空间而失去主体性内涵；另一方面，对外也展现了彝族传统体育文化的真实文化形象，呈现出地域性真实的传统体育文化魅力。当然，在特色的魅力文化打造中，应避免过度的旅游化倾向，避免传统体育文化的商品化倾向，须着力从族群历史的彰显、文化底蕴的呈现方面进行设计，以激发民族自豪感和自信心为根本，将历史文化的保护与文化魅力的呈现放在首要地位。凉山州彝族传统体育文化的传承与旅游发展的适度结合，可以拓宽传统体育文化的规模，扩大其文化的影响力，这不但可以提升传统体育文化的特色魅力展现空间，同时，对传统体育文化的魅力发挥也有良好的作用，还实现了区域经济与传统体育文化传承的和谐共赢。

四、双创发展

凉山州彝族传统体育文化自信的实现，须坚定自身的文化发展模式，努力实现传统体育文化的创造性转化和创新性发展（简称双创发展）。实现彝族传统体育文化双创发展既是实现文化自信应遵循的重要思路，也是坚定文化自信的必由之路。从唯物史观角度看，推动彝族传统体育文化双创发展，能够使优秀传统体育文化在新时代展现其新的内涵和新的价值；从推进特色社会主义角度看，优秀传统文化的传承与弘扬是实现文化自信的重要方向；从实现民族文化复兴的角度看，文化是实现复兴的重要动力源，努力展现传统体育文化的跨时空魅力，是实现文化自信的重要路径。

首先，须挖掘整理彝族优秀的传统体育文化。中华优秀传统文化是中华民族的根与魂，要留住文化根脉，守住民族之魂，要注重新时代传统文化的传承。所以，要做到文化自信，实现文化的双创发展，要先留住我们的根与魂，努力挖掘与整理优秀的彝族传统体育文化，解析传统体育文化对坚定文化自信的重要价值，同时，还要正确面对传统体育文化在不同历史发展时期存在的一些问题和困难，使人们坚定对传统文化发展的自信。在挖掘与整理过程中，要促使广大青少年担负起新时代传统体育文化传承的使命与担当，自觉投身传统体育文化建设与传承的工作，为传统体育文化的发展贡献力量。总之，凉山州彝族传统体育文化的挖掘与整理是一个系统的工程，需要从各方面做好设计，并提供政策上的相关支撑，在社会各个环节相互衔接中，以及族群成员的共同参与下，实现传统文化的创造性转换。

其次，须继承创新彝族优秀的传统体育文化。继承与创新发展彝族传统体育文化是新时代发展的需求，也是传统体育文化实践的现实要求。为此，须加强传统体育文化的教化，将彝族传统体育文化融入彝族的日常生活中，充分发挥文化的教化功能。此外，还可将彝族传统体育文化融入学校乡土文化教育中，使学生积极参与传统体育文化教育实践，实现文化的传承与可持续发展。同时，要特别注重对青少年群体的传统体育文化教化，因为青少年群体是传统文化传承的核心力量，也是传统文化赓续的重要支撑，只有青少年在传统体育文化传承中承担起重任，传统才会薪火相传，精神才会不断延续。总之，传统文化的教化是实现彝族传统体育文化传承与创新发展的重要保障，应努力提升传统文化教化的效能，着力拓宽传统体育文化教化的群体，尽力营造传统体育文化教化的氛围，以此实现彝族传统体育文化主体性发挥。

第四节　推进文化自强，实现文化主体性纾困

新时代背景下，探索凉山州彝族传统体育文化主体性的纾困，最终是为了实现本土文化的自强发展，并在发展中重塑符合新时代需求的文化价值体系，使其成为中华优秀传统文化体系中多元文化样态的重要组成。推进凉山州彝族传统体育文化的自强，对内能够使族群在文化自信中展现自己传统文化的强大，对外能够打破西方强势文化的挤压，掌握文化话语的主动权。推进彝族传统体育文化的文化自强是我们的共同责任，需要全社会的共同努力。第一，彝族传统体育文化发展须自强不息，以文化自觉和文化自信助推实现彝族传统体育文化主体性发挥。第二，应促进彝族传统体育文化的创新发展，在创新中展现传统的强大动力，促

进彝族传统体育文化的主体性发展。第三，应加强彝族传统体育文化的弘扬，通过各方的协力配合实现文化的传递，进而凸显彝族传统体育文化的品牌效应。第四，应促进彝族传统体育文化的可持续发展，在不断发展中展现当地传统文化的自强不息。

一、自强不息

文化自强是文化自觉和文化自信的落脚点，是通过发挥自身主观能动性，增强自身竞争力、创造力和影响力，实现文化繁荣与强盛的实践过程。文化自强的"自"，就是要立足自己的实际，依靠自己的力量，突出自己的特色，走适合自己的文化发展道路。所以，要实现彝族传统体育文化主体性发挥，在文化自强推进中须立足自身的传统体育文化实际，突出自己的传统特色，探索自己的发展方向。文化自强的"强"，就是要使自己的文化具有强大的竞争实力、强大的创造活力和强大的社会影响力[1]。所以，要实现彝族传统体育文化主体性发挥，在文化自强推进中自身须具备一定的实力，在创造中发展，进而产生一定的影响力。

首先，彝族传统体育文化的自强不息，须把握正确的方向、目标与路径。第一，塑造彝族传统体育文化的灵魂是自强之魂。无论时代如何变迁，无论社会如何发展，塑造彝族传统体育文化的灵魂，坚守其文化底蕴与内涵不丢，这是实现传统体育文化自强的灵魂所在。第二，坚持走科学发展的道路是自强之路。新时代发展赋予了文化以新要求，在时代发展中不能故步自封，须坚持走传统体育文化的科学发展之路，在文化繁荣发展背景中，构筑彝族传统体育文化的自强之路。第三，把握文化发展的根本依靠力量是自强之本。要坚持彝族传统体育文化来源于彝族族群并依靠于族群的发展，彝族族群是彝族传统体育文化的创造主体与实践主体，这些族群的体化实践因主体的参与而有了价值和意义。第四，激活文化发展的动力源泉是自强之源。面对新的形势和困难，彝族族群须积极参与传统体育文化实践，以身体的积极参与体验展现文化的内涵，在实践中破解文化虚拟化所产生的负面效应，以及文化单向度发展所产生的消极影响。第五，插上文化腾飞的强劲翅膀是自强之翼。科技是一把双刃剑，彝族传统体育文化受现代科技的负面影响是客观存在的，但同时也应发挥其积极的作用，使科技在文化引导下发挥其功效，以此推进彝族传统体育文化和科技发展的良性互动，努力促使科技助力文化腾飞。

其次，要实现彝族传统体育文化的自强不息，须体现在文化自强的行动上。结合当前凉山州彝族传统体育文化主体性发挥问题，认为要实现当地传统体育文

---

[1] 徐绍华. 我国人文社科学术期刊发展的文化自觉、文化自信与文化自强[J]. 浙江树人大学学报（人文社会科学），2019, 19（2）：94-99.

化的文化自强应做到以下三点。第一，需要坚持不忘本。抛弃优秀的传统文化底蕴，丢掉传统的根本，就等于割断了自己的精神文化命脉，就会丧失族群特有的传统文化本质，文化自强就会成为无源之水、无本之木。第二，坚持吸收外来优秀文化的精华。任何一种文化都不可能与世隔绝，都需要从其他文化中汲取养分。越是自强就越能以积极的态度对待外来文化，越能在同外来文化互动交流中处于积极主动的地位。广泛吸纳与融汇外来优秀文化成果，是推动彝族传统体育文化繁荣兴盛、实现文化自强的必然要求。第三，坚持面向未来。任何一种有生命力的文化都要接受未来的审视和检验。因此，我们要立足中国特色社会主义实践，立足彝族地域社会的生产生活实际，牢牢把握传统文化发展大势，顺应时代发展潮流，在新的时代进程中实现文化自强。

最后，实现彝族传统体育的文化自强不息，还须适时对文化进行批判。这种所谓的文化批判是指彝族族群对自我存在方式及变迁过程的审视和反思。对凉山州彝族族群而言，其传统体育文化的批判是在全球化背景下，以及文化变迁导致危机之时，所进行的文化治理，这既是一种理论澄清与划界，又是一种实践解构与建构，更是对当下文化焦虑的自我救赎。当下，诸多以彝族传统体育文化为代表的文化传统在传承及发展中面临系列问题，如传统体育文化的主体性消解导致了族群的文化焦虑，使人们漂泊在无边无际的精神荒原。面对出现的这些问题，胡塞尔和维特根斯坦分别开出了"生活世界"和"生活形式"的药方。同时，以海德格尔和萨特为代表的存在主义，面对技术理性化世界中人的文化困境，从生命的空虚感和悲剧意识中挖掘现代人反抗文化危机的力量[1]。对传统文化的批判是在特定时期、特定背景下的文化觉醒[2]，也是对这一时期和背景下，凉山州彝族传统体育文化和族群生活方式的审视和反省。对凉山州彝族传统体育文化的批判是族群实现文化自强的动力源，这一批判的过程也是文化自强不息的前提和基础。

二、勇于创新

在经济全球化的时代背景下，各民族间的文化交流日趋频繁。由于凉山州彝族传统体育文化的独特性，其在交流中受到广泛的关注。如何在文化相互交流中创造文化活力？如何在文化碰撞中守护文化标识？这就需要处理好文化传承与创新的关系问题。因此，要高度重视中华优秀传统文化的创新与发展，推动中华优秀传统文化创造性转化、创新性发展，以时代精神激活中华优秀传统文化的生命力。继承文化传统是民族对历史负责的态度，在继承中创新文化发展是人类社会

---

[1] 李金齐.文化理想、文化批判、文化创造与文化自觉[J].思想战线，2009，35（1）：87-91.
[2] 李金齐.文化理想、文化批判、文化创造与文化自觉[J].思想战线，2009，35（1）：87-91.

第七章　凉山州彝族传统体育文化的主体性纾困设想

发展实践的内在要求。创新是文化繁荣兴盛的动力源泉，也是实现文化自强的重要保障。凉山州彝族传统体育文化的发展也必然要在创新中发展，在创新中实现自我文化力的提升，在创新中实现自我文化的成熟发展，在创新中焕发出生机与活力。同时，大力推动民族传统文化的创新，是在文化自强背景下建设文化强国的重要基础。2014年10月15日，习近平总书记在文艺工作座谈会上指出："人民既是历史的创造者、也是历史的见证者，既是历史的'剧中人'、也是历史的'剧作者'。"在新时代背景下，人民群众日益增长的美好生活需要越来越高，人们对传统文化的品位有了更高的需求。要明确人创造的文化最终还是要服务于人，所以，凉山州彝族传统体育文化的创新发展需不断满足族群的生活实践需要。此外，传统文化并不是静止不变的，传统体育文化也是处于变迁之中的，在当下亦应与时俱进，不断与社会发展进程相协调，实现理性的、动态的、能动的创新发展，在创新中展现传统体育文化的强大动力，并促进彝族传统体育文化的主体性发挥。

从凉山州彝族传统体育文化的创新机制培养和完善方面看，作为凉山州彝族的族群是当地传统体育文化承载的主体，彝族传统体育文化创新机制形成的基础是人的创造力发挥，而建立创新机制的目的是激励和保护彝族人民的创造力发挥[1]。因此，培育和完善凉山州彝族传统体育文化的创新机制，最基本的是激发彝族传统体育文化主体的创新意识，使其创新能力和素质得到发挥，在深入挖掘自身传统体育文化的过程中创新发展路径，培育完善的传统体育文化创新机制。面对全球化及现代性等生存挑战，彝族族群用过往的经验或文化模式来应对当前的发展已经缺乏可行性，提高与拓展文化主体的新素质与新能力成为亟待解决的问题。在创新素质及文化创新能力的提升方面，可积极地创造条件实现文化主体与外部的交流，从而使其在自身的基础上实现能力提升，更确切地说，这种自我能力提升是从其自身的文化传统中生长出来的。再者，创新需要良好的制度和人文环境，需要尊重和保护凉山州彝族族群自主选择、自我发展的权利，为其创造一个适合文化创新的环境氛围，以此实现主体创造力的充分发挥。

凉山州彝族传统体育文化的创新还须从观念、制度、技术等多个层面考虑。其一，是观念层面的创新。观念创新是文化价值在新时代的提升，在凉山州彝族传统体育文化发展中，不难发现现代生活观念的融入。时代发展改变着人类的思维方式，传统也定然会经历"去其糟粕，留取精华"的发展过程。观念创新须进一步结合现代生活元素，在不改变传统体育文化历史内涵与精髓的情况下，实现

---

[1] 兰芳.全球化语境下我国少数民族文化自我发展机制研究[D].贵阳：贵州大学，2009：40.

自身的现代适应，以此促进传统在当下的价值发挥。其二，是制度层面的创新。制度创新最能反映一种文化自我管理、自我调整的能力。文化的制度创新能力，是判断一种文化成熟与否、先进与否的重要指标[1]。制度创新使凉山州彝族传统体育文化传承与发展更具明确的发展目标，更能呈现出自身文化自强的适应力。全球化发展影响下，制度创新是对传统文化发展路径的引导，形成高度的制度自觉是文化软实力、国民素质和社会文明程度提高的重要标志。其三，技术层面的创新能使人们深刻地体验到传统文化的历史感。凉山州彝族族群提升自身能力的过程中，以自身所具有的传统文化去匡正技术的发展，借助传统文化的力量规范和引导现代技术，实现文化张力的恢复，使技术在文化引导下实现彝族传统体育文化的创新发展，在创新中可实现现代技术发展和传统体育文化的良性互动。技术创新使彝族传统体育文化在现代发展迅猛，如"文化＋科技""文化＋创意"等能促进传统文化集成与快速发展。此外，技术创新对彝族传统体育文化的传播也产生了革命性的影响，使诸多彝族传统体育文化可在更为广阔的空间展示自己的特色，呈现自身的文化自信，实现自身的文化自强发展。因此，凉山州彝族传统体育文化的发展要勇于创新，创新才能实现可持续发展，创新才能实现文化自强发展，创新才能实现文化主体性地位提升。

三、弘扬文化

在新时代背景下，以文化自强推进凉山州彝族传统体育文化主体性发挥，需要借助现代手段弘扬当地的传统体育文化，致力于挖掘传统的内涵，讲好传统的故事，拉近文化与群体间的距离，以富有地域文化生活特色的内容，回归族群日常生活，使富有主体性内涵的文化更具烟火气、感染力、亲和力。当前，互联网生活的普及确实助推了虚空化的形成，但是，互联网的使用也为话语权的掌握和文化的输出提供了技术支撑。为此，可充分发挥其优势作用，以润物细无声的文化传播方式，传递凉山州彝族传统体育文化蕴含的内涵之美、自然之美与时代之美，彰显彝族族群勤劳勇敢、顽强拼搏、智慧乐观的文化传统，在立足于弘扬彝族优秀传统文化的基础上，扩大其文化影响力，实现其文化创新力，提升其文化感染力，努力实现彝族传统体育文化的品牌效应。

在新时代背景下，以文化自强推进凉山州彝族传统体育文化主体性发挥，需要适度地发展产业助推传统文化的弘扬。众所周知，市场经济的推进实现了中华民族的繁荣富强，也使凉山州彝族地区人民的生活水平有了本质上的提升，因此，在实现当地传统体育文化主体性建设过程中，也必须顺应市场经济的发展，在"市

---

[1] 王京生.促进文化流动 聚焦文化创新——文化强国之路的深圳探索[N/OL].光明日报，2021-04-13 [2022-12-18].https：//epaper.gmw.cn/gmrb/html/2021-04/13/nw.D110000gmrb_20210413_1-08.htm.

第七章　凉山州彝族传统体育文化的主体性纾困设想

场"和"资本"中，保持自己的文化底色，努力实现文化的发展与弘扬。丰富的传统文化资源也只有在文化成果的转换与文化的使用中，才能为人们生活所需，才能实现为民所用，彝族传统体育文化主体性愿望才能达成。当然，在借助市场规则和资本逻辑的过程中，传统体育文化的发展须理性认识"资本"区别于传统文化的因素，文化的生产并非是去迎合资本逻辑和市场法则，制造一些低级的文化产品，玷污文化生产的市场环境，而是需要挖掘传统体育文化的内涵，创新传统体育文化的表达形式，寄托主体性文化中蕴含的力量、智慧和价值，在审视中批判"资本"只见物不见人的价值取向，努力探索并实现"传统文化"以人为本的价值取向。同时，还应警惕资本逻辑对传统体育文化创新的干扰和负面作用，在努力驱使"资本"为传统服务的过程中，保持彝族传统体育文化的主体性地位。

在新时代背景下，以文化自强推进凉山州彝族传统体育文化主体性发挥，需要各方协调，共同助推传统文化的弘扬。首先，必须提升凉山州彝族人民对自己的传统体育文化意义和地位的认识，增强推进传统体育文化可持续发展的责任感，使他们认识到保持传统体育文化传承与弘扬的重要性，同时，也应该使其他的文化利益者清醒地认识到保持民族传统体育文化主体性本质内涵的重要性，在此基础上，重新审视彝族传统体育文化主体性发挥在社会经济发展中的地位与作用，走出传统体育文化过度经济化、商业化的误区，在传统体育文化保护与经济发展中间找到一个平衡点，处理好二者的关系，以此促进传统体育文化的自强。其次，凉山州彝族传统体育文化弘扬离不开管理部门的扶持。相关部门可以制定相应的发展战略，在战略中设计有利于文化弘扬的制度举措，强化顶层设计的实用性、科学性和应用性，深挖凉山州彝族传统体育文化的时代精神内核。同时，邀请相关领域的文化学者与专家，结合凉山州彝族传统体育文化的发展现状，构建具有目标明确、组织保障的发展机制，探索传统体育文化弘扬的路径。最后，在凉山州彝族传统体育文化弘扬与发展中，须结合当地的民风民俗、传统节庆、生产生活等背景，充分尊重和保护彝族传统文化的完整性与内涵性，不应机械地将其从生成环境中剥离出来，导致传统体育文化主体性地位丧失。例如，作为国家级非物质文化遗产的彝族火把节，对彝族传统节庆的传承和传统体育文化的弘扬起到了较大的推动作用。彝族火把节已成为具有较强影响力的民族文化，其中包含众多的传统体育文化事项。因此，在火把节举行的过程中，作为身体实践文化的地域性、完整性、内涵性须保持好。在传统文化的弘扬中突出表现文化的价值功能，这将会让更多的人体悟到"文化在场"的深刻内涵与意蕴，起到弘扬文化的作用。

四、促进发展

基于凉山州彝族传统体育文化主体性的现代境遇，审视其文化主体性的发展，既有必要，也很重要。因为，凉山州彝族传统体育文化是彝族传统文化的重要体化呈现，留住这些传统并实现其自强发展具有重要的现实意义。面对凉山州彝族传统体育文化主体性的消解，应做到以下四点。

第一，应立足传统文化保护的角度，建立有层次的保护体系。当前，凉山州彝族非物质文化符号的保护工作已取得了较大的成效，但是，我们也应该看到彝族的传统体育项目较多，如射箭、赛马、摔跤等，其保护与传承发展仍存在不均衡的问题。同时，凉山州地理面积较大，调动各级行政单位的文化保护积极性也较为重要。因此，应对不同类别的传统体育文化进行分类，进一步设置并完善有层次的保护体系，这对彝族传统体育文化自强发展，促进彝族传统体育文化的主体性发挥显得尤为必要。

第二，应在全面把握文化发展的同时，加强彝族传统体育文化的研究。促进文化发展与展现文化自强，需要建立在对自己的传统文化有较为全面把握的基础上，因此，须针对凉山州彝族传统体育文化状况进行全面把握与分析，在调查与梳理时需要遵循本源性和全面性的原则，对项目种类、数量、分布、生存环境、传承状态和面临的困境等进行综合解析，同时，可建立文字、视频、照片等资源数据库，实现对当地传统体育文化的较为全面把握。此外，还须进一步提高该领域的研究水平，建立凉山州彝族传统体育文化相关的研究传习基地，定期开展学科内或跨学科间的学术交流与技艺传习，以提升凉山州彝族传统体育文化理论研究与实践推进的深度。以上举措的实施，能够在一定程度上促进彝族传统体育文化的主体性发展，也能为凉山州彝族传统体育文化的创造性转换和创新性发展提供必要的理论和实证支撑。

第三，教育平台建设是实现文化自强、促进文化发展的必由之路。凉山州彝族传统体育文化主体性发挥，应充分依托教育平台来实现。可以将一些符合学校教育、家庭教育和社会教育的传统体育文化内容进行整理，将其打造成富含地域传统文化特色的教育内容，借助当地教育系统实现传统体育文化的传递，以此促进当地族群，特别是青少年群体群的民族文化认同感和自豪感。学校教育平台是传承传统体育文化的主阵地，可将彝族达体舞、摔跤等引入体育课堂，并将其作为特色乡土教材开展教学，这对提升学生的身体素质、助推学生的文化自豪感等具有重要的意义。总之，教育平台建设是实现凉山州彝族族群对传统体育文化认同和传承的重要途径，也是实现文化自强的重要路径。在学校、家庭和社会中加强乡土性传统体育文化教育平台建设，能够使人们认识到传统体化实践文化中蕴

第七章 凉山州彝族传统体育文化的主体性纾困设想

含的深刻内涵，以此强化个体作为群体中一员承担传承传统文化的责任感，并助推凉山州彝族传统体育文化自强的形成。

第四，在"进得来""出得去"过程中助推文化自强的实现。当今社会越来越注重开放包容、交流合作。作为凉山州彝族传统体育文化的自强发展，必须建立在国家不断深化改革开放、文化自信发展的基础上。全球化发展的背景下，文化自强须坚定文化自信，不仅要实现文化的开放与包容，使文化能够"进得来"，而且还要让文化"出得去"，在更大的平台上展现自己的特色与价值，彰显彝族传统体育文化的自强。如果说改革开放以来我们的传统文化开始高度自信并走向自强，那么，新时代背景下"一带一路"倡议的提出则更加坚定了我们文化走出去的自信，也更加凸显了我们的文化自强。"一带一路"倡议的提出为世界了解中国提供了更好的机会，也为我们的传统文化对外交流提供了实践的机会。在新的时代背景下，充分运用国际化的平台呈现我们的传统文化魅力，充分展现我们的传统文化张力，以此使包括彝族传统体育文化在内的诸多优秀传统文化，在当下实现更好的价值发挥。

主要参考文献 REFERENCES

[1] 郑晓云. 文化认同论 [M]. 北京：中国社会科学出版社，2008.

[2] 崔涛. 民俗体育助推乡村振兴价值审视与实施路径 [J]. 体育文化导刊，2021（12）：58-65.

[3] 相金星，王进国，郭振华."境遇"抑或"反思"：民族传统体育文化现代传承与发展 [J]. 沈阳体育学院学报，2021，40（5）：130-137.

[4] 张文鹏，郭澜，曾婷婷，等. 新时代中华民族传统体育的机遇、挑战及政策建议 [J]. 武汉体育学院学报，2020，54（7）：56-62.

[5] 崔乐泉，林春. 基于"文化自信"论中华传统体育文化的传承与发展 [J]. 北京体育大学学报，2018，41（8）：1-8.

[6] 白晋湘. 中国民族传统体育文化建设的使命与担当 [J]. 体育学研究，2019，2（1）：1-6.

[7] 孙庆彬. 民族传统体育文化保护与传承的基本理论问题 [J]. 西安体育学院学报，2012，29（1）：67-71.

[8] 王松，张凤彪，毛瑞秋，等. 体育特色小镇：民族传统体育文化保护、传承与弘扬 [J]. 沈阳体育学院学报，2019，38（6）：130-138.

[9] 司马云杰. 文化社会学 [M]. 北京：中国社会科学出版社，2003.

[10] 闫艺，何元春，廖建媚. 文化生态学视域下少数民族传统体育文化资源开发模式研究——以新疆地区为例 [J]. 广州体育学院学报，2020，40（6）：62-68.

[11] 孙德朝，孙庆祝. 彝族体育文化符号阐释 [J]. 体育文化导刊，2015（3）：203-206.

[12] 胡瑞波，董建辉，杜沂倩. 从符号学角度谈方南苗族服饰中苗龙的文化表达 [J]. 贵州民族研究，2022（1）：104-108.

[13] 牟柳，郭立亚，叶泽洲. 传统文化融入高校体育教育专业课程：理论审思与路径探讨 [J]. 西南大学学报（社会科学版），2021，47（6）：115-122.

[14] 崔乐泉，陈沫. 基于体育教育视角的中华优秀传统文化研究 [J]. 北京体育大学学报，2020，43（2）：35-44.

[15] 胡建忠，邱海洪，邓水坚."体育+旅游"视角下民族传统体育品牌赛事产业化研究 [J]. 首

都体育学院学报，2018，30（1）：42-46，66.

[16] 张永虎.后申遗时代京杭运河体育文化资源现状与发展路径选择［J］.北京体育大学学报，2018，41（1）：43-49.

[17] 宋佳.彝族火把节传统体育文化理念解析［J］.体育文化导刊，2017（3）：83-86.

[18] 李祥林.人本文化的口头表述和行为实践——彝族火把节的文化人类学透视［J］.广西民族研究，2016（3）：79-85.

[19] 陈海.彝族火把节的民俗意义及文化内涵［J］.贵州民族研究，2015，36（10）：100-103.

[20] 敖慧敏.云南彝族火把节现代传承的困境与对策［J］.中南民族大学学报（人文社科版），2019，39（3）：34-38.

[21] 子华明，钟志勇.跨境民族的文化记忆与共同体构建：以彝族文化价值观传承教育为个案［J］.民族教育研究，2019，30（6）：115-121.

[22] 蔡富莲.彝族祭祖仪式中的献祭叙事与文化记忆［J］.宗教学研究，2021（4）：192-200.

[23] 杜银玲，马学智.云南彝族摔跤运动的伦理价值与文化传承［J］.体育文化导刊，2020（1）：68-72，99.

[24] 孙德朝.彝族蹢脚舞的身体符号及文化记忆研究——以四川省会理市小黑箐镇白沙村为例［J］.成都体育学院学报，2022，48（4）：63-70.

[25] 童国军.凉山彝族原生态仪式舞蹈朵洛荷的体育人类学考释［J］.成都体育学院学报，2021，47（5）：100-105.

[26] 巫达.族群边界的消融与族群共同体意识的形成过程——以四川省凉山彝族自治州甘洛县为例［J］.青海民族研究，2022，33（1）：56-63.

[27] 李燕琴，罗诗呷.神圣与狂欢：民办与官办四川彝族火把节符号的主客感知差异［J］.中央民族大学学报（哲学社会科学版），2019，46（3）：57-66.

[28] 马林英.凉山彝族服饰艺术与社会身份的文化意义探究［J］.中央民族大学学报（哲学社会科学版），2018，45（6）：126-131.

[29] 刘相君，李若辉.凉山彝族传统服饰艺术特征及现代化传承研究［J］.艺术研究，2021（6）：89-91.

[30] 沙衣布.凉山彝族火把节选美服饰文化研究［J］.文物鉴定与鉴赏，2020（18）：60-65.

[31] 凉山州文化广电新闻出版局.凉山州非物质文化遗产名录丛书［M］.北京：中国社会科学出版社，2015.

[32] 陈波.凉山彝族歌舞音乐"朵乐荷"研究［J］.文艺争鸣，2010（24）：118-120.

[33] 花家涛，戴国斌.民族民间体育文化景观研究——以彝族摔跤"格"为个案［J］.安徽师范大学学报（自然科学版），2013，36（6）：590-594.

[34] 孙德朝.彝族"摔跤"的文化人类学阐释［J］.哈尔滨体育学院学报，2011，29（6）：1-5.

［35］李小芳，阿华．作为通过仪式的凉山彝族"尼木措毕"及其象征意义——基于甘洛县格尔家支的田野调查［J］．原生态民族文化学刊，2020，12（3）：151-156．

［36］胡玖英，刘进彬．彝族达体舞及其文化意蕴探析［J］．红河学院学报，2020，18（6）：26-29．

［37］施惠敏．云南与四川地区的彝族舞蹈对比分析［D］．重庆：重庆大学，2012．

［38］郭德全．试论彝族达体舞的虚幻［J］．民族艺术，1991（4）：214-220．

［39］詹小美，金素端．论社会主义核心价值观的强化认同［J］．青海社会科学，2013（3）：24-29．

［40］郭德全．试论彝族达体舞的虚幻［J］．民族艺术，1991（4）：214-220．

［41］阿伦·古特曼．从仪式到纪录：现代体育的本质［M］．花勇明，译．北京：北京体育大学出版社，2012．

［42］方国瑜．彝族史稿［M］．成都：四川民族出版社，1984．

［43］吴桃，吉木哈学．试谈民俗节日文化与社会价值——以彝族年文化遗产为个案研究［J］．西南民族大学学报（人文社科版），2010，31（2）：34-37．

［44］王静静．"万能"的文化解释——读格尔茨《湿与干：巴厘岛和摩洛哥的传统灌溉》［J］．经济研究导刊，2011（20）：297-298，300．

［45］刘雨．仪式·文化·社会：彝族传统体育身体文化阐释［J］．体育文化导刊，2019（12）：56-62．

［46］孙德朝，孙庆祝．彝族体育文化符号阐释［J］．体育文化导刊，2015，（3）：203-206．

［47］冯天瑜，何晓明，周积明．中华文化史［M］．上海：上海人民出版社，2015．

［48］陈庆德．人类学的理论预设与建构［M］．北京：社会科学文献出版社，2016．

［49］李菲．身体的隐匿：非物质文化遗产知识反思［M］．北京：民族出版社，2017．

［50］陈小蓉，陈斌宏，邓宏，等．我国体育非物质文化遗产资源数据库创建［J］．北京体育大学学报，2017，40（10）：127-134．

［51］曾建平．消费方式生态化：从异化到回归［M］．长沙：湖南师范大学出版社，2015．

［52］李学勤，赵平安．字源［M］．天津：天津古籍出版社，2013．

［53］什么是非物质文化遗产［EB/OL］．（2022-01-21）［2022-12-18］．http：//news.sohu.com/a/518126668_121123759．

［54］彭兆荣．遗产政治学：现代语境中的表述与被表述关系［J］．云南民族大学学报（哲学社会科学版），2008（2）：5-14．

［55］孙英春．逆全球化趋向下的文化安全与文化治理［J］．浙江学刊，2021（5）：32-40．

［56］杨双．从"意象"到"仿像"——谈审美主体境遇的转变［J］．保定学院学报，2008（3）：78-80．

［57］张璐莹．马尔库塞"单向度人"理论的建设性后现代反思［D］．哈尔滨：哈尔滨工

业大学，2014.

[58] 费孝通.文化与文化自觉［M］.北京：群言出版社，2016.

[59] 王海军.河北省民族传统体育非物质文化遗产保护与传承研究［M］.长春：吉林大学出版社，2020.

[60] 坚定文化自信的时代意义［EB/OL］.（2016-07-19）［2022-12-28］.http：//theory.people.com.cn/n1/2018/0621/c40531-30070758.html.